AF250242

CHOIX
DE TABLEAUX ET STATUES

DES

PLUS CÉLÈBRES MUSÉES

ET CABINETS ÉTRANGERS :

OU

RECUEIL DE GRAVURES AU TRAIT, D'APRÈS LES TABLEAUX DES GRANDS-MAÎTRES DE TOUTES LES ÉCOLES ; ET LES MONUMENS DE SCULPTURE ANCIENNE ET MODERNE LE PLUS REMARQUABLES, SOUS LE RAPPORT DE L'ART, CONSERVÉS DANS LES DIVERS MUSÉES ÉTRANGERS, ET LES PLUS CÉLÈBRES COLLECTIONS PARTICULIÈRES, AVEC DES NOTICES HISTORIQUES ET CRITIQUES.

PAR UNE SOCIÉTÉ D'ARTISTES ET D'AMATEURS.

OUVRAGE Classique destiné à servir de suite et de complément aux *Annales du Musée de France*, publiées par C. P. LANDON.

CET Ouvrage formera douze volumes *in-8°*, distribués chacun en deux livraisons de 36 planches, et d'environ 80 pages de texte historique et critique. Les Notices annexées à chaque gravure seront de 2, 4 ou 6 pages, suivant l'importance de l'objet décrit. Elles indiqueront, autant que possible, les dimensions exactes des diverses Peintures et Sculptures; leur état de conservation; de quelle Collection elles font partie; et les meilleures Gravures, tant anciennes que modernes, exécutées d'après ces mêmes Tableaux et Statues.

La première Livraison paraîtra le 5 janvier 1819; les autres se suivront régulièrement de trois en trois mois.

Le prix de chacune est de 9 fr. pour Paris, et 9 fr. 75 c. franc de port dans les Départemens.

Les personnes qui souscriront avant le mois d'avril 1819, époque de la publication de la seconde Livraison, conserveront leur rang d'inscription pour la distribution des épreuves de tous les volumes suivans.

On souscrit à Paris, chez *Treuttel* et *Würtz*, libraires, rue de Bourbon, n°. 17; à Londres et à Strasbourg, même maison de commerce.

PLAN ET BUT DE L'OUVRAGE.

Il n'en est pas des grandes Collections étrangères comme du Musée de France. La plupart n'ont jamais été gravées, et aucune, si l'on en excepte la Galerie de Dusseldorff, ne l'a été entièrement.

Pour apprécier l'utilité du Recueil que nous offrons au public, il suffit de jeter un coup d'œil sur les mutations et les déplacemens considérables qui ont eu lieu depuis 25 ans dans les productions des beaux-arts. Peu de grandes Collections étrangères sont restées intactes, quelques-unes se sont enrichies; d'autres, jadis très-célèbres, ont disparu totalement. De ce nombre sont celles de *Dusseldorff*, dont les principaux restes sont à Munich; de *Houghton*, passée de Londres en Russie; du *Palais-Royal*, ou du Duc d'Orléans, disséminée dans les Cabinets des riches seigneurs de l'Angleterre et de la Russie. Des débris de ces Collections, et d'une grande quantité de Tableaux tirés des Eglises et autres Monumens religieux, ou livrés au commerce et recueillis en Italie, en Allemagne, en Hollande, en Flandres, et principalement en Espagne, dans ces dernières années, se sont formées de nouvelles et nombreuses Galeries. Si quelques-unes, comme celle de la Malmaison, ont éprouvé à leur tour les vicissitudes des événemens, il en est qui rivalisent avec les plus célèbres parmi les anciennes.

Celles de Lucien Bonaparte, du comte de Stafford, de Sommariva et autres le prouvent évidemment.

Notre intention n'étant pas de donner le Catalogue figuré et complet de tous les Musées ou Cabinets de Peinture et de Sculpture formés à l'Etranger, nous n'admettrons que les chefs - d'œuvre de tout temps recommandables par leur mérite et le nom de leurs auteurs; et les productions des artistes du second ordre, lorsqu'elles seront originales, et marquées du sceau du véritable talent. Ainsi, les productions de l'enfance de l'art, et celles qui parurent aux époques de sa décadence, en seront exclues. Dans les grandes Collections, elles servent à faire connaître les progrès de l'art; ici, elles seraient déplacées.

Les Paysages et Tableaux de genre n'occuperont qu'une très-petite place dans notre Recueil. Leur principal mérite ne consistant, le plus souvent, que dans le coloris, l'entente de la perspective et le précieux de l'exécution, ils seraient de peu d'intérêt présentés au simple trait. Nous ne ferons graver que les plus capitaux de chaque maître, et principalement ceux qui, jusqu'ici, ont été inédits ou peu connus.

Pour donner un nouveau degré d'intérêt et d'utilité à notre Ouvrage, nous indiquerons les meilleures Gravures anciennes et modernes exécutées d'après les Peintures et les Sculptures dont nous donnerons le trait. Nous fournirons par-là des renseignemens utiles à ceux qui forment des Collections d'Estampes, ou qui voudront avoir une idée plus complète des chefs-d'œuvre dont nous aurons parlé.

Craignant que les nombreux matériaux que nous avons déjà recueillis à ce sujet, ne soient pas assez complets pour nous permettre de donner de suite, et sans lacune, toutes les productions remarquables d'un même Musée, ou d'un même maître, nous ne suivrons aucun ordre systématique dans nos publications; nous entremêlerons les écoles, les maîtres, les Musées et les Galeries particulières. Cette méthode, qui jetera une piquante variété dans nos publications, ne nuira en rien à l'ordre que réclame un Ouvrage de cette nature. Des tables générales, rédigées d'après différens modes de classification, et livrées avec le douzième et dernier volume, donneront à chaque Souscripteur la faculté de disposer son exemplaire comme il le jugera convenable. Ces tables seront ainsi conçues :

La première contiendra toute la Sculpture, divisée en

(4)

ancienne et moderne. Les sujets, pour les Monumens anciens, seront rangés par ordre alphabétique de titre; et, pour les modernes, par ordre alphabétique d'auteurs, avec l'indication de l'école à laquelle chaque maître appartient.

La seconde table réunira toutes les productions de la Peinture. Les maîtres y seront classés par école, et leurs noms par ordre alphabétique.

Dans la troisième, toutes les écoles seront confondues; et les maîtres rangés chronologiquement, en indiquant cependant l'école à laquelle chacun appartient, afin qu'on puisse embrasser d'un coup d'œil les artistes qui ont brillé à une même époque dans toutes les contrées de l'Europe.

La quatrième table réunira toutes les productions tirées d'un même Musée ou d'une même Galerie.

Enfin, la cinquième contiendra la liste alphabétique avec l'indication de la naissance et de la mort de tous les Graveurs cités dans l'Ouvrage, avec le renvoi aux divers articles où il aura été parlé d'eux.

Pour que ces diverses classifications puissent s'opérer sans aucun obstacle, tous les articles seront séparés. Ils ne porteront aucune pagination; mais bien, en caractères très-apparens, le nom de l'artiste, la date de sa naissance, celle de sa mort, et l'école à laquelle il appartient. Toutes ces tables ne pouvant être utiles à la fois, il ne sera imprimé de chacune que le nombre demandé. Les Souscripteurs qui retireront tous les volumes au fur et à mesure de leur publication, recevront ces tables générales sans rétribution; mais ceux qui négligeront de remplir cette condition les payeront au prix qui alors sera fixé.

Nous avons exprimé notre désir de rattacher ce Recueil à celui des *Annales du Musée de France;* c'est assez dire que nous nous abstiendrons de répéter dans l'un ce qui aura été publié dans l'autre. Ainsi la réunion de ces deux Recueils, exécutés à peu près sur le même plan, par les mêmes artistes et du même format, offrira l'ensemble le plus complet, le plus varié, le mieux choisi des productions recommandables dans les deux grands arts.

<hr>

L.-É. HERHAN, Imprimeur-Stéréotype, breveté de S. A. R. Mgr. le Duc de Berry, rue Servandoni, n°. 13.

TABLEAUX ET STATUES

DES

PLUS CÉLÈBRES MUSÉES

ET CABINETS ÉTRANGERS.

L.-É. HERHAN, IMPRIMEUR-STÉRÉOTYPE,

BREVETÉ de S. A. R. Mgr. DUC DE BERRY,

rue Servandoni, près Saint-Sulpice, n°. 13.

CHOIX

DE TABLEAUX ET STATUES

DES

PLUS CÉLÈBRES MUSÉES

ET CABINETS ÉTRANGERS.

Recueil de Gravures au trait, d'après les Tableaux des Grands-Maîtres de toutes les Écoles; et les Monumens de Sculpture ancienne et moderne les plus remarquables sous le rapport de l'Art, conservés dans les divers Musées étrangers, et les plus célèbres Collections particulières; avec des Notices historiques et critiques.

PAR UNE SOCIÉTÉ D'ARTISTES ET D'AMATEURS.

Ouvrage classique destiné à servir de suite et de complément aux *Annales du Musée de France*, publiées par LANDON.

PARIS,

CHEZ TREUTTEL ET WÜRTZ, LIBRAIRES,
rue de Bourbon, n°. 17;
A STRASBOURG et à LONDRES, même Maison de commerce.

1819.

PRÉFACE.

PEU de temps après le rétablissement de la Peinture en Italie, des Souverains et de riches Particuliers conçurent l'idée de réunir dans des Galeries un grand nombre de productions des Beaux-Arts. Une noble émulation multiplia dans la suite ces sortes de sanctuaires ouverts au génie; on sentit de plus en plus l'heureuse influence des Arts, et, au milieu même des calamités de la guerre, leur culte fut honoré dans toute l'Europe. Si des déplacemens eurent lieu, si des Collections se dispersèrent quelquefois, il s'en forma d'autres en plus grand nombre, et ces mutations eurent leur utilité. Elles répandirent le goût du beau, et elles étendirent la renommée des Artistes célèbres.

Il en est aujourd'hui de ces Collections comme des grandes Bibliothéques : les matériaux surabondent, et le principal soin des Amateurs ne consiste qu'à distinguer de la foule des Ouvrages, ceux qui sont le plus dignes d'admiration et d'estime.

Ces Ouvrages se partagent en deux classes distinctes. Dans la première sont les Chefs-d'OEuvres recommandés de tout temps par leur mérite et le nom de leurs Auteurs; l'autre se compose de Morceaux non moins curieux : ce sont les Productions originales, marquées du sceau du génie, ou annonçant de la part d'un Artiste, jusqu'alors peu connu, un effort couronné par le succès.

Il est aussi un certain nombre de Tableaux et d'Artistes qui n'ont pas toujours obtenu dans l'opinion la place qu'ils devraient y occuper. Tel Peintre, tel Sculpteur, dont on n'a presque point parlé, méritaient souvent mieux d'être célèbres que plusieurs de leurs concurrens plus heureux. On a reconnu depuis long-temps la justesse de cette observation d'Horace :

.... *Et habent sua fata libelli.*

« Les livres ont aussi leur destinée. »

Elle n'est pas moins exacte, lorsqu'on l'applique à certaines productions des deux grands Arts.

Jusqu'ici la Gravure, imitatrice assidue, auxiliaire indispensable de la Peinture et de la Sculpture, a multiplié leurs productions ; mais elle est loin d'avoir atteint complètement le but d'utilité qu'elle s'est proposé : beaucoup de Morceaux précieux n'ont point été gravés, et la rareté ainsi que le prix élevé de beaucoup d'Estampes, ne permettent plus aujourd'hui de former de Collections complètes de l'œuvre des Maîtres les plus célèbres, ni même de recueillir leurs seuls Chefs-d'Œuvres.

Le dessein d'obvier à la plupart de ces inconvéniens, a donné l'idée des Collections de Gravures au trait ; et elles se sont très-multipliées depuis quelque temps, parce que leur utilité a été généralement reconnue. Parmi ces Recueils, *les Annales du Musée de France* sont justement placées au premier rang. Notre *Choix des Musées étrangers*, destiné à leur servir de suite et de complément, est conçu et exécuté d'après les mêmes principes et par les mêmes Artistes ; ainsi, la réunion de ces deux Collections formera , sans répétition, l'ensemble le plus complet, le plus varié, le mieux choisi des productions les plus recommandables, soit en Peinture de toutes les Écoles, soit en Sculpture, tant ancienne que moderne. Parmi ces productions, plusieurs, à cause de leurs déplacemens fréquens , ont dû long-temps être considérées comme perdues ; notre Recueil est spécialement destiné à les rappeler au souvenir, et à faire connaître leur sort.

L'indication qu'on y trouve des diverses Estampes exécutées d'après les Tableaux ou Sculptures, dont il contient le trait, n'en est pas la partie la moins intéressante ; elle procurera des renseignemens utiles à ceux qui forment des Collections d'Estampes, ou qui voudront avoir une idée plus complète des Chefs-d'OEuvres dont nous aurons parlé.

Le mérite des Ouvrages ayant seul donné droit à l'admission dans notre Recueil, nous avons dû ne faire aucune acception d'Écoles, d'époques, ni de pays. On sent assez quelle piquante variété doit

résulter d'une telle réunion, surtout lorsqu'elle est
le fruit de recherches assidues, commencées depuis
long-temps, et faites par plusieurs amis des Arts,
dont tous les efforts et toutes les lumières ont con-
couru à l'exécution du plan primitif; mais comme
un Ouvrage de cette importance doit pouvoir être
consulté sans peine, des Tables générales, rédigées
d'après diverses classifications, seront livrées avec
le 12ᵉ. et dernier volume. Elles donneront à chaque
Souscripteur la facilité de disposer ses Gravures
dans l'ordre qui lui conviendra le mieux.

Nous venons d'indiquer sommairement notre
espoir d'exécuter un Ouvrage à la fois agréable et
utile, peu dispendieux, et qui soit, nous n'hési-
tons pas à le dire, un monument durable élevé à
la gloire des Arts. Cette première Livraison peut
déjà faire connaître au public l'importance de nos
recherches. Dans celles qui suivront, nous tâche-
rons d'accroître encore les degrés d'intérêt et de
perfection dont chaque partie du Recueil est sus-
ceptible. Nous attendons avec quelque confiance
le jugement des personnes éclairées, et nous leur
donnons l'assurance que leur approbation ne sera
pour nous qu'une exhortation à redoubler d'efforts,
afin de conduire honorablement à son terme notre
laborieuse entreprise.

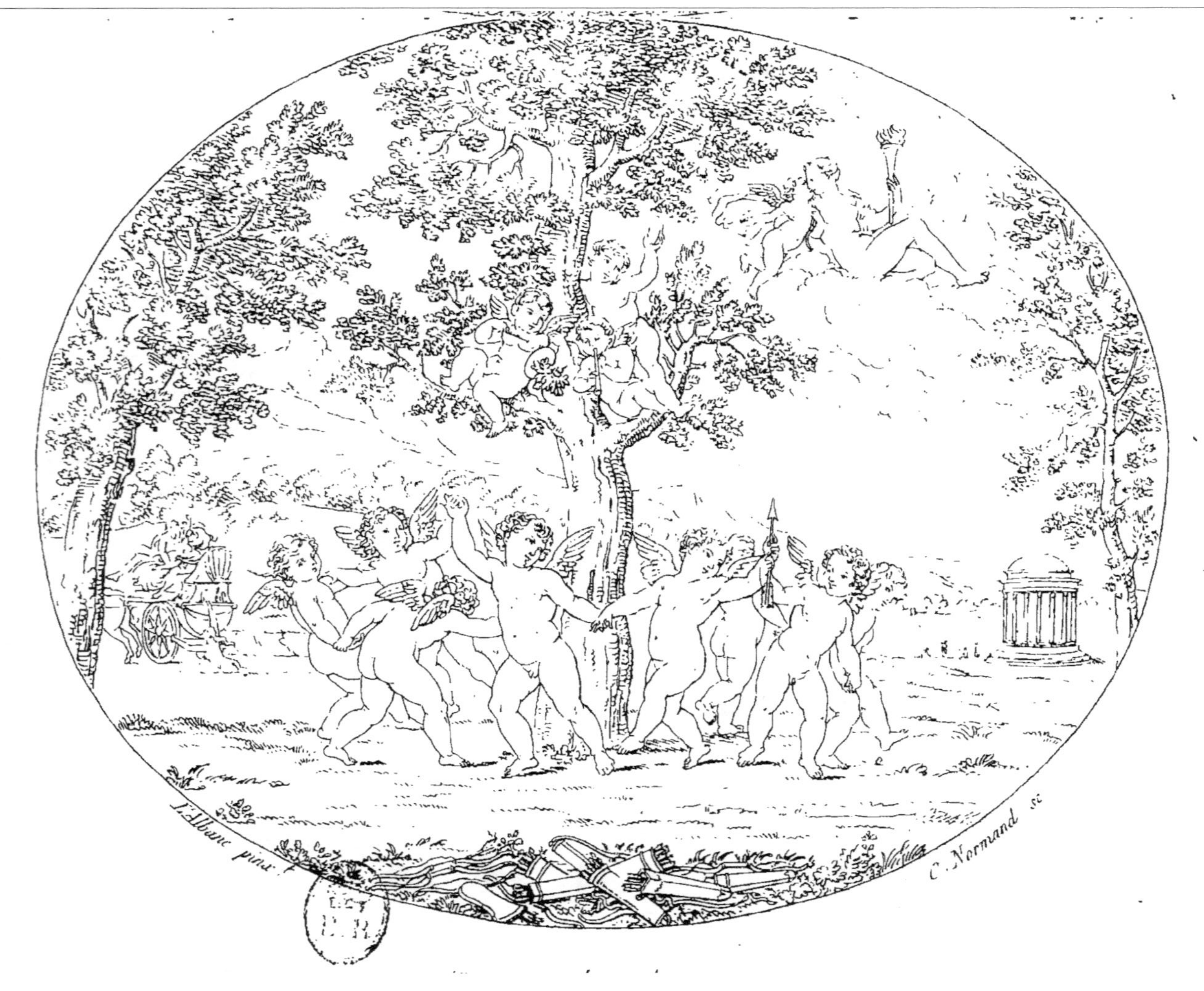
L'Albane pinx.
C. Normand sc.

LA DANSE DES AMOURS.

Tableau de la galerie de Milan, peint sur cuivre.

Hauteur 2 pieds 9 pouces, largeur 3 pieds 6 pouces.

La composition de ce précieux tableau annonce une imagination aussi féconde que poétique ; et dans le genre gracieux il est incomparable. On a nommé l'Albane l'Anacréon de la peinture : la pensée qu'il a exprimée ici, avec les couleurs les plus riantes , est vraiment anacréontique. Le poëte grec se fit un nom immortel par de petites odes ; l'Albane acquit une réputation brillante par de petits tableaux. L'un chanta Vénus , les Amours et la Beauté ; l'autre se plut à peindre les êtres les plus aimables. La nature l'avoit formé pour ce genre de travaux ; la lecture des poëtes l'y disposa, les circonstances de sa vie achevèrent de l'y rendre habile.

Ce tableau, comme ceux qui jouissent d'une certaine renommée, est connu sous un nom particulier : on l'appelle *les Enfans de l'Albane :* peut-être mériteroit-il mieux encore le nom de la *Victoire de l'Amour et de Vénus ,* ou celui de la *Danse des Amours,* que nous lui donnons ici.

Le peintre paroît avoir pris son sujet dans le cinquième livre des Métamorphoses d'Ovide, où ce poëte raconte que Vénus aperçut du haut du mont Erix, qui lui étoit consacré, Pluton errant dans les plaines de Sicile. La déesse embrassa tendrement son fils , et lui reprocha de n'avoir

pas encore fait sentir au souverain des enfers le pouvoir
de ses flèches redoutables. Elle ajouta qu'il étoit honteux
pour elle et pour lui-même, qu'outre Minerve et Diane,
Proserpine encore ne fût pas soumise aux amoureuses
lois.

L'Amour, empressé de se conformer aux désirs de sa
mère, décocha aussitôt à Pluton le trait fatal. Ce dieu ne
put résister à la puissance de celui qui avoit soumis Jupiter
même ; enflammé d'une passion aussi impétueuse que sou-
daine, il enleva Proserpine occupée, avec quelques nymphes,
à cueillir des fleurs sur les rives du Pergus (aujourd'hui le
lac Gordien).

L'Albane a représenté l'Amour qui, fier de son triomphe
sur le ravisseur de Proserpine, donne à Vénus un doux
baiser. Les charmans frères du jeune dieu forment autour
d'un arbre une danse joyeuse, et célèbrent sa victoire sur
le terrible monarque des sombres bords. D'autres petits
Amours, groupés avec grâce dans les branches de l'arbre,
animent la danse par le son de leurs instrumens ; une
Nymphe nue essaie d'arrêter le char du ravisseur de
Proserpine ; son expression, sa douleur, la font reconnoître pour la belle Cyane, dont parle Ovide ; elle semble
proférer ces paroles du poëte :

«........ *Nec longiùs ibitis......* »
« *Non potes invitæ Cereris gener esse , roganda*
« *Non rapienda fuit.......*»

« Vous n'irez pas plus loin.... Vous ne pouvez devenir
» le gendre de Cérès malgré cette déesse; il falloit lui
» demander sa fille et non la lui ravir. »

Les figures de Vénus et de l'Amour sont doucement

soutenues par un nuage ; leur grâce , leur légèreté font un effet charmant au milieu d'un ciel pur et serein. Il eût été impossible de peindre un paysage plus délicieux, ni d'un effet plus vrai. Les petits Amours sont d'un coloris suave ; ils forment, avec le reste de la composition , un ensemble très-harmonieux, et l'on diroit que ce charmant tableau est dû au pinceau divin du Corrège.

Il provient de la galerie *Sampieri*, de Bologne. Le professeur *Rosaspina* le gravail y a quelques années en Italie. Son estampe, peu estimée, a un tiers de moins de grandeur que l'original.

La Galerie de Dresde possède une répétition de ce charmant tableau où l'Albane a fait plusieurs changemens remarquables dans le paysage et les accessoires. Le groupe des huit Amours qui dansent , les figures de Vénus et de son fils , placées sur un nuage ; le char de Pluton, enlevant Proserpine, ainsi que la nymphe nue qui essaie de l'arrêter , sont parfaitement semblables dans les deux tableaux ; mais dans celui-ci, l'arbre qui occupe le milieu, est remplacé par un piédestal triangulaire , sur lequel Cupidon est élevé et soutenu par deux de ses frères, appuyés eux-mêmes sur un globe qui fait allusion au pouvoir universel du fils de Vénus ; et , sur un nuage placé vis-à-vis de celui qui porte la déesse, trois jolis Amours animent cette fête par le jeu de divers instrumens. L'Albane a aussi introduit dans le lointain de ce dernier tableau quelques figures qu'on ne retrouve pas dans celui de Milan.

Le tableau de la *Danse des Amours* , ou pour mieux dire , du *Triomphe de l'Amour*, qui se voit dans la *galerie royale de Dresde* , réunit à un haut degré les différentes beautés qui distinguent le talent de l'Albane ; mais nous devons dire cependant, que sous le rapport de la dispo-

sition pittoresque et de l'exécution, il est inférieur à l'autre.
Il est peintsur cuivre comme celui de Milan. Ses dimensions
sont à peu près les mêmes, 3 pieds 6 pouces de large
sur 2 pieds 7 pouces de haut. Il est de forme carrée, et
n'a point été gravé.

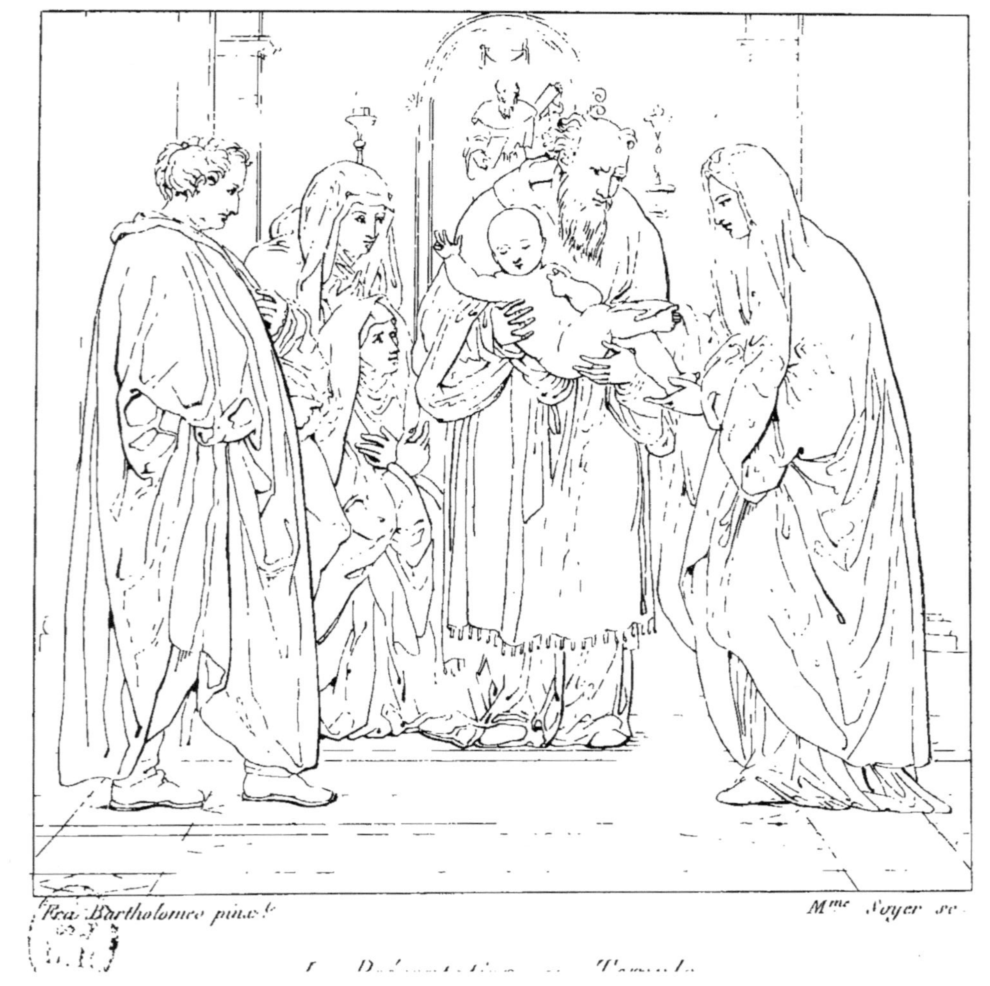

La Présentation au Temple.

Baccio della Porta, dit *Fra-Bartholommeo.*

École Florentine.

1469〜〜〜〜〜〜〜〜〜〜〜〜〜〜〜〜〜〜〜〜〜〜〜1517.

LA PURIFICATION DE LA VIERGE.

Tableau du Musée impérial de Vienne, peint sur bois.

Hauteur 4 pieds 3 pouces 6 lignes, largeur 4 pieds 11 pouces.

Baccio della Porta, plus connu sous le nom de frère Barthelemy de Saint-Marc, fut contemporain de Raphaël; et, plus âgé que lui de quatorze ans, il l'aida de ses conseils, lui apprit l'art de draper et celui d'employer les couleurs. Baccio, à son tour, apprit de ce grand homme les règles de la perspective.

On lui accorde généralement d'être le premier qui plaça des draperies véritables sur des modèles; en étudia les effets; s'aperçut qu'elles ne forment jamais de plis ni d'ombres sur les parties les plus saillantes; rendit enfin avec vérité l'irrégularité et les accidens de lumière que les plis donnent à leur liaison. On lui doit aussi l'invention du mannequin à ressorts, dont on abusa tellement dans la suite, en le substituant au modèle vivant, que l'on ne sauroit dire si cette découverte fut plus utile que nuisible. Les artistes cessèrent dès lors de consulter la nature, méconnurent sa variété; et se formèrent un style maniéré qui n'offrit plus que des beautés de convention. Mais occupons-nous de notre tableau.

Le frère Barthelemy peignit deux fois le sujet de la Purification, et sans autre différence que la dimension des figures. Le tableau qui nous occupe décoroit l'autel de la chapelle du noviciat des Dominicains de Saint-Marc à Florence. Le grand duc Pierre Léopold, après en avoir fait l'acquisition en 1781, le comprit, l'année suivante, dans un échange d'ouvrages d'art qu'il fit avec la cour de Vienne.

L'autre tableau, d'une plus petite dimension, est un peu faible sous le rapport de l'exécution. Il fut peint en 1516, une année seulement avant la mort du frère Barthelemy. Les religieuses du couvent de Saint-Jean, de l'ordre de Malte à Florence, qui le possédoient, le vendirent au grand-duc en 1786; celui-ci le leur paya 350 écus (environ 1900 francs), et le fit placer dans la tribune de la galerie de Florence, où il se voit aujourd'hui.

Dans ces deux tableaux, dont la composition est absolument semblable, le sujet s'explique de lui-même et avec netteté; les figures ont de la noblesse, de la grâce, de l'expression; les draperies amples et terminées avec soin, justifient la haute opinion qu'on doit avoir du talent de Baccio della Porta dans cette partie de l'art; enfin, le coloris, sans être fort recherché, offre une harmonie générale, et ce que l'on est convenu d'appeler une *couleur historique*. Le seul reproche que mérite l'artiste est d'avoir blessé les convenances en plaçant sur l'autel une statue de Moïse. On sait que les Juifs ne souffroient dans leurs temples ni figures, ni portraits.

Cette composition a été gravée deux fois : en 1771 par *Aug. Campanello*, et postérieurement par *Massard*, de l'ancienne académie de France, mais dans une moindre proportion.

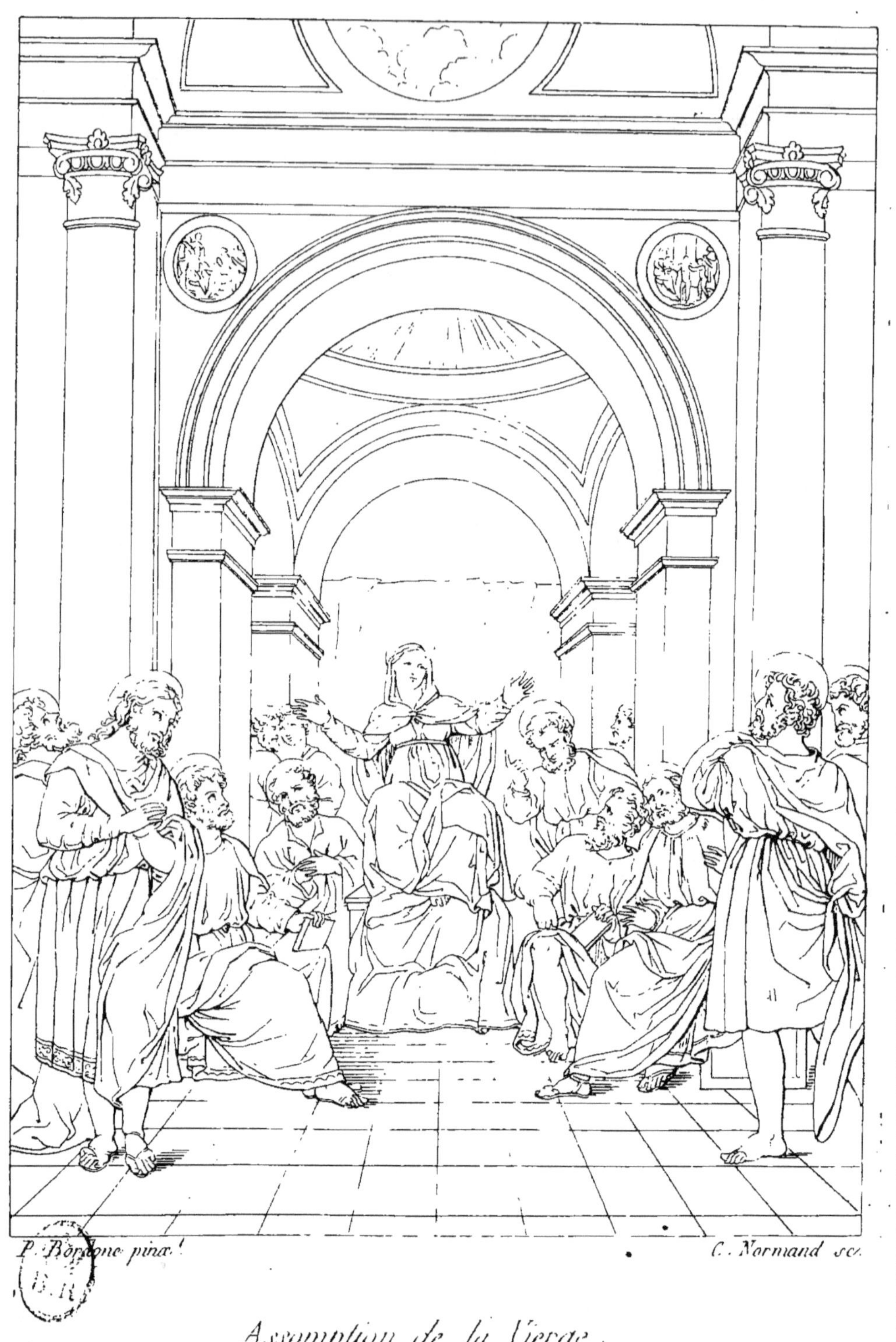

Assomption de la Vierge.

1500〜〜〜〜〜〜〜〜〜〜〜〜〜〜〜〜〜〜〜1570.

L'ASSOMPTION DE LA VIERGE.

Tableau de la galerie de Milan.

Hauteur 9 pieds 3 pouces 3 lignes , largeur 6 pieds 9 pouces.

A la seconde époque de l'Ecole Vénitienne , époque où elle acquit toute sa renommée , Paris Bordone , né à Trévise , mérita d'être distingué parmi les élèves du Titien. Sans trop s'écarter de la belle manière de son maître, il sut être original, et se montrer dans plusieurs ouvrages aussi bon coloriste que le *Prince de la couleur.* Le tableau, dont on donne ici le trait, est un de ses plus remarquables. L'artiste a choisi avec goût, pour lieu de la scène, le vestibule d'un temple d'ordre composite. Se conformant à l'opinion de plusieurs docteurs , il a supposé que l'assomption de Marie avoit lieu en présence de tous les apôtres. La Vierge fixe avec raison tous les regards ; et les pieux spectateurs de cette scène miraculeuse offrent des expressions variées qui ajoutent à l'intérêt du tableau sans nuire à l'unité de l'action. Saint Jean , déjà parvenu à un âge mûr , se distingue des autres disciples du Christ par l'élégance de ses formes. Il se réjouit plus particulièrement de la gloire de Marie ; car il se rappelle que son divin maître, au moment de sa mort, la lui avoit léguée pour mère. Les autres disciples sont dans des attitudes différentes, et s'entretiennent de ce grand mystère.

La lumière, émanée du Saint-Esprit , éclaire toute la scène ; elle est piquante , et produit le plus grand effet.

Il fallait être doué d'un talent grand pour oser adopter un semblable parti, et surtout pour réussir à produire un ensemble aussi satisfaisant et aussi harmonieux ; mais Paris Bordone possédoit le précieux avantage de peindre avec cette chaleur qui caractérise l'école du Titien. Comme la plupart des grands coloristes, il laisse à désirer sous le rapport de la correction des formes et de l'expression. La figure de la Vierge devroit avoir plus de noblesse ; l'apôtre, placé près de saint Jean, et qui s'aperçoit par le dos, se tourne avec un mouvement exagéré ; sa tête ne paroît pas bien attachée aux épaules. Il seroit peut-être facile de remarquer encore quelques autres fautes ; mais, comme ce qui constitue le mérite d'un tableau est plutôt la présence des beautés du premier ordre que l'absence des défauts, celui-ci passera dans tous les temps pour être l'ouvrage d'un maître fort habile, d'un de ces artistes dont la réputation ne doit pas être seulement bornée au sol natal.

Ce tableau vient de Créma : nous n'en connoissons pas d'estampe terminée.

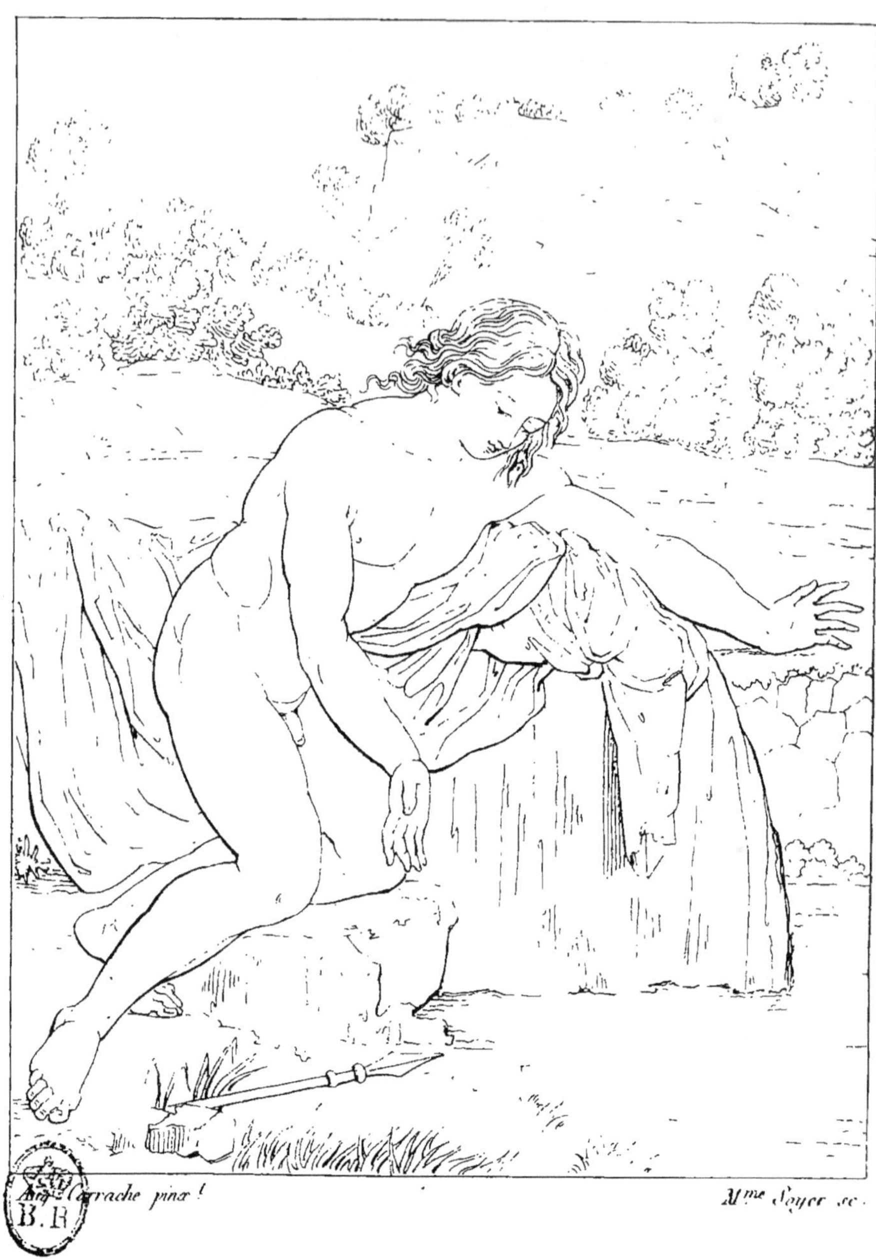

Narcisse.

NARCISSE.

Tableau de la galerie de Lucien Bonaparte, peint sur
toile, figure de grandeur naturelle.

La carrière d'Annibal Carrache, né en 1560, ne fut que
d'une année plus longue que celle d'Augustin son frère
aîné, et cependant il a laissé un œuvre beaucoup plus
considérable Il est facile d'expliquer cette différence.
Annibal, à l'imitation de Louis, leur cousin et leur guide,
s'adonna presque exclusivement à la peinture. Augustin,
au contraire, laissa errer son ardeur d'apprendre et de
se distinguer sur diverses branches de connoissances. Non-
seulement il fut un peintre très-habile, mais il passe encore
aujourd'hui pour être le plus savant graveur de son pays.
Il eut aussi un goût très-vif pour la poésie; et, comme tant
d'autres Italiens, il trouva sans peine le moyen de faire,
dans la plus douce et la plus harmonieuse des langues modernes, des vers peu dignes de passer à la postérité.

Ce goût, toutefois, lui fut utile dans la composition de
ses tableaux. Celui qui est ici gravé en offre la preuve.
Il seroit superflu d'en rapporter le sujet avec quelque étendue; on le connoît lorsque l'on a lu Ovide; et qui n'a pas
lu ce poëte si varié, si spirituel, si séduisant!

La fable de Narcisse (que l'on peut regarder comme
une peinture très-morale des aberrations de l'amour-
propre) est retracée par Augustin Carrache avec une extrême simplicité.

Un peintre françois, qui eut des pensées judicieuses,
et même parfois originales quand il écrivit sur son art,
Taillasson a dit des Carraches qu'on devait les regarder
comme les premiers des *Académiciens*. La figure du jeune
Narcisse confirme ce jugement. C'est en effet une académie,
une figure isolée, dans laquelle rien d'extraordinaire ne
touche ou ne frappe le spectateur. Peut-être, en traitant
un tel sujet, auroit-il fallu saisir l'instant où l'insensé Narcisse va expirer : du moins l'artiste, capable de peindre
les passions, auroit-il eu la possibilité de déployer toute la
magie de son talent. Le tableau d'Augustin Carrache se
recommande cependant par des beautés réelles. L'attitude
de la figure est vraie, et même expressive dans le mouvement des deux mains. Quant au dessin, Augustin n'est
inférieur ici ni ailleurs, soit à son frère Annibal, soit à son
cousin Louis. Toujours, dans cette partie importante de l'art,
ce maître a de la correction et du grandiose. Sa couleur
solide, sans être bien attrayante, peut aussi soutenir sans
désavantage les mêmes comparaisons.

Ce tableau, dont la figure est de grandeur naturelle,
fut long-temps attribué au Dominiquin, l'un des plus
célèbres élèves des Carraches. M. Landon l'a publié dans
l'œuvre de ce maître, dans sa collection des Vies et
Œuvres des peintres les plus célèbres.

Nous ne connoissons pas d'estampes de ce tableau.

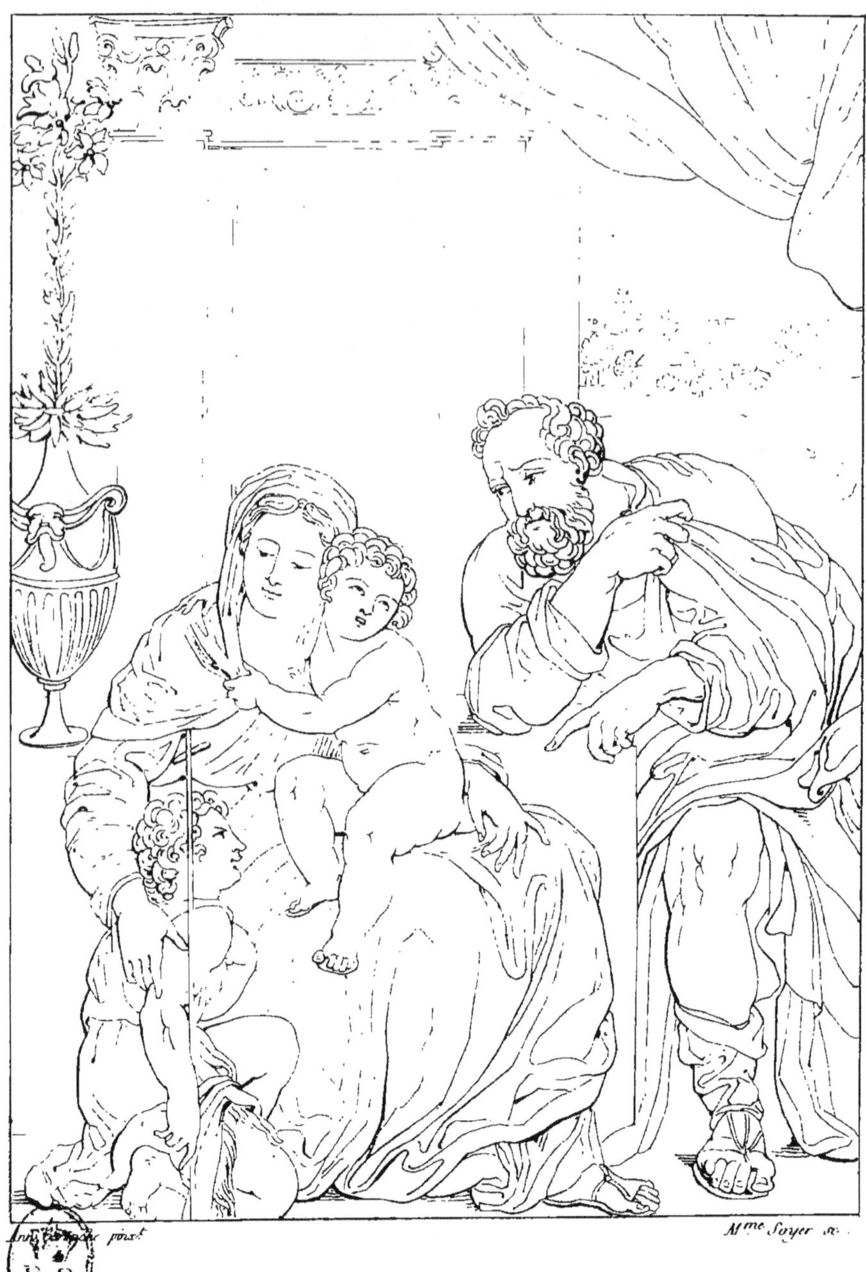

La Sainte Famille.

LA SAINTE FAMILLE.

Tableau de la galerie de Florence.

Hauteur 14 pouces, largeur 10 pouces 6 lignes.

Quand les Carraches commencèrent à se rendre célèbres, la peinture, que Raphaël avoit portée à un très-haut degré de perfection, commençoit à déchoir. Les Italiens, qui ont le mieux écrit sur les arts, Bellori, Baldinucci, Lanzi et autres, en conviennent. L'art se trouvoit placé entre deux opinions opposées : l'une vouloit tout soumettre à la nature; l'autre, ne reconnoître que le caprice d'une imagination sans frein. La première avoit pour chef Michel-Ange de Caravage, qui copioit servilement et sans choix les indi- vidus tels qu'ils se présentoient à lui. *Giuseppe d'Arpino*, dit le Josepin, avoit accrédité le système contraire, et ne suivoit que ses idées extravagantes. Les Carraches s'oppo- sèrent avec courage à cette corruption générale. Par leurs tableaux et l'Académie qu'ils fondèrent dans Bologne, ils rappelèrent la peinture dans le chemin que lui avoient tracé les grands maîtres. L'étude assidue de la belle nature, une imitation savante des plus illustres peintres, l'art de leur emprunter ce qu'ils avoient de meilleur et de se l'appro- prier, tels furent les fondemens de cette fameuse école. Toutefois cet heureux changement fut plus spécialement l'ouvrage d'Annibal, et peut-être sans lui, son frère Au- gustin et son cousin Louis auroient-ils cédé au torrent du mauvais goût.

Annibal, comme tous les peintres de son temps, a souvent traité le sujet de la *Sainte Famille ;* il a su chaque fois lui imprimer un caractère différent. Celle que nous décrivons est sans contredit la plus parfaite de toutes. Les têtes en sont admirables : celle de Jésus est vraiment céleste, celle de Saint Jean, qui peint à la fois l'attendrissement et la vénération, mérite les plus grands éloges ; mais la noblesse et la candeur de la figure de la Vierge, et la vérité de celle de Saint Joseph sont inimitables. La pureté du dessin des pieds et des mains est au-dessus de tout ce qu'on peut dire ; les mains de Saint Joseph surtout, qui portent l'empreinte de la vieillesse et du travail, sans avoir rien perdu de leur noblesse, sont des modèles parfaits, dont l'étude ne sauroit être trop recommandée ; enfin, un coloris frais sans être brillant, une touche spirituelle et un effet vrai, placent ce tableau au rang des plus belles productions d'Annibal Carrache.

Il a été gravé, avec assez de sécheresse, par *Massard,* de l'ancienne académie, pour la collection de Masquelier.

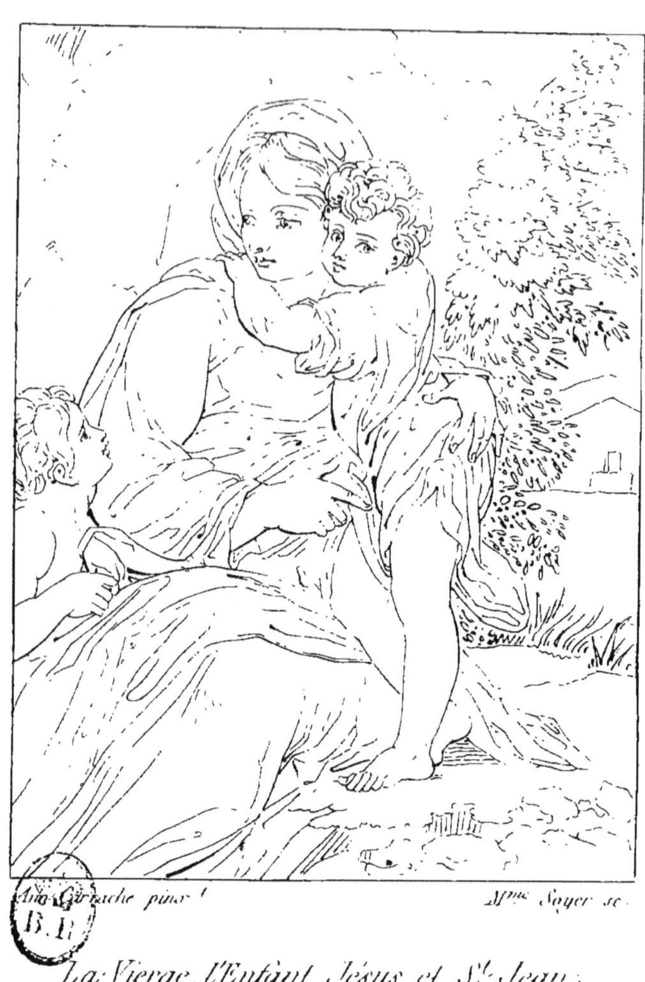

La Vierge, l'Enfant Jésus et St Jean.

1560~~~~~~1609.

LA SAINTE VIERGE, JESUS, SAINT JEAN.

Tableau de la galerie de Florence.

Hauteur 9 pouces et demi, largeur 7 pouces et demi.

Ce petit tableau est un de ceux peints par Annibal Carrache avant son départ pour Rome. On y reconnoît l'étude presque exclusive qu'il avoit faite jusqu'alors des chefs-d'œuvres du Corrège ; et quoiqu'il soit encore loin du style et du coloris de ce grand maître, les beautés qu'on y admire suffisent pour confirmer ce que disent les partisans de l'Ecole Lombarde : « que, dans son séjour à Rome, Annibal perdit plus dans certaines parties de l'art, qu'il ne gagna dans d'autres. »

Les têtes de ce tableau sont vivantes et pleines de grâce ; Saint Jean est un modèle d'aménité et de naïveté ; et quoique le temps ait apesanti sa main destructive sur cet ouvrage, on ne peut s'empêcher d'y reconnoître une des plus belles productions d'Annibal Carrache.

Le coloris en est peut-être un peu grisâtre. Ce défaut, que les années pourroient avoir aggravé, fut celui du maître, lorsqu'il tenta d'imiter, mais en vain, la couleur argentine du Corrège.

Ce tableau a été gravé par *J. B. Klauber*, de l'académie de peinture, pour l'ouvrage de Masquelier sur la galerie de Florence.

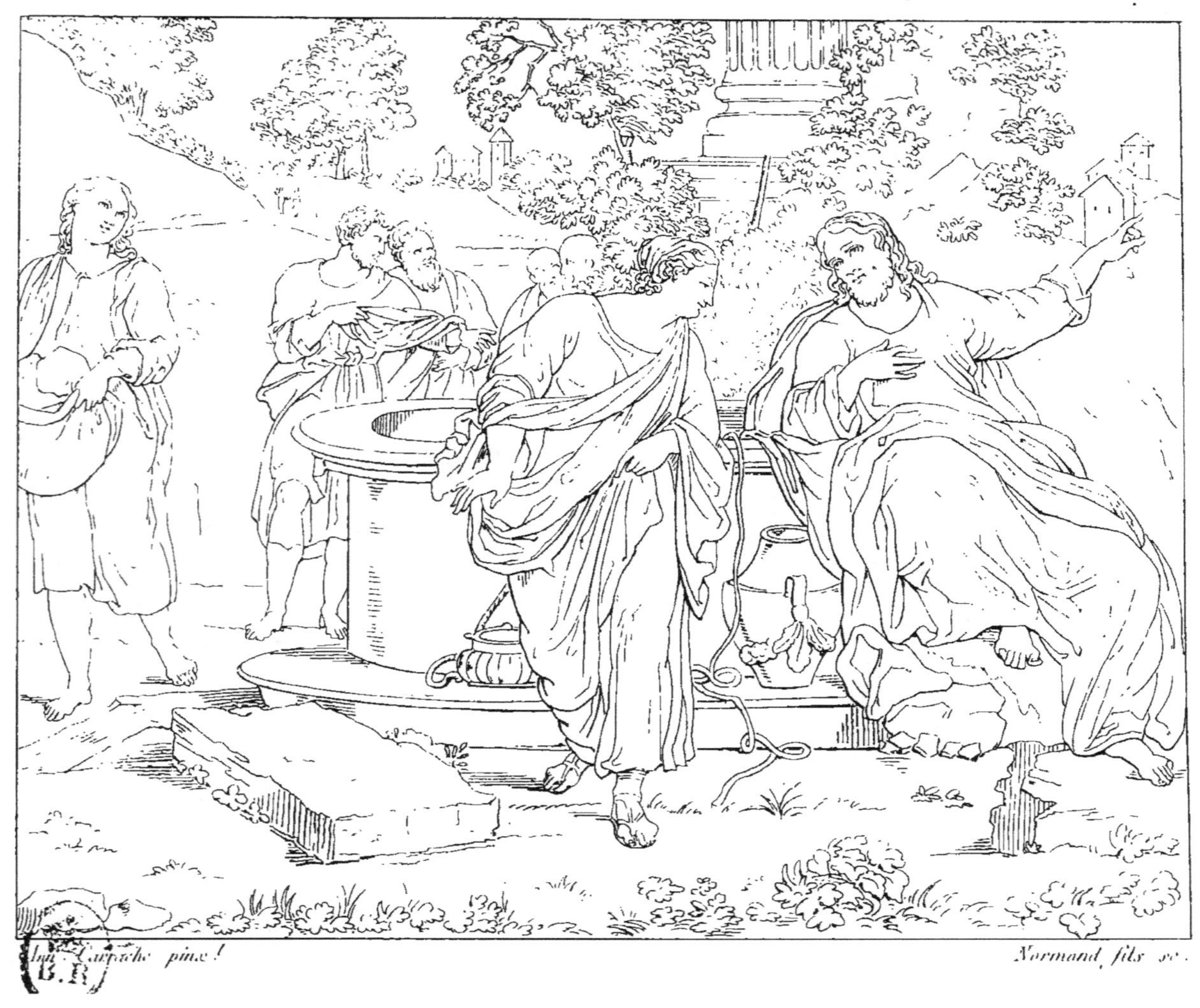
Carpache pinx.
Normand fils sc.

1560 ~~~~~~1609.

LA SAMARITAINE.

Tableau de la galerie de Milan, peint sur toile.

Environ 3 pieds 4 pouces de haut sur 6 pieds 3 pouces de large.

Le tableau dont on présente ici le trait, est une des trois peintures célèbres dont les sujets furent tirés de l'évangile, et que les Carraches firent pour la galerie Sampieri.

Simplement vêtue, mais d'un aspect agréable, la figure expressive de la Samaritaine frappe d'abord les yeux du spectateur. Elle occupe avec raison la place principale, et rappelle bien les circonstances qui ont précédé l'action. Elle se retourne vers le Sauveur avec un air à la fois gracieux, naturel, et qui exprime l'admiration mêlée d'une sorte de crainte; car Jésus vient de lui dire que l'homme qu'elle a épousé en secondes noces ne lui appartient pas entièrement. On entrevoit sur la physionomie de cette femme qu'elle soupçonne son interlocuteur d'être plus qu'un simple mortel. La figure du Christ a des formes larges et assez pleines; le dessin tient de celui du Corrége. Jésus, en plaçant une de ses mains sur sa poitrine, et étendant l'autre, le doigt levé en l'air, semble prononcer ces paroles de l'évangile : « Croyez-moi, femme, l'heure est arrivée, où ni sur cette montagne, ni dans Jérusalem, vous n'adorerez plus le Père éternel. » La partie inférieure de cette figure laisse à désirer un dessin plus correct; elle ne paroît pas en proportion avec la tête et le torse.

Les disciples de Jésus sont placés avec un tel art, qu'ils ne distraient pas l'attention du sujet principal. Ils parlent entre eux de la conduite que tient leur maître avec cette femme d'une réputation assez douteuse. Leurs attitudes sont belles et convenables au sujet. Le peintre a très à propos introduit le jeune homme qui porte des alimens ; car on lit dans le même évangile que les disciples avoient été à la ville pour s'en procurer, et qu'ils étoient revenus près de Jésus lorsqu'il s'entretenoit avec la Samaritaine. Ainsi Annibal Carrache a satisfait tout à la fois à son art et à la tradition historique.

Les teintes du tableau sont suaves et harmonieuses ; le clair-obscur en est bien entendu ; le paysage a de la vérité, et la perspective y est bien observée. Il offre, parmi de riches accessoires, ce mont Garizim, sur lequel les Samaritains avoient coutume de prier. Baglioni a donc eu raison d'avancer que le talent de peindre les paysages fut originairement dû à Annibal Carrache, et que les artistes flamands ne furent que ses imitateurs.

Il existe plusieurs estampes d'après ce tableau. La plus ancienne et la plus exacte porte la date de 1610 ; et *Annibal Carrache* inv. et sculp. ; une autre signée *Carolus Marat* 1649, offre quelques différences ainsi que celle exécutée par *Ch. Simonneau*. Cette dernière, entièrement au burin, est d'une grande beauté.

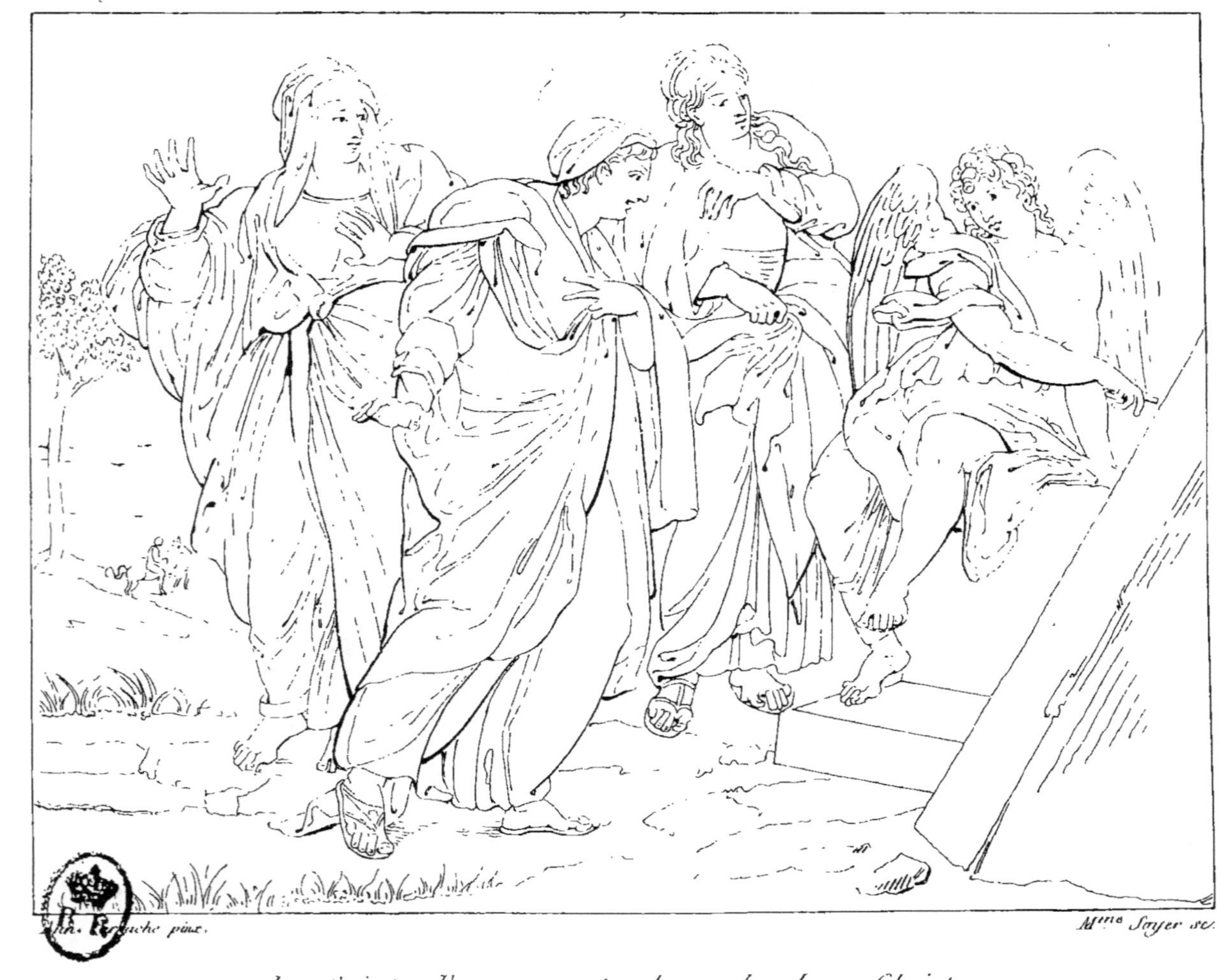

Ph. Reynache pinx.
Mme Soyer sc.

1560〜〜〜〜〜〜〜〜〜〜〜〜〜〜〜〜〜1609.

LES SAINTES FEMMES

AU TOMBEAU DE JÉSUS-CHRIST.

*Tableau de la galerie de Lucien Bonaparte, peint sur
toile. Figures de grandeur demi-nature.*

En parlant du Narcisse d'Augustin Carrache, nous avons
eu occasion de remarquer que son frère Annibal donnoit
plus de temps que lui à l'exercice de son art. Il pensoit
qu'un peintre ne doit parler qu'avec le pinceau : idée juste,
lorsqu'elle n'exclut pas les études historiques et littéraires
dont la nécessité est évidente : idée dont Dufresnoy, dans
son poëme sur la peinture, a cru devoir faire un précepte,
terminé par ce vers sententieux :

« *Dispositumque typum non linguâ pinxit Apelles.* »

« Apelle n'a point exécuté ses tableaux avec la langue. »

Annibal Carrache fut toutefois obligé de consulter
ce même Augustin et le prélat Agucchi, pour ce qui
tenoit spécialement à l'étude de l'histoire dans la composition de ses tableaux ; mais certes, ce ne fut pas pour
celui-ci qu'il dut recourir à leurs lumières. Le sujet,
indiqué avec précision dans l'évangile, ne demandoit aucun
effort de la part de l'artiste, pour être transporté sur la
toile ; et l'on peut dire qu'Annibal Carrache l'a rendu
avec une rigoureuse exactitude. Il y a de la grâce et de
l'expression dans l'attitude de l'Ange. Celles des Saintes

Femmes sont contrastées sans bizarrerie, et l'on y trouve cette vérité précieuse, qui fut un des principaux mérites du grand artiste, ainsi que la correction du dessin et le bon choix des draperies. Annibal Carrache posséda de plus un genre de talent dont il est juste de lui savoir gré. Ayant peint, tant à fresque que sur toile, dans toutes les proportions, et depuis la grandeur colossale jusqu'aux moindres dimensions, il adopta toujours, pour chaque production, le *faire* qui lui convenoit le mieux. Nous voulons dire que son pinceau, large et vigoureux dans ses grandes compositions, fut plus précieux à mesure que ses tableaux diminuoient de grandeur. Les figures de celui-ci sont de proportion demi-nature, et terminées avec un soin qui satisfait, parce qu'il n'est pas trop précieux. Ce mérite d'Annibal Carrache paroîtra plus remarquable, lorsque l'on songera que de très-grands maîtres n'ont pas toujours su donner à leurs sujets le juste degré de fini qui convenoit à la grandeur du cadre. Aussi Annibal est-il, dans cette partie comme dans plusieurs autres, un modèle digne d'être étudié et imité.

Il existe une bonne gravure de ce tableau, par *G. Fillœul d'Abbeville*.

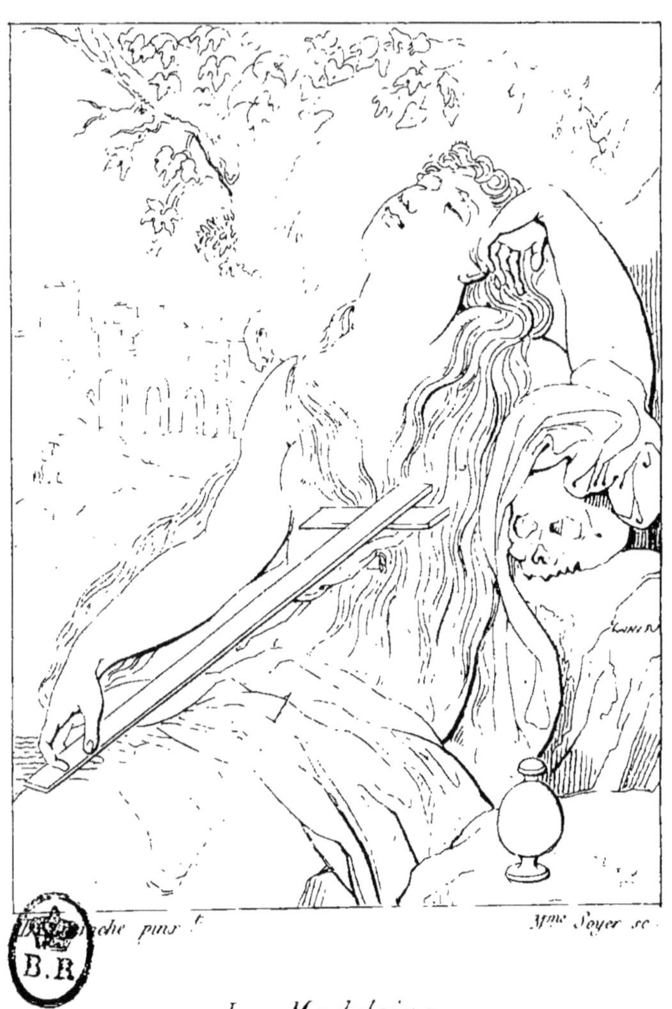

La Madeleine.

1555〜〜〜〜〜〜〜〜〜〜〜〜〜〜〜〜〜〜〜〜〜〜1619.

LA MADELAINE.

Tableau de la galerie de M. Th. Hope, à Londres.

Hauteur 3 pieds 3 pouces, largeur 2 pieds 5 pouces et demi.

Louis Carrache fut élève de Prosper Fontana à Bologne, du Tintoret à Venise, et selon quelques auteurs, du Passignano à Florence. Plus âgé que ses deux cousins, Annibal et Augustin, il fut d'abord leur maître, et bientôt leur émule. Ce fut lui qui fonda cette célèbre École de Bologne, dont Annibal devint ensuite le chef, et de laquelle sont sortis le Gnide, le Dominiquin, l'Albane, Spada, le Guerchin, Lanfranc, Cavedone, et beaucoup d'autres artistes célèbres qui contribuèrent, par leurs ouvrages, à la régénération de l'art singulièrement déchu du degré où l'avoit élevé Raphaël, Léonard de Vinci, Michel-Ange, et autres grands maîtres de l'époque précédente.

Louis Carrache avoit étudié des ouvrages du Titien et de Paul Véronèse à Venise, d'André del Sarte à Florence, du Corrège à Parme, de Jules Romain à Mantoue. Mais on voit que ce fut la manière grande, noble et gracieuse du Corrège qu'il affectionna le plus.

La belle Madelaine, qui fait le sujet de cet article, en est une nouvelle preuve. Cette demi-figure est d'un grand goût de dessin ; la tête a infiniment d'expression ; elle est touchée avec beaucoup de finesse et de légèreté, et le paysage est digne du talent de Louis Carrache dans cette partie de l'art; mais le clair-obscur en est foible, et il faut convenir que, sous ce rapport, tous les Carraches sont restés loin du Corrège.

Ce tableau fit anciennement partie de la célèbre galerie des princes Giustiniani. On ignore à quelle époque il en fut extrait, et si ce fut du consentement du propriétaire : on sait du moins que M. Hope l'acheta à Rome en 1793, et qu'à cette époque, pour que le public ne s'aperçût pas de la disparition de cette belle peinture, on substitua une copie à l'original. Vers 1802, cette copie étoit encore exposée aux regards des connoisseurs, qui ne furent pas dupes de la supercherie. Lorsque cette galerie fut exposée publiquement à Paris, en 1812, avant de devenir la propriété du roi de Prusse, nous n'y avons pas revu plusieurs morceaux capitaux qui jadis en faisoient partie. De ce nombre est un très-beau tableau du Poussin, qui se voit présentement dans la galerie de Lucien Bonaparte. Il représente un épisode du massacre des Innocens. On peut en voir la gravure au trait dans l'œuvre du Poussin, publiée par C. P. Landon.

M. Hope possède le cuivre d'une estampe gravée à Rome d'après le tableau de la Madelaine, qui fait le sujet de cet article. Cette planche, qui lui fut livrée avec la peinture, n'étoit pas terminée; un artiste italien y mit la dernière main, et la signa des deux lettres V. G. Cette estampe, médiocrement exécutée, n'a pas été livrée au commerce. La meilleure gravure de ce tableau est celle de *Anker-Smith*.

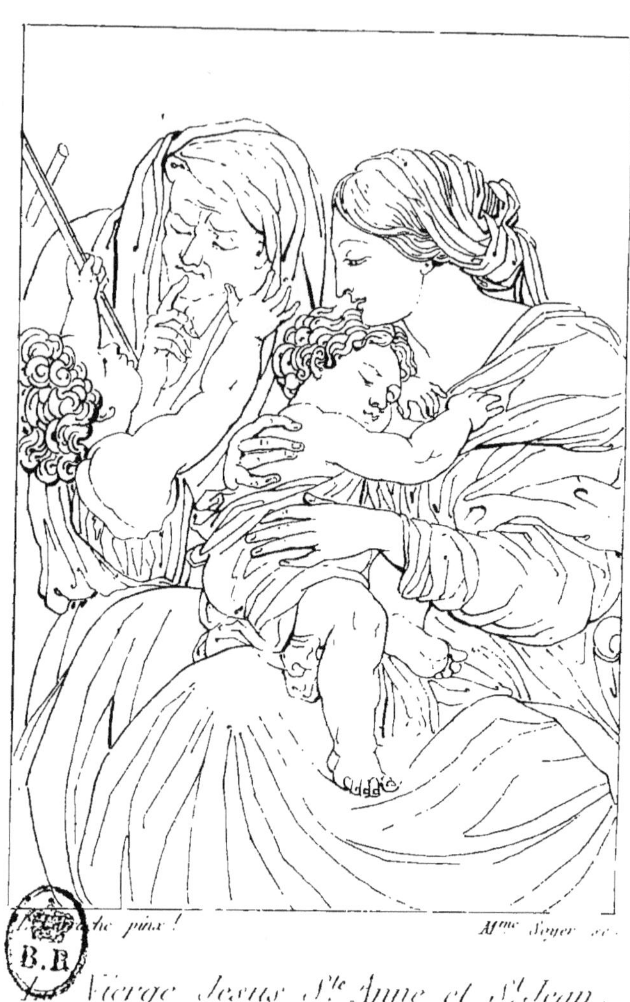

La Vierge Jésus Ste Anne et St Jean.

1555～～～～～～～～～～～～～～～～～～～～～～～～～～1619.

LA SAINTE FAMILLE.

Tableau de la collection du comte de Grosvenor, à Londres.

Hauteur 4 pieds 2 pouces, largeur 3 pieds 6 lignes.

A l'occasion du tableau de la Madelaine, qui se voit dans la galerie de M. Hope, nous avons dit que Louis Carrache fut le régénérateur de la peinture en Italie. Pour triompher du mauvais goût qui régnait alors, il opposa la vérité de la nature et les beautés de l'antique, à la manière libre et expéditive des Sabattini à Rome, Passignani à Florence, Procaccini à Milan, Fontana à Bologne, etc. Ayant étudié à la fois les ouvrages du Corrège et de l'École Vénitienne, Louis connoissoit les principes à l'aide desquels on produit ces effets charmans qui, au premier aspect, captivent et séduisent le spectateur. Il sut n'emprunter à ces différens maîtres que ce qui pouvoit embellir ce style correct, mâle et énergique qui distingue ses productions, et dont la supériorité fut enfin reconnue sur celui des peintres de son temps.

Louis Carrache, plus instruit que ses cousins dont il fut souvent le conseil, savoit varier à l'infini le même sujet sans devenir bizarre. On connoît de lui beaucoup de Saintes Familles; toutes ont une physionomie particulière. Celle qui se voit à Londres dans la collection du comte Grosvenor, est une des plus belles que nous connoissions. La composition en est savante et heureuse; le caractère de la Vierge et de l'Enfant Jésus est d'une grâce exquise , Saint Jean est plein de vie et de sensibilité , et la tendre sollicitude de Sainte Elisabeth, qui l'engage à modérer son empressement, dans la crainte de troubler le sommeil de Jésus , est admirablement exprimée. Enfin, l'ensemble de ce tableau est digne de la juste célébrité de Louis Carrache.

Cette Sainte Famille fit partie de la collection de W. E. Agar. Elle a été gravée à Londres par *Raimbach*.

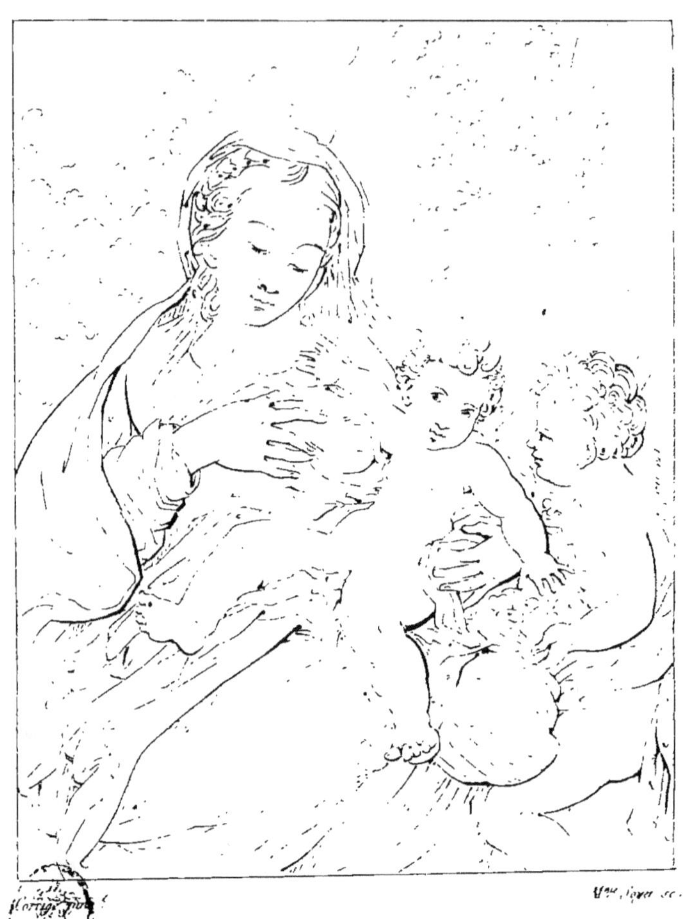

La Vierge l'Enfant Jesus et S.t Jean

1494〰〰〰〰〰〰〰〰〰〰〰〰〰〰〰〰〰〰〰〰〰1534.

LA VIERGE, JÉSUS ET SAINT JEAN.

Tableau de la galerie de Lucien Bonaparte, peint sur bois.
Figures de moyenne grandeur.

L'Enfant Jésus, assis sur les genoux de la Vierge, quitte le sein de sa Mère à l'approche de Saint Jean qui lui apporte des fruits. Ces trois figures, qui sont de moyenne proportion, nous ont paru appartenir à l'époque où le Corrège étudioit à Mantoue la manière du Mantegne, dont le goût étoit alors en vogue. On y reconnoît les efforts du chef de l'École de Parme, pour s'affranchir de la sécheresse des peintures du quatorzième siècle et fonder se style noble et moelleux qu'on admire dans ses dernières productions.

Le Corrège, lorsqu'il quitta l'École de Mantoue, essaya plusieurs manières, et ne s'attacha à celle qui le distingua qu'après avoir suivi long-temps une route moyenne entre celles qu'il se fraya dans ses premières études, et celle qu'il perfectionna lorsqu'il fut consommé dans la pratique de son art; c'est ce qui fait que plusieurs de ses ouvrages, qui datent de cette époque, sont aujourd'hui méconnus ou contestés. Celui que possède Lucien Bonaparte pourroit être de ce nombre; car, quoique plusieurs parties décèlent évidemment la main du Corrège, il est cependant loin de la perfection des productions capitales de ce grand maître.

Ce tableau a été gravé plusieurs fois; la meilleure estampe est celle de *F. Spierre.*

Les tableaux du Corrège, quelle que soit l'époque où ils ont été exécutés, sont extrêmement recherchés. Les palais des souverains les contiennent presque tous, et ce n'est que par l'effet du hasard, et à grands frais, que quelques particuliers ont pu s'en procurer. Ce n'est même que dans ces dernières années qu'on en a vu vendre en public.

Un buste du Christ, proportion de petite nature, peint sur bois, ayant de hauteur 11 pouces et 9 pouces de largeur, a été vendu 7001 fr., en 1812, à la vente de M. de Séréville.

Un autre tableau, de 22 pouces de haut sur 16 pouces de large, a été vendu 5000 fr., en 1814, après le décès de Lebrun, marchand de tableaux. Il représente la Vierge tenant son Fils dans ses bras, et environnée d'une gloire d'Anges formant un concert céleste. Elle est accompagnée de Saint Ubalde et de Sainte Catherine, tous deux dans l'attitude de l'admiration. (*Voyez* Catalogue de Lebrun, n° 20, mai 1814.)

Le prix de ce dernier tableau ne semble pas en proportion avec celui du buste du Christ; mais la balance sera rétablie, si l'on remarque que ce même buste, que Lebrun posséda, n'a été revendu en mai 1814 que la somme de 3810 fr. (*Voyez* son Catalogue, n°. 22).

Il convient d'observer cependant qu'en mai 1814 les armées européennes occupoient la Capitale, et que dans toute autre circonstance, ces deux tableaux se seroient probablement vendus à un prix beaucoup plus élevé.

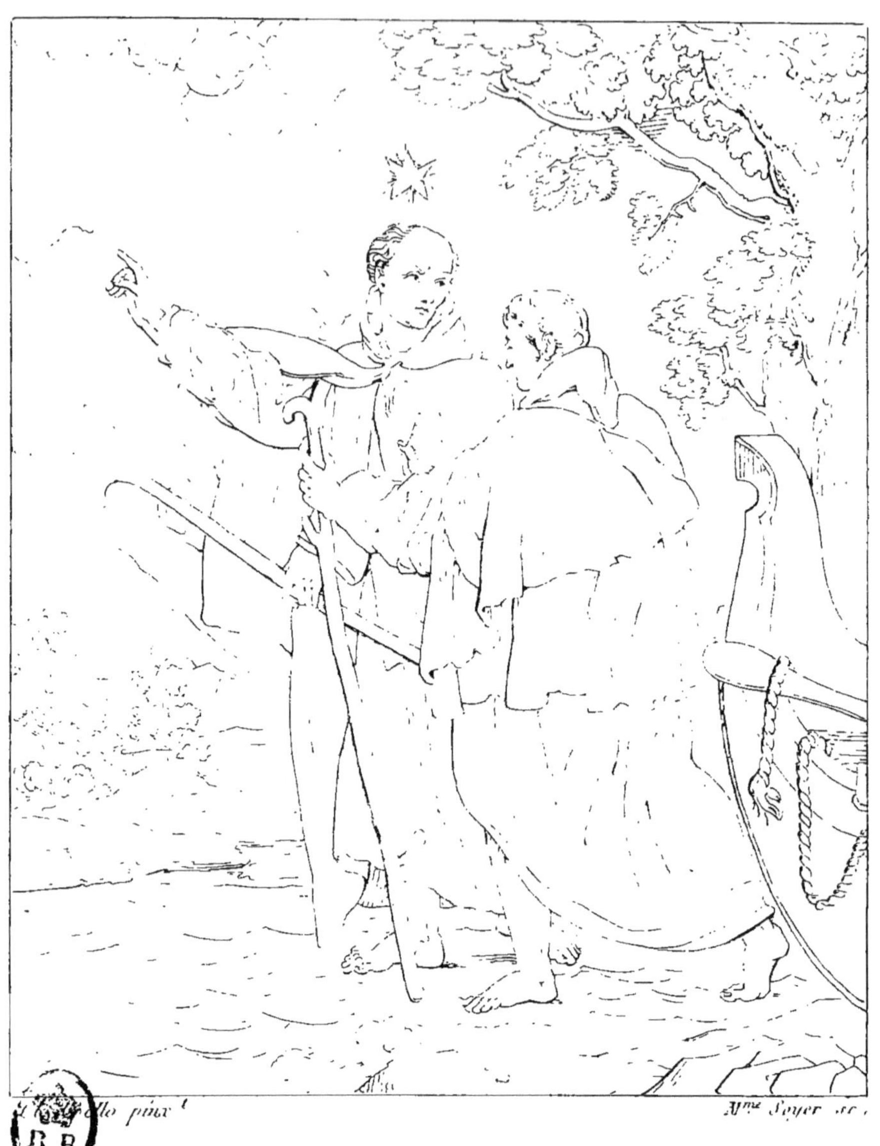

St.e Pierre del Cantarra marchant, sur les eaux.

SAINT PIERRE D'ALCANTARA,

MARCHANT SUR LES EAUX.

Tableau de la galerie d'Eugène Beauharnais, prince d'Eichstadt, peint sur toile.

Hauteur 7 pieds 1 pouce, largeur 6 pieds 2 pouces.

L'École Espagnole touchoit à son déclin, orsque Claude Coëllo naquit à Madrid, dans le dix-septième siècle. Sans s'être élevée aussi haut que les Écoles de Rome et de Florence, celle-ci avoit déjà, comme elle, adopté un goût de dessin peu correct, un coloris dit de pratique, un faire négligé; en un mot, elle s'était écartée de la nature, qui, bien vue, est l'unique source du vrai et du beau.

Cependant, à cette même époque, l'Espagne comme l'Italie posséda des artistes studieux, empressés de se faire un nom, et auxquels il ne manqua que d'être mieux dirigés dans leurs études.

Claude Coëllo tint parmi ces peintres un des premiers rangs. Son père, Portugais de naissance, lui donna pour maître le vénitien Sébastien Ricci, dont le Musée Royal de Paris possède un tableau allégorique, gracieux si l'on veut, mais assez médiocre sous les rapports les plus essentiels. L'étude des grands peintres, dont les tableaux se trouvoient dans plusieures résidences royales, fut plus utile à Coëllo : Titien, Rubens et Vandyck lui apprirent du moins les vrais principes du coloris. Jusqu'en 1692, l'artiste espagnol n'eut qu'à se féliciter de son sort. Il obtint des encouragemens, des pensions même, tant du roi Charles II que de plusieurs chapitres; mais l'arrivée en Espagne de l'Italien Lucas Giordano, appelé pour peindre les voûtes de l'Escurial, mit fin à son bonheur. Coëllo, doué malheureusement d'une sensibilité trop profonde, ne put survivre à la préférence qu'il vit donner à ce rival étranger, et mourut de chagrin le 20 avril 1693.

Cet artiste est une preuve de l'injustice qui accompagne presque toujours les jugemens des prétendus connoisseurs, lorsque les arts commencent à tomber en décadence. La plupart de ses tableaux, et spécialement celui dont on donne le trait, peuvent soutenir avantageusement toute comparaison avec les productions *strapassées* de son heureux antagoniste, dont l'incroyable célérité est devenue proverbiale dans les arts (1). Dans le miracle ici représenté, la figure du Saint et celle du Compagnon qu'il exhorte à le suivre sur les eaux, ont une expression juste et vraie, et sous le rapport de l'effet et du coloris, ce tableau peut soutenir la comparaison avec les bonnes productions de Vélasquez et de Murillo.

Cet ouvrage fut vendu 7300 fr. en 1809, chez le Brun, marchand de tableaux, il fit ensuite partie de la Galerie de la Malmaison. Nous n'en connoissons pas d'estampe.

---

(1) On appeloit Lucas Giordano, IL FA PRESTO, LE PEINTRE QUI TRAVAILLE VITE. On sait assez que c'est un moyen sûr pour ne pas travailler bien.

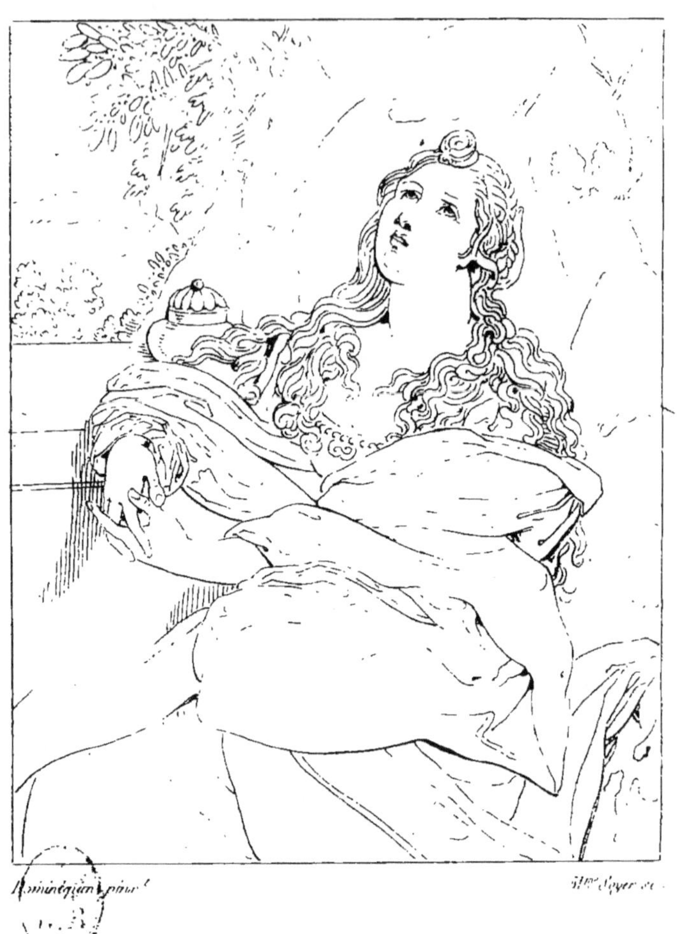

La Madelaine

1581 ~~~~~~1641.

LA MADELAINE.

Tableau de la collection de M. Simon Hougton Clarke,
peint sur toile.

Hauteur 4 pieds, largeur 3 pieds 3 pouces et demi.

Le Dominiquin ayant plus souvent peint à fresque qu'à l'huile, et ses productions ayant été recueillies avec soin dans les divers musées de l'Europe, peu de particuliers possèdent de ses tableaux. Il est même des souverains, tels que le roi d'Espagne, de Saxe, etc., qui n'en possèdent aucun. Ses ouvrages sont tellement rares et estimés, que nous avons vu vendre 10,000 francs, il y a quelques années, un tableau de ce maître, et il n'étoit pas de son meilleur temps (1).

La belle Madelaine, dont nous donnons ici le trait, n'est pas le seul tableau important que possède M. Simon Hougton Clarke; nous avons remarqué, parmi d'autres très-précieux, un Christ avec des Anges par le Guide, que nous ferons connoître dans une de nos prochaines livraisons.

---

(1) Vente de Lebrun, février 1793. Ce tableau, peint sur toile, représente Sainte Cécile vue de grandeur naturelle et en pieds; elle est assise devant une orgue qu'elle touche en chantant les louanges du Seigneur. Deux anges près d'elle la contemplent, ainsi que deux autres anges qui sont dans le haut du tableau. Hauteur 6 pieds, largeur 4 pieds 2 pouces.

On retrouve dans cette charmante demi-figure de la Madelaine tous les traits caractéristiques du talent du Dominiquin : dessin correct et nourri, expression juste et profonde, touche franche et légère; mais on n'y retrouve pas cette fraîcheur et cette vivacité de teintes qui font le charme de ses peintures à fresque.

On a long-temps pris cette figure pour une Cléopâtre ; mais outre qu'elle n'en a pas les attributs, l'expression de la tête caractérise plutôt la résignation religieuse, que le désespoir d'une reine déchue de sa grandeur. Si l'on ne voit pas près d'elle la croix et la tête de mort, qui sont les emblêmes ordinaires de la Madelaine, on y remarque du moins le vase d'albâtre qui est aussi un de ses attributs.

Ce tableau, gravé au burin par *Schiavonetti*, fut apporté en Angleterre par M. Udney, qui le céda au propriétaire actuel.

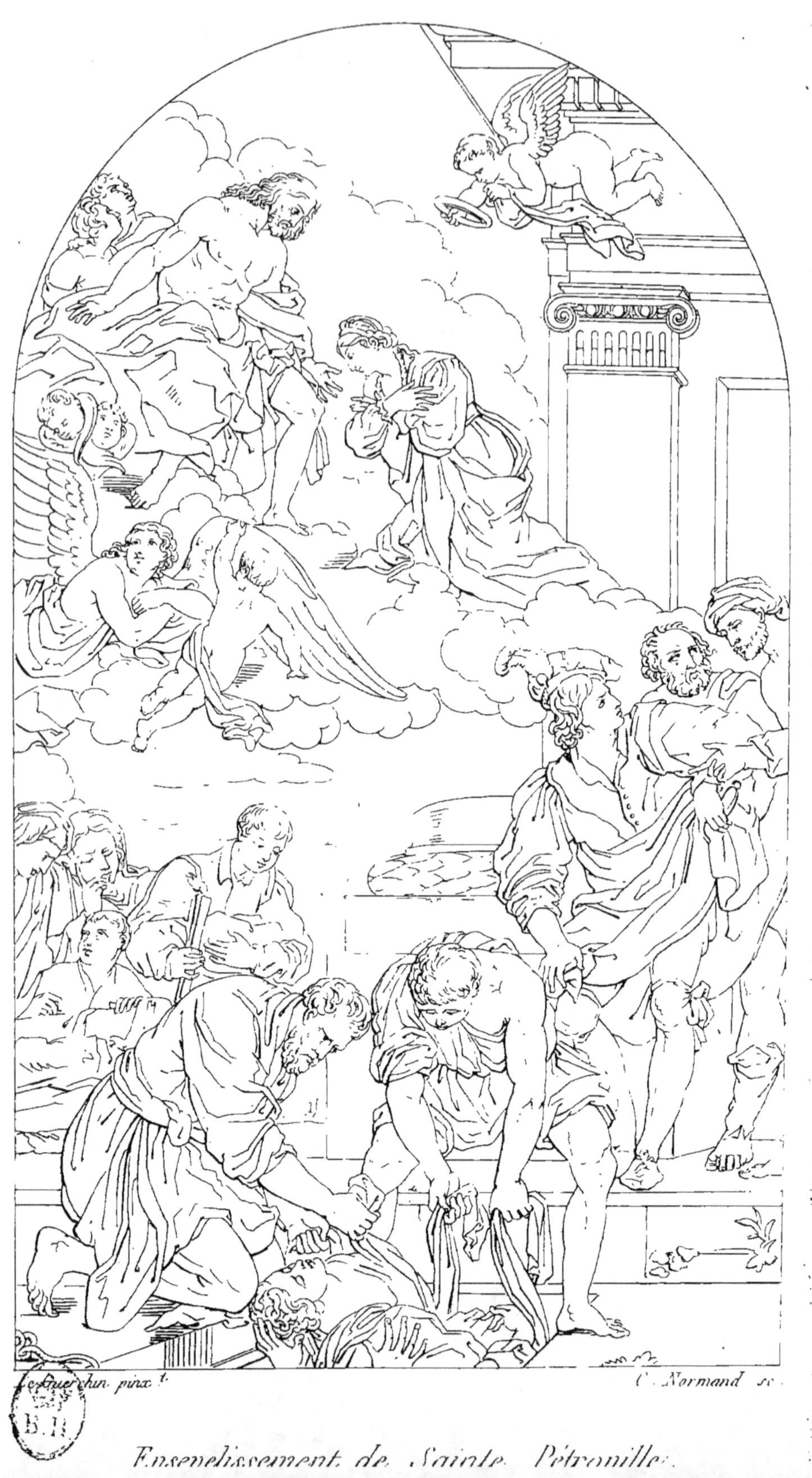

Ensevelissement de Sainte Pétronille.

1590 ~~~~~~ 1666.

ENSEVELISSEMENT DE SAINTE PÉTRONILLE.

Tableau du Musée du Capitole, peint sur toile.

Hauteur 22 pieds, largeur 13 pieds.

Sainte Pétronille, dont le culte est très-ancien, dans l'église, et qu'on nomme vulgairement en France Sainte Périnne, étoit fille de l'apôtre Saint Pierre : c'est tout ce que l'on sait de sa vie. Le moment de sa sépulture est celui que le peintre a représenté.

Vêtu de ses habits de fête, et la tête couronnée de fleurs, (suivant l'usage de la primitive église, encore en usage en Italie) le corps de la Sainte est près d'être déposé dans la tombe. Tandis que deux hommes le descendent à l'aide de linceuils, un troisième dont on n'aperçoit que les mains, le reçoit au fond de la fosse. A gauche, et près du lit funèbre sur lequel il a été apporté, on voit un enfant suivi de deux femmes éplorées, et d'un jeune homme portant une torche allumée. Du côté opposé, plusieurs assistans, parmi lesquels on distingue un jeune homme richement vêtu, prennent part à cette triste scène. Dans la partie supérieure du tableau, et sur un groupe de nuages, on voit sous la figure d'une jeune et belle Vierge, magnifi-quement parée, l'âme de Sainte Pétronille, qui, dégagée des liens du corps, est reçue à bras ouverts par Jésus-Christ dans la gloire céleste qui l'environne.

C'est au pape Grégoire XV que l'on est redevable de

ce chef-d'œuvre, ainsi que le témoigne l'inscription suivante, mise par le peintre au bas de son tableau :

GREGORI XV. PONT. MAX.

Jo. FRANC. BARBERUS CENTENSIS

FACIEBAT M. D. C. XXIII.

Satisfait des ouvrages que le Guerchin avoit faits pour ses neveux à *la villa Ludovici*, principalement du célèbre plafond de l'Aurore, Grégoire XV voulut qu'il eût part aux grands tableaux qu'il faisoit alors exécuter pour l'église de Saint Pierre de Rome, et lui confia celui de l'autel de Sainte Pétronille. Ce tableau, le plus capital sans contredit qui soit sorti du fécond pinceau du Guerchin, fut terminé en 1623, l'année même de la mort du Pontife. On le mit aussitôt à la place pour laquelle il avoit été fait, et il y resta jusqu'à ce que, ayant été exécuté en mosaïque, comme tous ceux dont l'extrême humidité de l'intérieur de Saint Pierre auroit pu causer la ruine, il fut transporté au palais de *monte Cavallo*. Ce chef-d'œuvre, que nous avons vu au Louvre, est retourné en Italie avec la plupart des objets d'art qui appartenoient à la France en vertu du traité de Tolentino. Il fait aujourd'hui partie du musée que S. S. vient de former au Capitole, et dans lequel il réunit les plus célèbres productions des Écoles d'Italie dispersées dans les différentes églises ou palais du saint Siége.

Nous n'entreprendrons pas d'analyser les beautés de ce tableau qui passoit pour une des plus grandes richesses de Saint Pierre de Rome. Il suffit d'avoir vu quelques-unes des bonnes productions du Guerchin, de connoître sa manière, et quelles sont les parties de l'art dans lesquelles il a principalement excellé, de savoir enfin que ce tableau est celui qui lui fait le plus d'honneur, pour en prendre une idée aussi exacte que pourroit en donner la plus longue dissertation. Nous dirons seulement que le Guerchin, qui possédoit parfaitement l'entente du clair-obscur, a su, par la torche allumée qu'il a placée dans la partie inférieure de la composition et la gloire céleste qui en occupe le haut, se ménager les moyens de faire paroître son talent dans cette partie de l'art, qu'aucun autre n'a peut-être mieux connu que lui. Nous ferons remarquer aussi avec quelle science il a su rendre son sujet sans équivoque. A la vue de son tableau, on ne se demande pas s'il est question d'inhumer ou d'exhumer le corps de Sainte Pétronille. Quoique les attitudes qui conviennent à la représentation de l'une de ces deux actions puissent être absolument les mêmes pour l'autre, il n'y a cependant pas d'incertitude ; et si l'on se demande par quelle heureuse idée l'artiste est parvenu à écarter tous les doutes, on est surpris de voir que deux mains artistement placées, et qui font supposer un personnage dans la tombe pour recevoir le corps de la Sainte, lui ont suffi pour rendre nettement sa pensée, et expliquer au spectateur l'action qu'il a voulu représenter. C'est ainsi que les plus grandes difficultés disparoissent sans efforts sous la main du génie, et qu'on ne soupçonne même pas qu'elles aient existé.

Les peintres du moyen âge représentoient souvent plusieurs circonstances d'une action dans le même tableau, et répétoient ainsi les principales figures. Il seroit inutile de vouloir démontrer combien cette méthode étoit défectueuse, en ce qu'elle détruisoit l'unité d'action essentielle à la peinture. Depuis long-temps les artistes ne commettent plus de semblables fautes : aussi peut-on d'abord s'étonner que, dans le tableau du Guerchin, Sainte Pétronille reparoisse dans le Ciel aux pieds du Christ, au moment où l'on va l'inhumer. Cependant, si l'on accorde, comme on le doit, certaines licences aux peintres, peut-être ne blâmera-t-on point celle-ci. Outre que, sous le rapport pittoresque, elle enrichit la composition, il est facile de supposer que dans la partie supérieure du tableau, la figure, admise au rang des bienheureux, présente, pour ainsi dire, l'âme de Sainte Pétronille, admise déjà à la céleste béatitude, en attendant le grand jour où sa dépouille mortelle lui sera éternellement réunie.

A l'insigne avantage d'avoir fait de ce tableau l'un des plus célèbres chefs-d'œuvres de la peinture, le Guerchin joignit encore celui de le voir reproduit en mosaïque avec une étonnante perfection. Celles de la *Transfiguration*, d'après Raphaël, de la *Communion de Saint-Jérôme*, d'après le Dominiquin, qui se voient dans la même église de Saint-Pierre, laissent beaucoup à désirer. La mosaïque de la Sainte Pétronille est, au contraire, une production en quelque sorte merveilleuse. A la distance convenable, il est impossible de ne pas croire que cette immense machine est le tableau lui-même. Le dessin, la couleur vigoureuse, les expressions ; toutes les parties de l'art, en un mot, s'y retrouvent au même degré de perfection que dans le tableau.

Il a été gravé plusieurs fois. L'estampe de *Dorigny*, exécutée d'un burin vigoureux, est la plus estimée. La calcographie du musée royal de France en possède le cuivre.

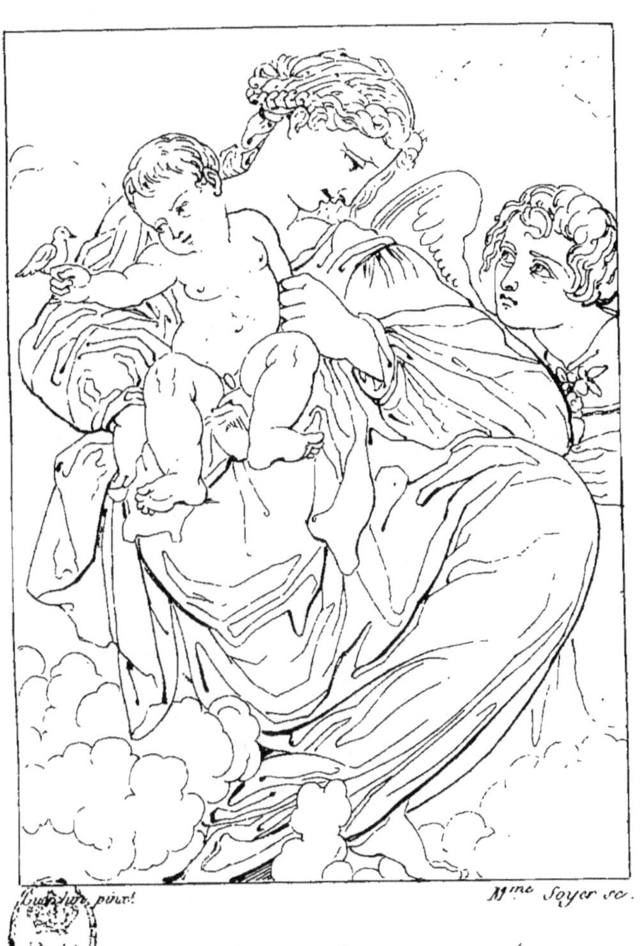

La Vierge Jésus enfant et un Ange.

J. F. Barbieri, ou le Guerchin, Éc. Bolonaise.

1590 ~~~~~~~~~~~~~~~~~~~~~~~~~~~~~~~~~~ 1666

LA VIERGE ET L'ANGE.

Tableau de la galerie de Florence.

Hauteur 3 pieds 8 pouces, largeur 2 pieds 7 pouces.

Louis Carrache, ce peintre célèbre, ce régénérateur de l'art en Italie, avoit la plus grande estime pour le talent du Guerchin. Dans une de ses lettres publiées à Rome par Bottari, et qui porte la date du 15 octobre 1617, Louis dit : « Le Guerchin peint avec un extrême bonheur d'invention ; il est grand dessinateur et très-heureux coloriste. Quoique fort laid, il est un miracle de la nature. Non-seulement il étonne ceux qui voient ses tableaux ; mais il rend stupides les premiers peintres. » Quel éloge, lorsqu'il sort de la bouche d'un tel juge !

Nous sommes loin de vouloir appliquer cet éloge dans toute sa force au tableau de *la Vierge* et *l'Ange*, qui se voit dans la galerie de Florence. Cette peinture, qui semble avoir été conçue et exécutée d'un seul jet, n'est pas sans défaut. Le dessin des pieds et des mains, quoique naïf, laisse désirer un meilleur choix, et la tête de l'Enfant Jésus manque aussi de noblesse. Mais quelle grâce et quelle majesté dans cette Vierge portée sur les nuages ! Comme sa tête est belle et bien coiffée ! Quelle ampleur dans son vêtement, avec quel art il est drapé ! Quelle naïveté et quelle vérité dans cet Enfant Jésus, qui regarde l'oiseau qu'il tient sur son doigt !

Quant à la figure de l'Ange, elle n'est ici qu'accessoire ;

elle paroît être un portrait, et probablement celui du particulier qui fit faire le tableau; coutume qui prit naissance dans des siècles d'ignorance, et qui subsista encore long-temps après la renaissance des arts.

Ce tableau a été gravé par *Nicollet*, pour le recueil de Masquelier, sur la galerie de Florence.

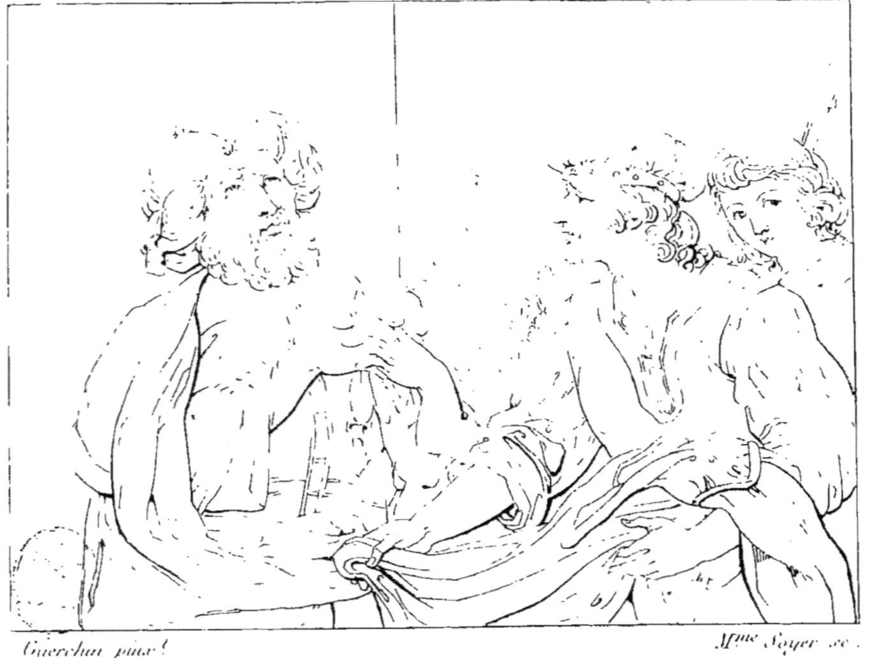

La Robe de Joseph.

LA ROBE DE JOSEPH.

*Tableau appartenant au comte de Grosvenor, peint
sur toile.*

Largeur 5 pieds 2 pouces sur 3 pieds 10 pouces et demi de haut.

L'Histoire de Jacob et de sa famille a exercé le pinceau
des meilleurs Artistes de presque toutes les Écoles, et leur
a fourni unegrande variété de sujets. C'est dans cette partie
de l'Histoire Sainte que le Guerchin a pris la composition
de celui-ci. Il a choisi le moment où la robe de Joseph
teinte de sang, est présentée à Jacob, comme une preuve
de la mort accidentelle de son enfant chéri; le récit de
cette scène, dans l'Écriture Sainte, est conçue en ces
termes: « Ils prirent la robe de Joseph, tuèrent un che-
« vreau, et la trempèrent dans son sang. Ils envoyèrent
« cette robe de plusieurs couleurs, la présentèrent à leur
« père, et lui dirent : reconnoissez à présent si ce n'est
« pas la robe de votre fils; il la reconnut et dit : C'est la
« robe de mon fils, une bête féroce l'a dévoré, Joseph est
« sans doute déchiré en pièces. »

Une douleur profonde mêlée d'étonnement, et accompagnée d'une pieuse résignation à la volonté du ciel, est admirablement exprimée dans la figure de Jacob; l'expression
de ses mains jointes est attendrissante. Les caractères des
fils du Patriarche sont également bien rendus, leur feinte
douleur et leur étonnement affecté sur la mort de leur
frère, semble cacher à peine la joie intérieure que leur

cause le succès du stratagème qu'ils ont employé pour se débarrasser de Joseph, et ce mélange de simplicité et de fourberie, d'innocence apparente et de scélératesse dissimulée est exprimé avec une finesse digne d'éloge.

Ce tableau que le Guerchin fit pour l'abbé Mey de Lyon, passa ensuite en Italie; c'est là qu'il fut acheté par M. Dolton pour le feu Comte de Grosvenor, qui le plaça dans son hôtel à Londres, où il se voit encore.

Il a été gravé par *Schiavonetti*.

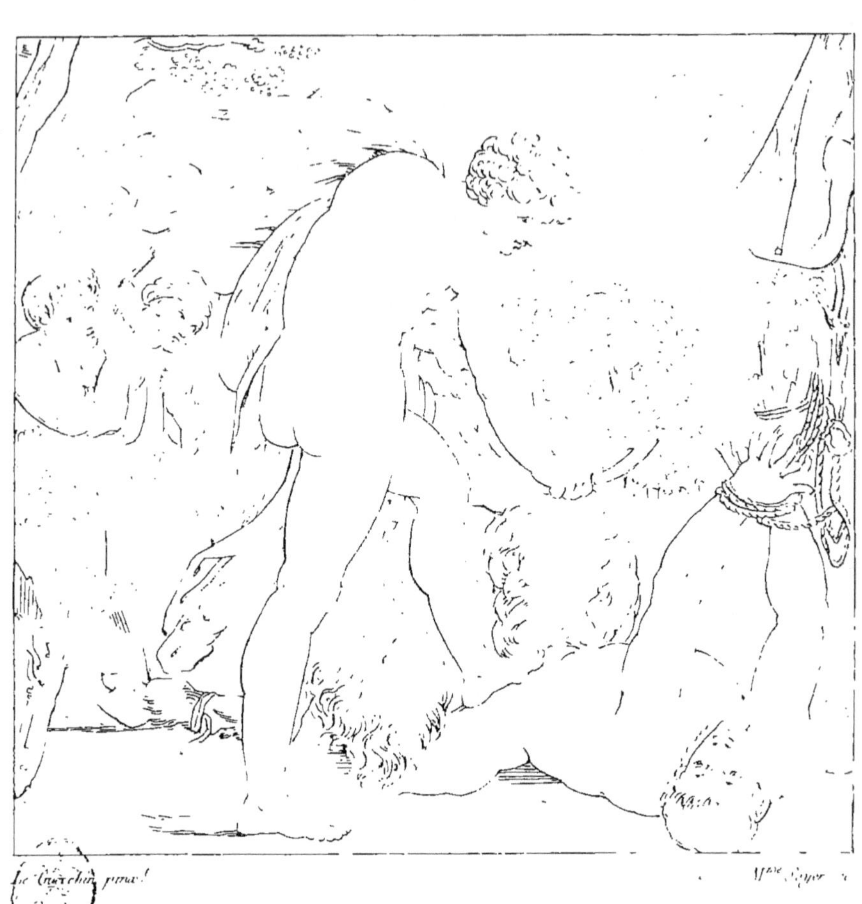

Apollon écorche Marsyas.

1590 ∼∼∼∼∼∼∼∼∼∼∼∼∼∼∼∼∼∼∼∼∼∼∼∼∼∼∼∼∼∼∼∼∼∼∼∼ 1666.

APOLLON ÉCORCHE MARSYAS.

Tableau de la galerie de Florence.

Hauteur 6 pieds, largeur 7 pieds.

Quel jugement porteroit-on d'un peintre qui, se livrant à toute la fougue de sa verve et plus affecté des charmes de l'Art que des vérités historiques, représenteroit *Cléopâtre* expirante, avec toutes les grâces et l'enjouement de la beauté, ou nous feroit voir *Saint Paul* au rang des apôtres occupé à l'élection de Saint Mathias; en supposant que sa Cléopâtre soit dans la manière du Corrège et son Saint Paul, dans celle de Lanfanc, on diroit qu'il a tiré de ses contraventions à l'histoire, des nouveautés séduisantes et des effets piquans, enfin, qu'il n'a pensé qu'à peindre un tableau.

Le Guerchin, dans son Apollon qui écorche Marsyas, a commis une semblable faute. Le Dieu de l'harmonie, au lieu de charger un Scythe, un barbare, de l'exécution de sa vengeance, s'abaisse jusqu'à écorcher lui-même l'infortuné Marsyas; de plus, au lieu de la Lyre qui caractérise Apollon, il a placé près de lui un violon, instrument dont on ne trouve aucune trace avant le 10me siècle de notre ère. Mais ces défauts de convenances sont compensés par des beautés du premier ordre et l'on ne peut se lasser d'admirer ce tableau qui fait plus d'honneur au talent, qu'au jugement, au goût et à l'érudition de l'Artiste.

On ne vit jamais un torse dessiné avec plus de finesse que celui d'Apollon, ni une expression plus vraie que celle du malheureux Satyre. Les deux figures accessoires qu'on aperçoit dans le lointain, sont dans un juste rapport avec l'action principale, et les carnations différentes d'Apollon et de Marsyas produisent un effet piquant sans être outré, modération dont le Guerchin n'a pas donné de nombreuses preuves et qui mérite à ce tableau une place distinguée parmi les productions de son pinceau.

La gravure exécutée par *Massard* de l'ancienne Académie pour la collection de Masquelier, est d'un effet dur, sec et noir qui répond peu au mérite du tableau.

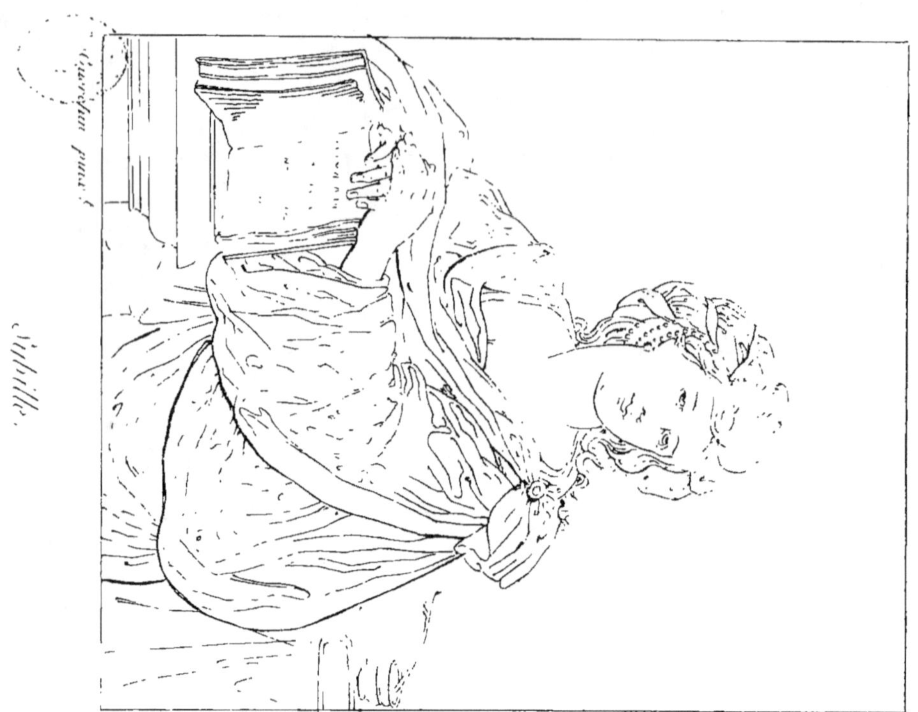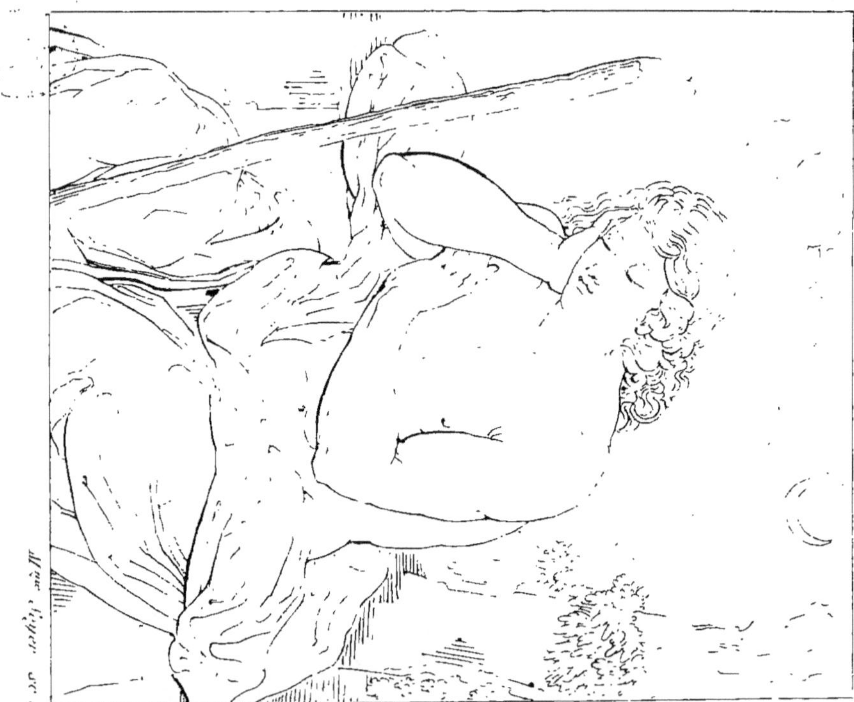

1590 ~~~~~~ 1666.

LE SOMMEIL D'ENDYMION.

Tableau de la galerie de Florence, peint sur toile.

Hauteur 3 pieds 9 pouces, largeur 3 pieds 2 pouces 3 lignes.

Ce n'est pas à la beauté des traits et à la noblesse des formes de ce jeune berger endormi, qu'on peut reconnoître dans ce tableau le mortel heureux qui fut aimé de Diane. Malgré le naturel de la pose, la simplicité, la grâce des contours et la naïveté de l'expression de cette figure, l'intention de l'artiste seroit restée inconnue sans la présence de la Lune, qui vient donner à cette composition l'effet le plus magique et le plus merveilleux. Le contraste des teintes vigoureuses des ombres avec la lumière douce et paisible de l'astre de la nuit, y produit un effet mélancolique et mystérieux très-convenable au sujet et que le peintre a rendu avec un talent admirable.

Ce tableau est probablement celui que le Guerchin peignit en 1647 pour le prince Laurent de Médicis; mais on ignore comment il put devenir la propriété de messieurs Dini de Florence, qui le vendirent en 1785. Le grand Duc Léopold le fit racheter et le paya 200 sequins.

Gravé pour la collection de Masquelier par *Massard*.

———————

SYBILLE.

Tableau de la galerie de Florence.

Hauteur 3 pieds , 7 pouces, largeur 2 pieds 11 pouces.

Le Guerchin ne s'est pas montré dans ce tableau meilleur observateur des convenances historiques que dans le précédent. Sa Sybille , au lieu de présenter quelques traces de l'éternelle vieillesse et de l'habillement rustique de celles que célébrèrent les anciens, possède au contraire toutes les grâces que le Guide auroit pu lui donner. L'attitude simple et naturelle, la beauté de la tête de cette figure, qui paroît inspirée, jointes à un coloris vigoureux et brillant, à une entente parfaite du clair obscur, feront toujours regarder cette peinture comme une des bonnes productions du Guerchin. Elles rachètent les défauts qu'un critique sévère seroit en droit de lui reprocher.

L'effet magique qu'on admire dans ce tableau tient à la pratique du Guerchin, de tirer son jour de très-haut et de faire valoir les clairs par des ombres fortes et prononcées. Cette manière , quoique vicieuse sous plus d'un rapport , imprime à la plupart des productions de cet artiste, un cachet particulier qui les fait remarquer avec avantage parmi celles des autres élèves des Carraches.

Gravé par *Levillain*, pour la collection de Masquelier.

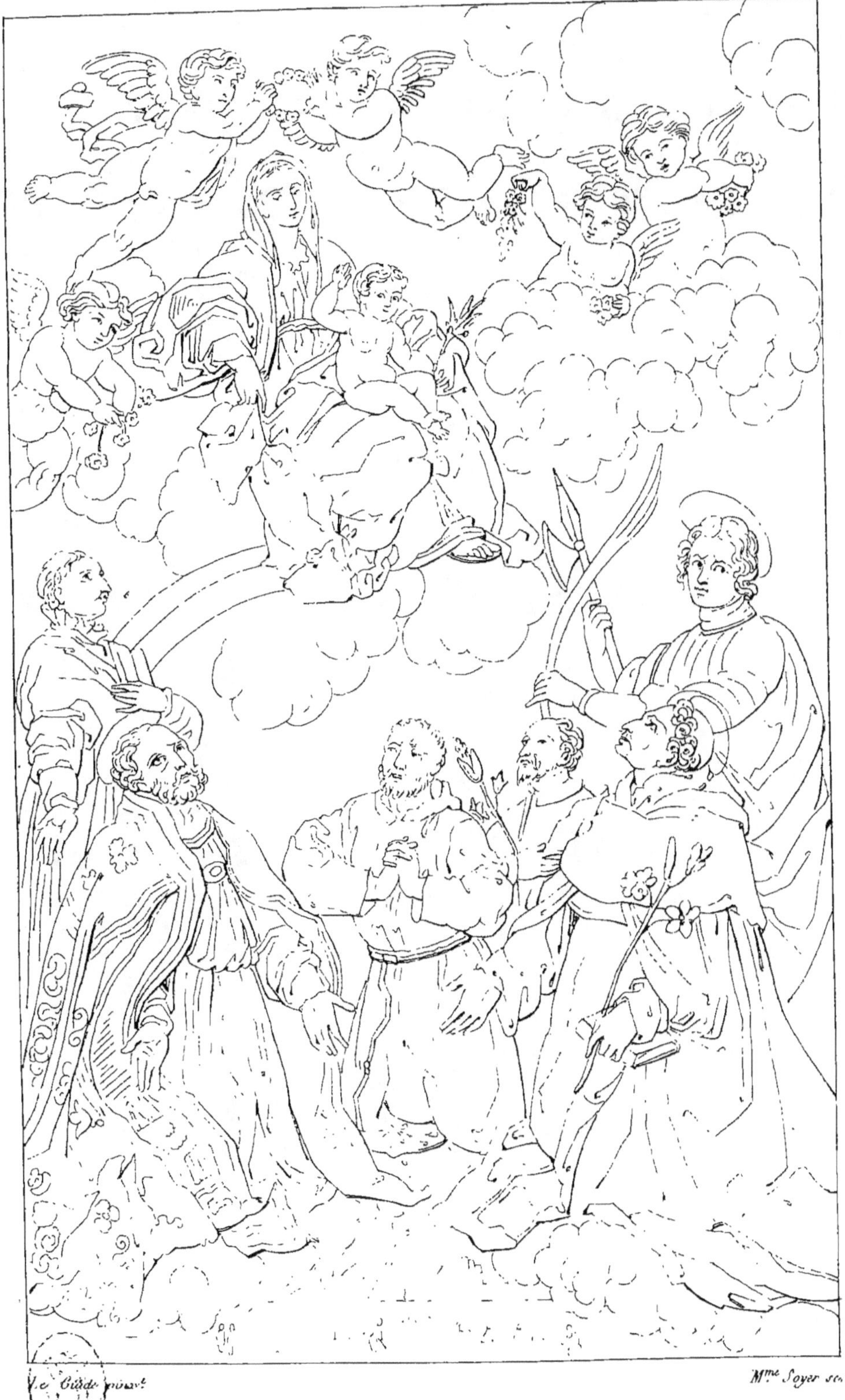

Les Saints protecteurs de la Ville de Bologne.

LES SAINTS PROTECTEURS DE LA VILLE DE BOLOGNE.

Tableau de la galerie de Lucien Bonaparte, peint sur cuivre. Figures de petite proportion.

Obligé de traiter un sujet dont les données premières ne devoient pas varier, le Guide a du moins eu l'avantage d'y pouvoir manifester ce goût pur, ce sentiment de la beauté que l'on retrouve dans ses moindres ouvrages. Il a gardé un sage milieu entre une simplicité trop nue et une magnificence que l'on auroit pu appeler de l'afféterie. Dans cette réunion de Saints, qui n'ont aucune action à exprimer, on discerne au moins chacun d'eux, plus encore au caractère de sa tête qu'à ses attributs. Le prélat à droite se fait reconnoître facilement pour Saint Charles Borrommée, ce pieux archevêque de Milan qui montra une charité si courageuse, dans des jours désastreux; derrière lui est Saint Georges, avec les attributs qui désignent un guerrier. Saint François placé dans le centre du tableau, a toute l'expression que le sujet pouvoit comporter. Saint Pétrone à genoux du côté gauche, et Saint Dominique debout derrière lui, forment un groupe heureux qui balance bien, sans trop de symétrie celui des autres Saints. La figure placée entre Saint François et Saint Charles, est probablement celle de l'habitant de Bologne, pour qui ce tableau fut exécuté.

La partie céleste mérite d'autant plus d'éloges, qu'elle diffère essentiellement d'une autre composition exposée pendant quelques années dans le musée de Paris, dans laquelle le Guide a représenté le même sujet. Ce dernier tableau n'a pas moins de 21 pieds de haut, sur 10 pieds et demi de large, et les figures ont 9 pieds de proportion ; mais au lieu d'y grouper avec grâce comme dans celui-ci, la Vierge et l'enfant Jésus au milieu d'un cortége de petits Anges, qui descendent sur un arc-en-ciel, le Guide eut l'idée bizarre d'y représenter le Christ mort et pleuré par sa mère. Le marchand de tableaux le Brun a écrit que s'il eut possédé celui dont nous parlons, il l'auroit coupé pour en faire deux, et qu'ils y auroient gagné l'un et l'autre. Critique aussi sévère que juste, et qu'il seroit impossible d'adapter au tableau dont nous donnons le trait.

Nous ne connoissons de ce dernier qu'une gravure médiocre, peu terminée, et sans nom d'auteur, mais évidemment faite en Italie, peut-être même pendant la vie du Guide. Elle diffère du tableau, en ce que l'on y voit de plus Saint Florien, appuyé d'une main sur la garde de son épée et de l'autre tenant une palme.

Dans son *voyage en Italie*, le célèbre J. J. Barthelemy parle d'un autre tableau du Guide, exécuté en 1630, à l'occasion de la cessation de la peste dont la ville de Bologne fut affligée. Il étoit alors exposé dans le *Palazzo publico*. Peint d'abord sur soie et servant de guidon, il fut ensuite collé sur toile. Les saints désignés comme protecteurs de la ville de Bologne, sont au nombre de sept ; Saint François, Saint Pétrone et Saint Dominique sont les seuls du tableau ici gravé que le Guide ait conservés. Il leur a joint Saint Procule, Saint François Xavier, Saint Ignace, et Saint Florien. Dans les deux tableaux, les groupes célestes n'offrent pas de différences sensibles, nous ne croyons pas que ce dernier ait été gravé non plus que celui qui se voyoit au Musée du Louvre.

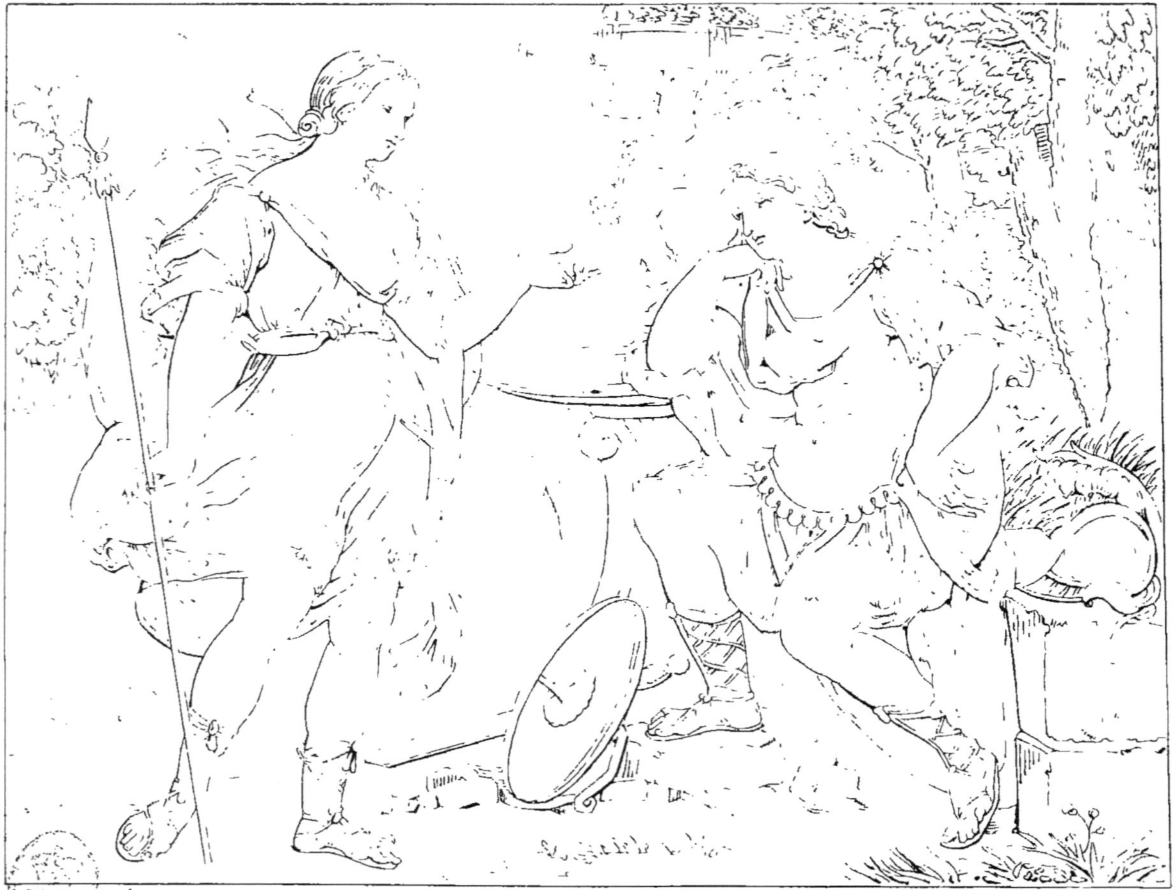

Roger et Fleur d'Épine près d'une Fontaine.

Guido Reni dit le Guide, École Bolonaise.

1575 〜〜〜〜〜〜〜〜〜〜〜〜〜〜〜〜〜〜〜〜〜〜 1642.

ENTREVUE DE ROGER ET DE FLEUR-D'ÉPINE PRÈS D'UNE FONTAINE.

Tableau de la galerie de Florence, peint sur toile.

Hauteur 3 pieds 8 pouces, largeur 4 pieds 9 pouces.

Si les peintres célèbres avoient toujours été maîtres de choisir les sujets de leurs tableaux, il est à croire qu'ils les auroient presque toujours puisés dans les ouvrages des poëtes illustres, et plus spécialement encore dans ceux de leurs compatriotes. Le Guide, soit de sa propre volonté, soit à la demande de quelque ami des beaux-arts, a eu ici cet avantage. Ce n'est point l'Arioste qui l'a inspiré, comme on pourroit être d'abord tenté de le croire, d'après les noms des deux personnages représentés, mais le précurseur de l'Arioste, celui qui lui a fourni ses principaux personnages, l'écrivain qui ne le cède en rien à ce divin génie, sous le rapport de l'imagination ; en un mot, le Boyardo. Quoique le chantre du *Roland furieux* soit plus généralement connu hors d'Italie que celui du *Roland amoureux*, le Boyardo ne laisse pas d'être apprécié par les lecteurs mêmes, qui, sous le rapport du style, accordent à son admirable continuateur une supériorité décidée. Ils se rappelleront donc facilement à la vue de notre gravure, que vers la fin de son poëme, cet auteur présente sous l'aspect à la fois le plus aimable et le plus intéressant, ce jeune Roger, illustré ainsi que Roland, par lui et par l'Arioste,

Quant à la belle Fleur-d'Épine, qui n'a pas conservé, après avoir lu les deux poëtes, un souvenir délicieux de cette jeune amante de Richardet, frère du fameux paladin Renaud de Montauban? Après une bataille où les africains mirent en déroute l'armée de Charlemagne, le Boyardo suppose que Roger, l'un des vainqueurs, rencontra près d'une fontaine, Fleur-d'Épine, très-inquiète sur le sort de son amant. Le poëte n'a point voulu donner à penser que cette rencontre fortuite dans un lieu solitaire, eut des suites favorables pour Roger, et d'après sa circonspection, il est peut-être assez surprenant que le Guide ait préféré cette entrevue sans résultat, à cent autres circonstances plus piquantes que le même poëte lui offroit. Ce que l'on peut dire pour l'excuser, c'est qu'il a désiré spécialement retracer deux figures d'homme et de femme, dans l'âge heureux de la jeunesse, et se procurer ainsi l'occasion de montrer son rare talent dans la représentation de semblables sujets. Les attitudes de ses deux figures sont d'une simplicité charmante : Roger a tout à la fois de la noblesse et de la correction; mais c'est surtout dans Fleur-d'Épine que l'on doit admirer le Guide. Il n'a peut-être point fait de jeune vierge douée de plus de grâces ; et l'élégance de son costume répond parfaitement à celle de ses formes enchanteresses. Un peu plus de vivacité dans la couleur, et de correction dans les extrémités des figures, eut rendu ce tableau un chef-d'œuvre accompli, mais tel qu'il est, on le place avec raison au rang des plus aimables productions du Guide.

On le trouve gravé par *d'Ambrun*, dans le recueil de la Galerie de Florence, publié par Masquelier.

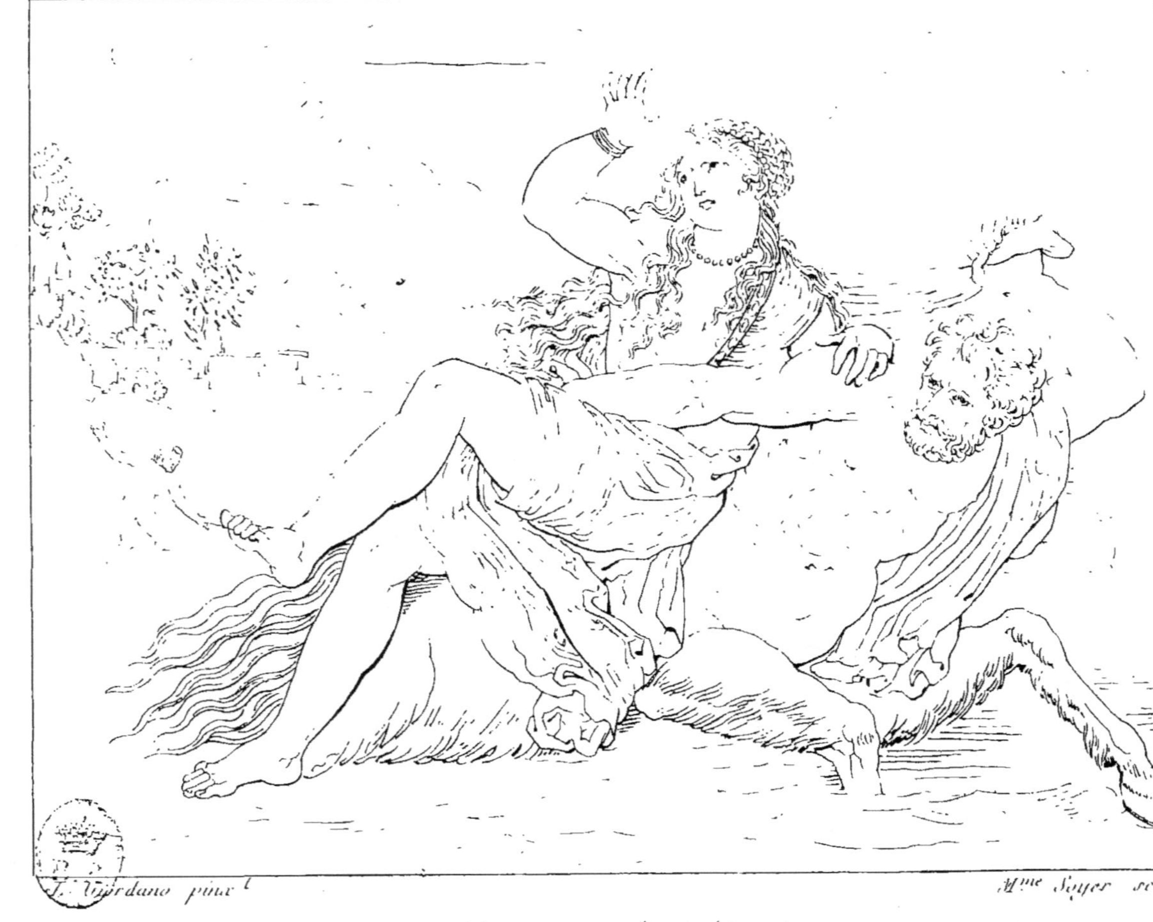

Enlèvement de Déjanire

1632 ~~~~~~~~~~~~~~~~~~~~~~~~~~~~~~~~~~~~~ 1705.

L'ENLÈVEMENT DE DÉJANIRE.

Tableau de la galerie de Florence.

Hauteur 1 pied 8 pouces et demi, largeur 2 pieds.

Ainsi que Pietre de Cortone, dont il fut l'imitateur, L. Giordano contribua à la décadence de la peinture en Italie par une manière brillante et expéditive, un coloris plus séduisant que vrai ; un dessin assez correct quoique peu savant et quelquefois de mauvais goût ; enfin par les nombreux travaux dont il fut chargé, et les honneurs et les récompenses extraordinaires qui lui furent prodigués.

Né dans la pauvreté, et obligé de subvenir aux besoins de son père, qui lui répétoit souvent : *Luca, fa presto,* Luc, fais vite, Jordans s'accoutuma, dès sa jeunesse, à une prestesse d'exécution dont il ne s'est que trop piqué toute sa vie, et qui l'empêcha d'atteindre à la perfection à laquelle il auroit pu prétendre en suivant une autre marche.

Giordano est un de ces maîtres qui ont réuni toutes les parties de la peinture à un degré suffisant pour produire le plus grand plaisir à l'œil, sans exciter à l'examen, le même sentiment d'admiration qu'on éprouve à la vue des ouvrages de ceux qui, ne donnant leur principale attention qu'à une des parties de la peinture, sont parvenus à la porter au plus haut degré de perfection. Ses tableaux n'étonnent pas ; mais ils plaisent. Tel est le jugement que Cochin et Mengs ont porté du talent de ce peintre.

En effet, son enlèvement de Déjanire attache le spectateur par un heureux agencement, une bonne dégradation de plans et un coloris léger et frais. Le contraste des figures du groupe est bien rendu ; le geste de Déjanire et son expression ont de la naïveté et de la justesse; mais le fils d'Alcmène qu'on aperçoit dans le lointain, au lieu de se lamenter et de chercher à courir après le perfide Nessus, ne devroit-il pas plutôt lui lancer ce trait fatal qui, dans la fable, le punit de sa noire trahison ? C'est ainsi du moins que le Guide a traité le même sujet dans l'un des quatre tableaux représentant les travaux d'Hercule exposés au musée du Louvre.

Gravé par *L. J. Masquelier*, pour sa collection de la galerie de Florence.

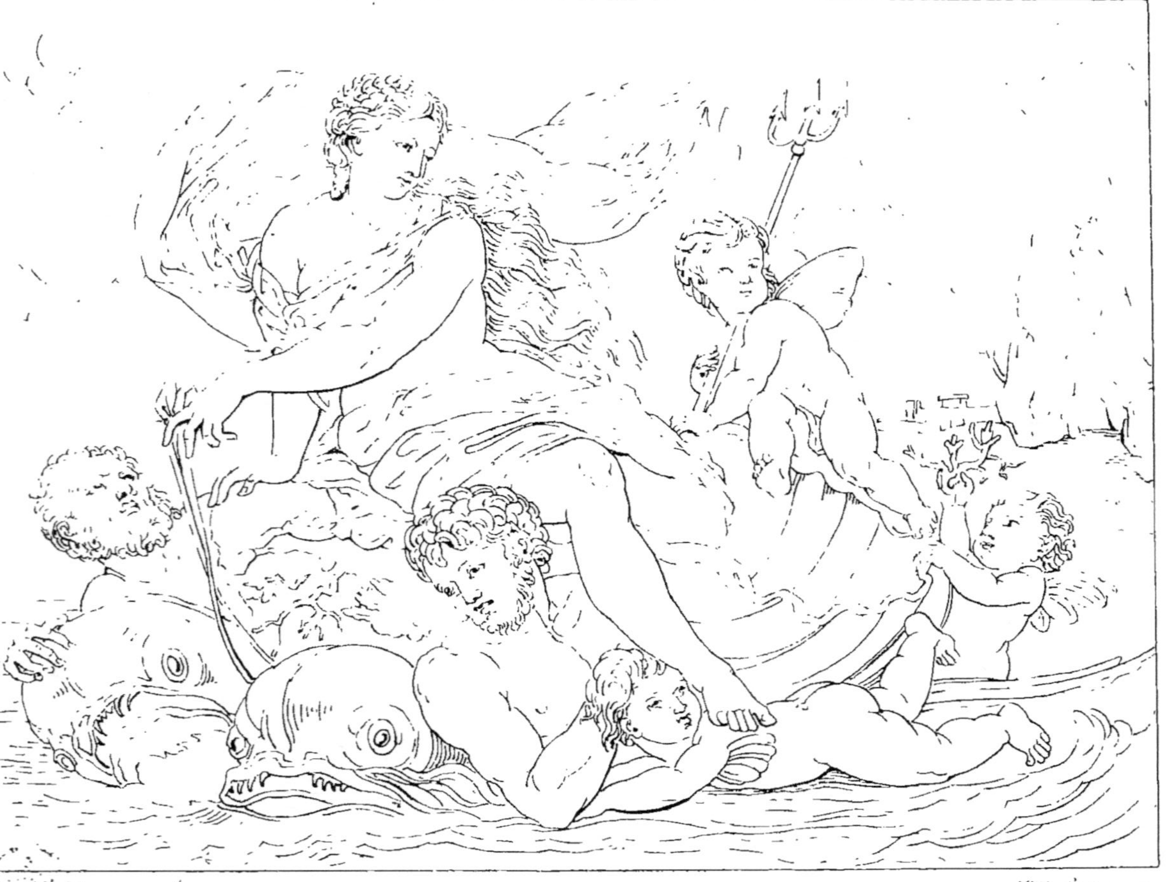

Triomphe d'Amphitrite.

TRIOMPHE D'AMPHITRITE.

Tableau de la galerie de Florence.

Hauteur 1 pied 7 pouces 6 lignes, largeur 2 pieds.

Ce tableau fait pendant au précédent, et fut exécuté dans le même temps. La composition en est ingénieuse et pittoresque, l'effet séduisant ; les têtes sont touchées avec esprit ; l'opposition des teintes est harmonieuse, et les reflets sont justes et bien rendus. Jordans entendoit parfaitement la partie mécanique de l'art ; ses ouvrages sont en général bien coloriés et exécutés avec une grande franchise, mais la grâce et la dignité s'y rencontrent rarement. Ainsi que la plupart des peintres de l'École Napolitaine, il ignora les convenances historiques. Dans le tableau précédent nous avons déjà eu l'occasion de le faire remarquer. On pourroit encore ici le blâmer pour avoir donné des oreilles de satyre aux habitans des ondes, et des ailes de papillon aux amours qui accompagnent Amphitrite. Psyché, emblême de l'âme, est la seule que les anciens aient représentée avec des ailes de papillon.

Quoique les tableaux de ce maître soient en grand nombre, et qu'il n'y ait peut-être pas une collection nationale, et même particulière un peu considérable, qui n'en contienne plusieurs, ils sont encore très-recherchés. Lorsqu'il en passe dans les ventes publiques, bien conservés et d'un bon style, ils s'élèvent ordinairement à des prix assez élevés. En 1809 à la vente de Lebrun, un Christ mort , environné de Chérubins, fut vendu 3750 fr. Ce tableau, peint sur toile , étoit de moyenne proportion : 3 pieds sur 5 pieds 6 pouces.

Le tableau d'Amphitrite a été gravé par *Marois* pour l'ouvrage de Masquelier.

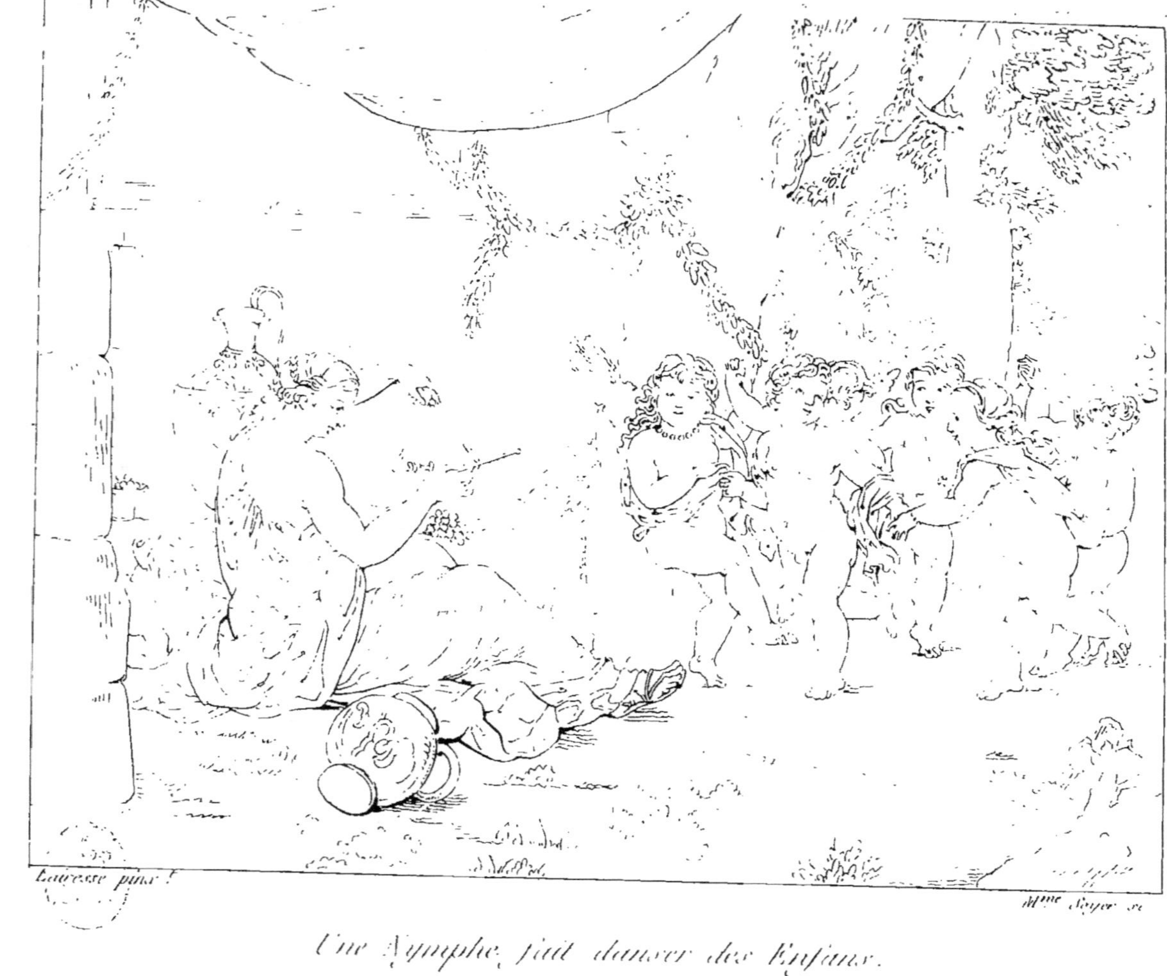

Une Nymphe fait danser des Enfans.

1640〜〜〜〜〜〜〜〜〜〜〜〜〜〜〜〜〜〜〜1711.

UNE NYMPHE FAIT DANSER DES ENFANS.

Tableau de la galerie de Lucien Bonaparte, peint sur toile. Figures demi-nature.

Gérard de Lairesse mérite une place à part dans l'École Flamande. Contre l'usage de ses concitoyens, il chercha et trouva même en partie le grand, le véritable style de la peinture historique. Ses efforts en ce genre furent si nombreux et si constans qu'on l'a quelquefois surnommé, *le Poussin Flamand;* rapprochement qui toutefois est semblable à la plupart des autres de cette sorte, et ne doit pas être pris rigoureusement à la lettre. Au reste, le Poussin ne commença que tard à se faire un nom immortel, et comme il n'étoit antérieur à Lairesse que de 46 ans, et qu'il travailla toujours loin de cet artiste, il convient d'observer en faveur de ce dernier, que son goût seul l'a fait marcher, quoique de loin, sur les traces de notre illustre Normand. Observons encore que Lairesse, né à Liége et mort à Amsterdam, sans avoir vu les chefs-d'œuvres de l'Italie, sembloit lutter contre le goût dominant de son pays et être comme étranger, parmi ses compatriotes, imitateur vrai de la nature, mais d'une nature le plus souvent très-commune.

Ce qui distingua l'artiste Liégeois, des peintres ses compatriotes, ce fut qu'il eut soin d'échauffer son génie par l'étude des poëtes anciens. Il montra un goût très-prononcé pour les allégories; genre par lui-même assez froid, mais auquel du moins il sut donner souvent une direction morale.

Le tableau ici gravé n'est point de cette espèce. C'est une de ces idées riantes et gracieuses que le Poussin et en-core moins peut-être l'Albane, si naïfs imitateurs des formes et des actions de l'enfance, n'eussent pas désavouées. La composition n'offre aucun pathétique; mais du moins tout y fait naître d'aimables sensations ; et le sujet une fois donné, il ne falloit pas demander davantage à l'artiste. Le groupe des enfans est ce qu'en terme d'art, on appelle bien agencé. Ils ont le mouvement convenable et ne manquent point d'expression. La Nymphe est une figure agréable et bien ajustée : le fond d'architecture et le pay-sage concourent à donner du *style* au tableau; si l'on en excepte peut-être ce bout de draperie ou de rideau qui rentre un peu dans les peintures d'apparat, et contraste ainsi mal à propos avec le reste de la composition. Tant il est difficile de faire coopérer toutes les parties d'un tableau à l'effet général de l'ensemble.

Cette belle peinture a été gravée en Hollande par *N. de Ruyter*; nom illustre sans doute dans les fastes maritimes, mais qui ne le sera jamais dans les arts. Son estampe est d'une grande foiblesse, les têtes surtout sont à peu près manquées.

Abraham reçoit chez lui trois Anges.

ABRAHAM REÇOIT CHEZ LUI TROIS ANGES.

*Tableau de la galerie de Lucien Bonaparte, figures
demi-nature.*

C'est dans ce tableau surtout que l'on peut remarquer
le désir qu'avoit Gérard de Lairesse de parvenir au grand
style. Attitudes d'une simplicité qui toutefois n'est pas
exempte de recherche, accessoires riches et variés, il n'a
rien épargné pour se montrer digne émule des grands
maîtres dans le genre héroïque ; mais il n'a pas été dirigé
dans cette noble émulation, par ce jugement exquis, cette
netteté d'idées qui seules peuvent assurer aux ouvrages
de l'esprit, dans quelque genre que ce soit, un succès durable.

Puisque l'examen des fautes est souvent aussi utile que
celui des beautés, portons sur cette composition l'œil de
la critique. Le premier défaut, le défaut le plus frappant
est, sans contredit, que le sujet ne se devine pas au premier aspect. On voit bien, lorsque ce sujet est indiqué,
qu'un serviteur d'Abraham s'occupe à délier la chaussure
d'un des trois hôtes divins du Patriarche, afin de lui laver les
pieds, selon un usage nécessaire et conservé de nos jours encore en Orient ; les deux autres Anges ne semblent être avec
raison que des figures accessoires, des espèces de ministres
du premier ; car le texte hébreu fait nettement entendre que
celui-ci étoit Dieu lui-même : mais pourquoi Abraham,
placé sur le troisième plan, n'a-t-il l'air que d'une espèce
d'intendant ou de chef d'esclaves, parlant à son maître

qui ne paroît même pas l'écouter ? On cherche long-temps le sujet de ce tableau, et l'on forme diverses conjectures relatives à des sujets de l'histoire grecque ou romaine, avant de saisir la pensée du peintre. C'est absolument à lui qu'en est la faute, parce qu'il a mis trop de pompe, et si l'on peut s'exprimer ainsi, trop de faste dans cette scène patriarchale, dont le premier mérite devoit être une noble simplicité. La figure de Sara, écoutant à la porte, est celle qui entre le mieux dans le sujet, et c'est critiquer Lairesse que de faire cette remarque.

Il convient, au reste, d'observer que cette composition a cet air de majesté que l'artiste sut presque toujours imprimer à ses ouvrages. Le dessin de ses figures est ici préférable à celui de la plupart de ses autres productions.

Quoique coloriste médiocre, Lairesse a souvent cherché des effets piquans de lumière. Il n'a pas vu que ces effets, qui font le charme des petits tableaux des maîtres de son pays, ne conviennent nullement au grand style, au style historique auquel il s'est adonné, et qu'il a constamment traité avec supériorité.

Ce tableau n'a point encore été gravé.

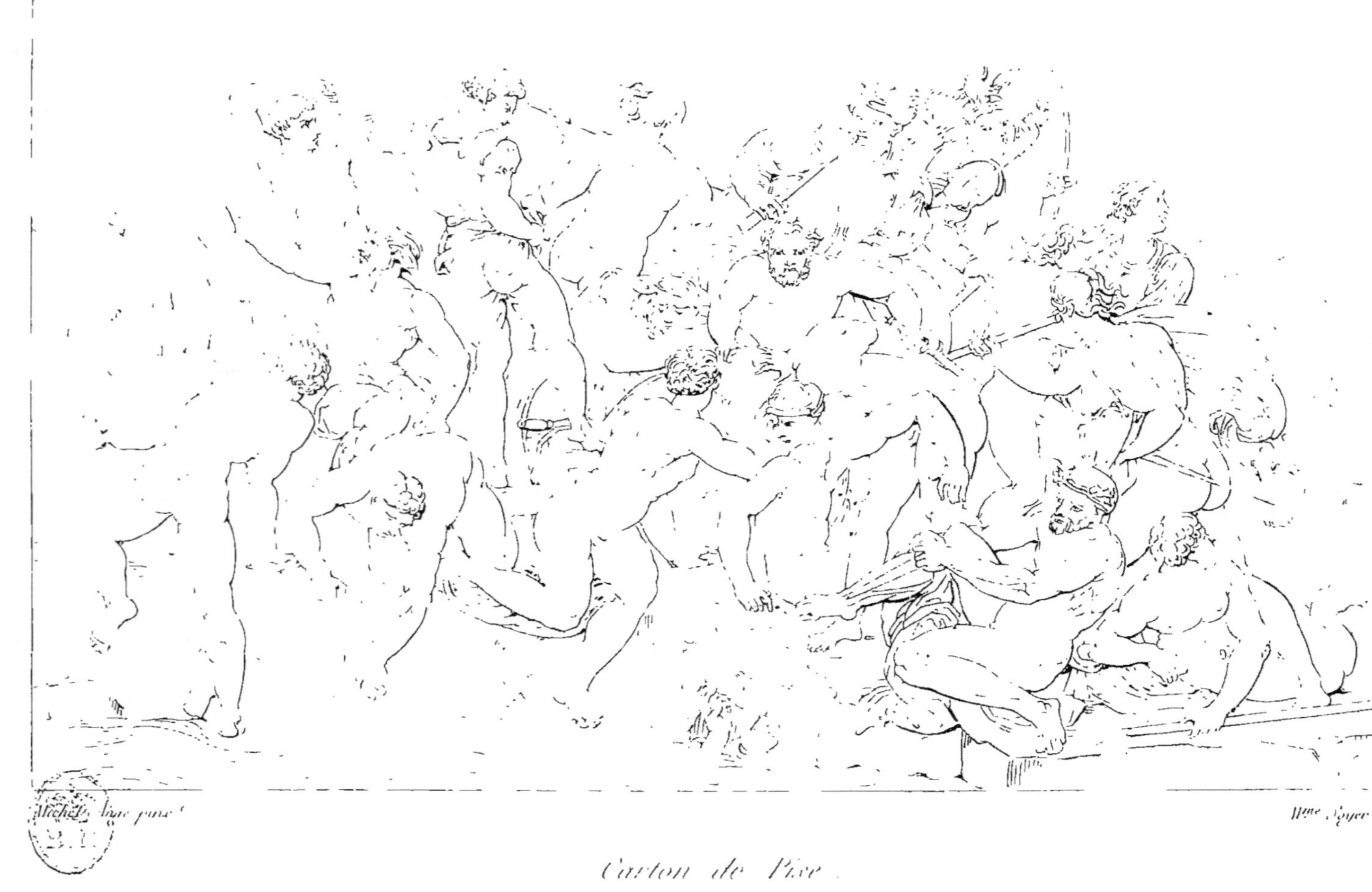
Michel Ange pinx.
Mme Soyer sc.
Carton de Pise.

1492〜〜〜〜〜〜〜〜〜〜〜〜〜〜〜〜〜〜〜〜〜〜〜1539.

COPIE DU CARTON DE PISE.

Tableau du cabinet de M. Th. William Coke, à Londres,
peint sur bois.

Hauteur 2 pieds 6 pouces et demi, largeur 4 pieds 3 pouces et demi.

Le Gonfalonier Sodérini, voulant faire peindre à fresque
la salle du conseil, dans le palais ducal de Florence, char-
gea Michel-Ange et Léonard de Vinci d'y représenter les
deux faits d'armes les plus remarquables des Florentins.
Léonard prit pour sujet la victoire remportée à Anghiari
sur le célèbre Piccinio, général du duc de Milan, et, Buonarroti, la fameuse bataille qui décida en 1406 du sort de Pise,
et livra cette ville aux Florentins. Ces deux artistes firent
chacun, selon la coutume, un carton de la composition
qu'ils vouloient éxécuter à fresque; on les présenta ensuite
sur la place qu'ils devoient occuper, et ils furent ainsi
offerts aux regards des curieux.

Le groupe principal du carton de Léonard de Vinci
représentoit une mêlée de cavalerie avec la prise d'un
étendard. Buonarroti choisit, pour sujet du sien, une circonstance fournie par le récit de la bataille. « Le jour de
» l'action la chaleur, étoit accablante, et une partie de l'in-
» fanterie se baignoit tranquillement dans l'Arno, lorsque
» tout à coup on cria *aux armes!* un des généraux de Flo-
» rence venoit d'apercevoir l'ennemi en pleine marche
» d'attaque sur les troupes de la république. »

Le premier mouvement d'épouvante et de courage que

Médicis, les cartons disparurent. Baccio Bandinelli fut accusé d'avoir mis en pièces celui de Michel-Ange, et de s'en être approprié les morceaux. On prétend même que ce fut l'étude qu'il en fit, qui lui valut ce grand goût de dessin et d'anatomie qu'on remarque dans ses ouvrages. Si le caractère altier et vindicatif de Baccio Bandinelli, et surtout l'excessive jalousie que lui causaient les succès de Michel-Ange, ont pu le faire passer pour être l'auteur de cette indigne action, il n'avoit pas les mêmes motifs pour détruire celui de son ami Léonard. Comme le sort de ce dernier carton est resté inconnu, et que les historiens ne nous disent pas que Baccio Bandinelli ait été puni de sa méchanceté, ni même qu'elle ait excité aucunes plaintes, on peut raisonnablement croire que Vasari l'a accusé sans preuve suffisante.

Les fragmens de ces deux cartons se répandirent ensuite dans toute l'Italie. Vasari parle de ceux qu'on voyoit de son temps à Mantoue, dans la maison d'Uberto Strozzi, en février 1575; ces mêmes fragmens furent offerts au grand duc de Toscane, et l'on ignore pour quelle raison il ne les acheta pas. Quoique l'on ne sache pas ce que sont devenus ces précieux restes, il n'est pas propable qu'ils soient perdus; du moins, au commencement du 17e. sciècle, ils existoient encore, puisque le seul groupe qui nous soit connu de la composition de Léonard de Vinci a été gravé sur un dessin de Rubens, par le célèbre *Edelinck*, qui, tout habile qu'il étoit, ne paroît pas avoir bien connu l'artiste italien; car il lui donne au bas de son estampe le nom barbare et totalement ignoré de *Vla-Finse*.

La copie du carton de Pise, que possède M. Th. W. Coke, est probablement celle que *Bastiano da Sangallo*, peignit en 1542, sous la direction de Vasari, et que Giovo envoya à François 1er. Comment ce tableau est-il sorti de France?

c'est ce qu'on ignore : il est certain du moins qu'il étoit à Rome, dans le palais Barberini, lorsque lord Leicester en fit l'acquisition et le transporta dans le château d'Holkham.

Bastiano da Sangallo a supprimé dans sa copie le fond de paysage, au travers duquel on apercevoit les murs de Pise, et quelques soldats qui engageoient le combat. Ces accessoires, qui seroient devenus imperceptibles, réduits à une si petite proportion, sont décrits par Vasari, et l'on croit en retrouver quelques parties dans les estampes que *Marc-Antoine* et *Augustin de Venise* ont exécutées d'après les deux principaux groupes de ce fameux carton. Nous disons *on croit*, parce qu'il est à remarquer que le paysage de la superbe estampe de *Marc-Antoine*, appelée les *grimpeurs*, et exécutée en 1510, semble fait d'après celui de la planche où *Lucas de Leyde* a gravé en 1508 le moine Sergius tué par Mahomet. La seule différence consiste dans la suppression du grand arbre, où un vase est suspendu, et des quatre figures vues au milieu du lointain, et en ce qu'au lieu des cinq hommes qui s'entretiennent ensemble à l'entrée du bois à gauche, *Marc-Antoine* a placé quatre soldats armés qui sortent d'un pas précipité. *Lucas de Leyde*, n'ayant pu voir le carton de Michel-Ange, il est à peu près certain que le lointain de l'estampe de *Marc-Antoine* est arrangée d'après la gravure de *Lucas de Leyde*, et n'a par conséquent aucune ressemblance avec le carton de Michel-Ange.

Le talent avec lequel Bastiano da Sangallo a su imiter le faire et le style de son modèle, prouve qu'il en a étudié chaque partie avec le plus grand soin, et que sa copie nous présente, avec une scrupuleuse exactitude, l'ensemble de ce chef-d'œuvre.

Malgré l'engagement que nous avons pris de n'admettre dans notre recueil que des tableaux originaux, nous avons cru devoir faire exception en faveur de cette importante copie. Elle nous permet d'apprécier dans son ensemble une composition qui fit époque dans l'histoire de l'art, et dont on ne connoissoit jusqu'ici que des fragmens.

Le simple trait que nous publions aura d'autant plus de mérite, que la gravure de *Schiavonnetti*, la seule qui existe d'après ce tableau, fait partie d'un recueil que son prix élevé ne permet pas à beaucoup d'amateurs d'acquérir, et dont les estampes ne se vendent pas séparément.

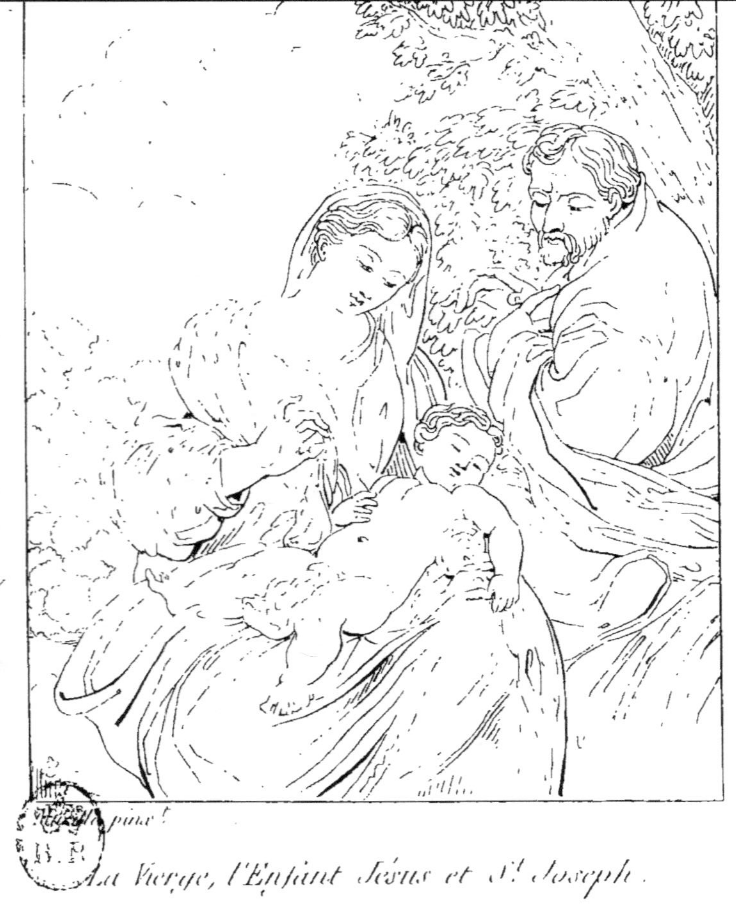

Murillo pinx.t

La Vierge, l'Enfant Jésus et S.t Joseph.

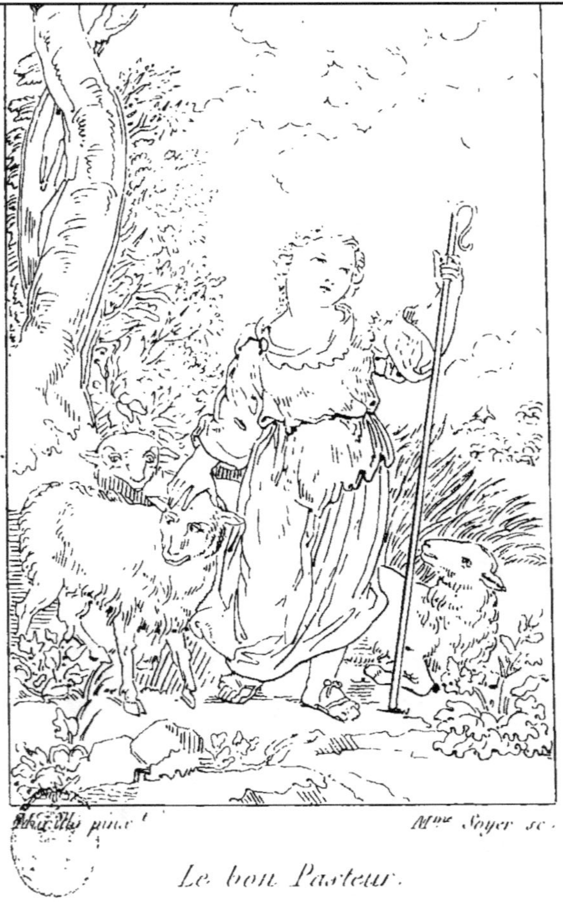

Murillo pinx.t   M.me Soyer sc.t

Le bon Pasteur.

1618~~~~~~1682.

LA SAINTE FAMILLE.

*Tableau de la collection de M. Hope, à Londres,
peint sur toile.*

Hauteur 3 pieds 11 pouces, largeur 3 pieds 2 pouces.

Quoique la naissance et même la splendeur de l'École Espagnole datent du 15me siècle, son existence n'est reconnue en Europe que depuis peu d'années. Jusque-là, les productions de Velasquez et de Ribera, à peu près les seules de ses artistes qui fussent connues, parce que ces maîtres allèrent étudier en Italie, furent classées parmi celles de cette dernière école. Sans les événemens qui causèrent, il y a quelques années, le déplacement de plusieurs chefs-d'œuvres des arts conservés dans les monastères où ils étoient comme ensevelis, il est à croire que, l'Europe connoîtroit encore fort peu aujourd'hui les rares talens des Moralès, des Murillo, Zurbaran, Coëllo et de tant d'autres artistes dignes d'une grande renommée, qui, sans avoir vu l'Italie, surent se créer une manière originale, où l'on retrouve la plupart des beautés éparses dans les autres écoles.

La Sainte Famille dont nous donnons la gravure est d'une exécution parfaite. Elle ressemble tellement à une production de Vandyck que, sans le caractère de la tête de la Vierge que l'on retrouve dans plusieurs autres tableaux de Murillo, on pourroit attribuer cette peinture à l'illustre élève de Rubens. Il fit partie des objets précieux que M. *de Calonne* laissa à Londres, et qui furent vendus après son retour en France.

Il a été gravé par *Heath*.

Barthel. Esteban Murillo, _Ec._ Espagnole.

LE DIEU PASTEUR.

*Tableau de la collection de M. le Chevalier Clarke,
à Londres, peint sur toile.*

Hauteur 5 pieds 5 pouces, largeur 3 pieds 6 pouces.

Il existe beaucoup de copies ou répétitions de ce célèbre tableau dont l'original fut fait pour les religieuses
del Angel à Grenade. Plusieurs de ces répétitions passent
pour être de Murillo, et bien certainement celle dont
nous donnons le trait est de la main de ce maître. De la
Collection de M. de Lassay, ambassadeur de France à Madrid, ce tableau passa dans celle de M. de Presle et devint
en 1801 la propriété de M. Clarke.

La plus belle copie que l'on connoisse de ce tableau
est celle de Grimoux. Elle se voit à Londres dans le
cabinet du Marquis de Stafford.

M. Clarke possède le pendant du Dieu pasteur peint
par le même maître. Il représente St. Jean caressant un
agneau. Ces deux tableaux, dont la dimension est à peu
près la même, sont probablement ceux qui se voyoient dans
la collection de M. le Comte de la Guiche et qui furent vendus ensemble la somme de 12999 l. 19 s. Il est impossible
de rien imaginer au-dessus de l'expression et de la grâce
des têtes de Jésus et de St. Jean. Leur coloris est si parfait
qu'on seroit tenté de dire avec François Vieyra, peintre
Portugais qui étudia pendant 13 ans à Rome, que Murillo
broyoit de la chair sur sa palette.

Le Jésus pasteur a été gravé par *Major* et par *Heath.*

Le Saint Jean, a été gravé à la manière noire par
Valentin Green en 1777.

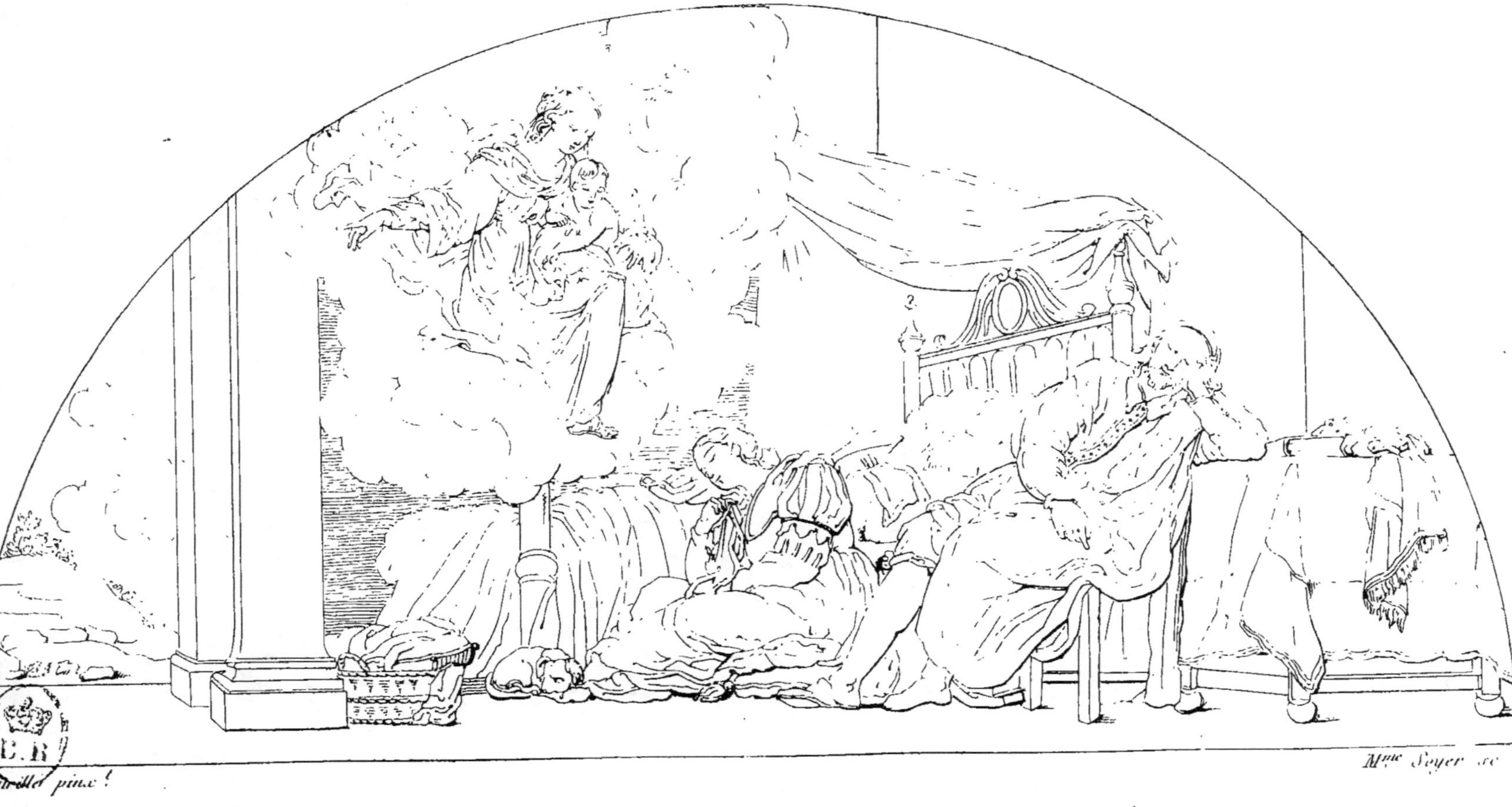

La Vierge apparaît à Jean Patrice de Rome et à son épouse.

APPARITION DE LA VIERGE A JEAN, PATRICE DE ROME ET A SON ÉPOUSE.

Tableau de la collection du Roi d'Espagne, peint sur toile. Figures de grandeur naturelle.

Ce sujet est un de ceux qu'il faut admettre d'après le récit des légendaires, et que de grands artistes illustrent par leurs talens.

Dans le 4ᵐᵉ Siècle, (on ne dit pas en quelle année) la Vierge, pendant la nuit, apparut avec l'enfant Jésus au patrice de Rome, nommé Jean, et à son épouse. Instituée leur héritière, s'ils n'avoient pas d'enfans, elle leur ordonna d'élever en son honneur une église sur le mont Esquilin, dans un lieu qu'ils trouveroient couvert de neige.

Telle fut l'origine de Sainte Marie Majeure, bâtie à ce que l'on suppose, sur les ruines d'un temple de Junon-Lucine, et aujourd'hui l'une des plus belles églises de Rome, d'après les augmentations successives qu'elle a reçues.

Il peut paroître remarquable que ce fait, relatif seulement à la Capitale du monde chrétien, ait été traité par un peintre Espagnol, habitant de Séville, environ 1300 années après l'évènement. La ferveur d'un chanoine, ami de Murillo, et nommé Don Justin Neve, détermina le peintre à exécuter ce tableau pour l'église de Sainte Marie la blanche, dans leur ville natale. Murillo en fit même le pendant. Il représente le Pape Libère traçant le plan de Ste. Marie majeure, d'après le rapport que Jean et sa femme lui firent de leur vision.

Ces deux tableaux furent exposés pendant quelques semaines dans le grand salon du Musée de Paris, en Juillet 1814.

Le plus capital est, sans contredit, celui dont on donne ici le trait. Le sujet, tout extraodinaire qu'il est, s'y trouve nettement expliqué. Murillo a jugé convenable de supposer que la vision a lieu en songe; et autant pour observer les convenances, que pour donner une plus belle ordonnance à sa composition, il a placé les deux époux hors du lit que l'on aperçoit sur le second plan. La Vierge leur indique du doigt le monticule couvert de neige où l'édifice doit s'élever.

Murillo est regardé comme le plus grand des coloristes Espagnols, et ce n'est pas par un amour-propre outré que ses compatriotes l'appellent leur Vandyck. Murillo mérite ici tous les éloges qu'on lui a donnés. Il est même plus correct et moins commun dans son goût de dessin que dans la plupart de ses autres tableaux. On n'insistera pas trop sur le reproche d'avoir donné aux deux figures endormies le costume Espagnol du siècle où vivoit Murillo, d'illustres artistes ont commis des anachronismes plus répréhensibles, car ce costume n'a rien que de très-pittoresque.

Nous ne connoissons pas d'estampe de ce tableau.

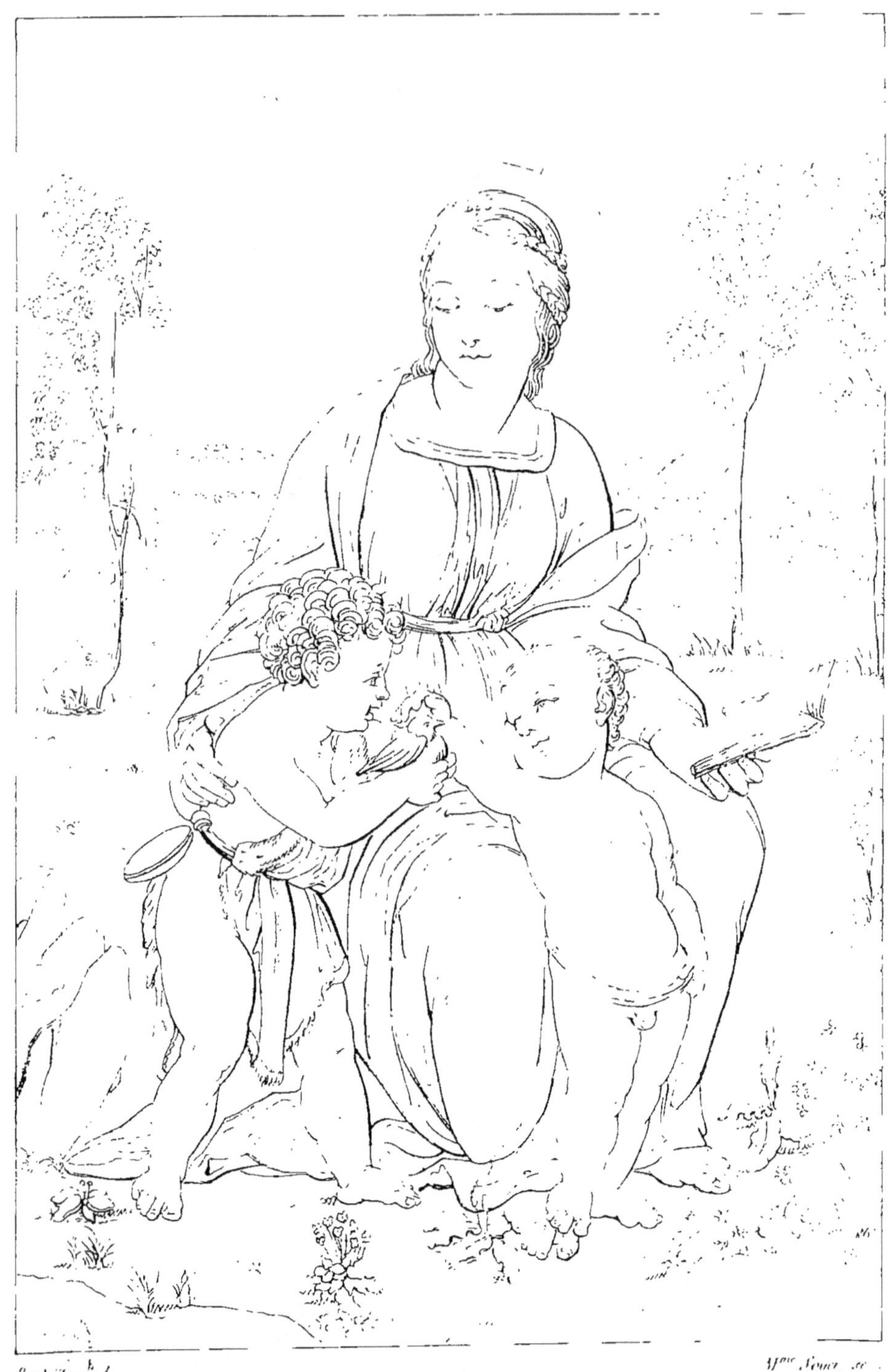

La Vierge l'Enfant Jesus et S.t Jean

1483 ～～～～～～～～～～～～～～～～～ 1540.

LA VIERGE AU CHARDONNERET.

Tableau de la galerie de Florence.

Environ 3 pieds et demi de haut sur 2 pieds et demi de large.

Aucun peintre ne s'est aussi bien pénétré que Raphaël du caractère qu'il falloit donner aux vierges. Il a senti que la grâce unie à une modeste pudeur, pouvoit seule les distinguer de tous les autres personnages; et il a exprimé ce qu'il sentoit, parce qu'il avoit en lui la perception du beau, parce qu'il le trouvoit, sans la moindre difficulté; lorsque tant d'artistes même des plus habiles, l'ont inutilement cherché pendant toute leur vie.

Parmi les nombreuses Saintes Familles de cet admirable peintre, celle-ci doit tenir un rang très-distingué. La Vierge est de la plus noble simplicité, elle domine avec une grâce exquise dans la composition. Un empressement respectueux d'une part, de l'autre un certain air de supériorité, se remarquent dans les deux figures du petit Saint Jean et de l'enfant Jésus. Le précurseur du Christ lui présente l'oiseau qui a donné son nom au tableau, et si celui-ci l'accepte, c'est sans aucun empressement puéril, c'est avec une majesté toute divine.

Ce que l'on vient de dire du Chardonneret, se rattache à une coutume fort louable des Italiens. Dès qu'un tableau de quelque grand maître étoit digne de la réputation de l'auteur, ils avoient toujours soin de le désigner spécialement par quelque accessoire. Cette méthode, bonne en elle-même, devenoit encore plus judicieuse lorsqu'il s'agissoit de sujets si souvent traités. En applaudissant aux beautés des tableaux de Raphaël et de quelques autres artistes dignes d'être placés immédiatement après lui, on ne peut s'empêcher de regretter qu'ils n'aient pas eu de plus fréquentes occasions de varier leurs compositions.

Ce tableau est de la jeunesse de Raphaël ; il l'exécuta à Florence pour Lorenzo Nasi, lorsque la réputation de Léonard de Vinci l'attira dans cette ville. Les malheurs de la famille du propriétaire manquèrent d'anéantir cet ouvrage en 1548. Il fut mis en morceaux dans un mouvement populaire, mais ensuite, on en rassembla les parties, et ce fut ainsi qu'on parvint à pouvoir les placer dans la Galerie de Florence, où il se voit encore maintenant. Vasari dit avec beaucoup de sagacité qu'il tient de la première et de la seconde manière du maître. En effet, la composition et le charme attachés à chaque figure en particulier, le peuvent faire comparer à ce que, dans le même genre, Raphaël put faire de mieux ensuite ; mais le paysage est tout-à-fait semblable à ceux que l'on trouve dans ses premiers tableaux. Au reste, jamais Raphaël ne put être cité comme un modèle dans cette partie de l'art. Il ne l'étudia pas assez, parce qu'il ne la regardoit que comme accessoire.

Nous ne connoissons point de gravure de ce tableau.

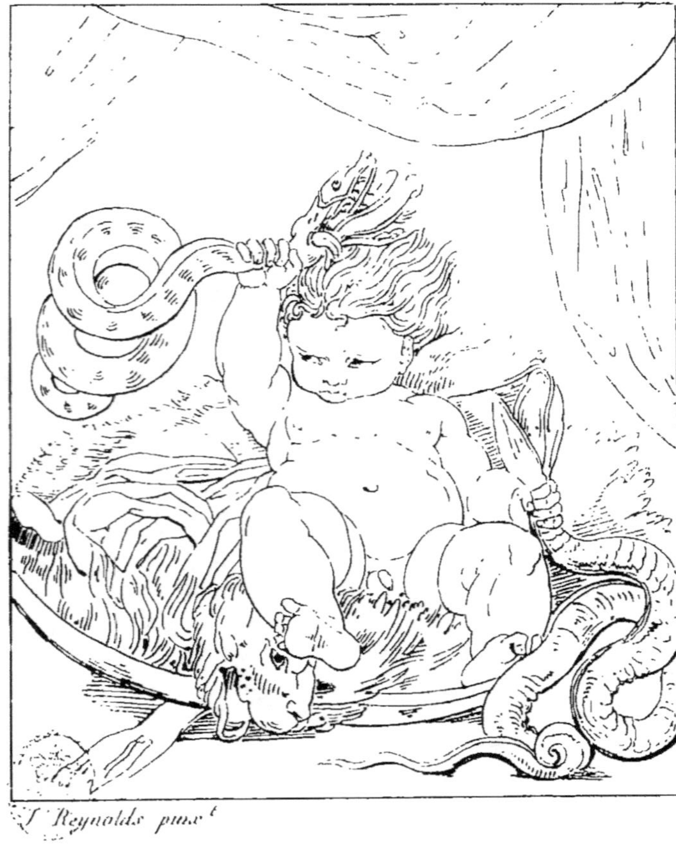

Hercule enfant.

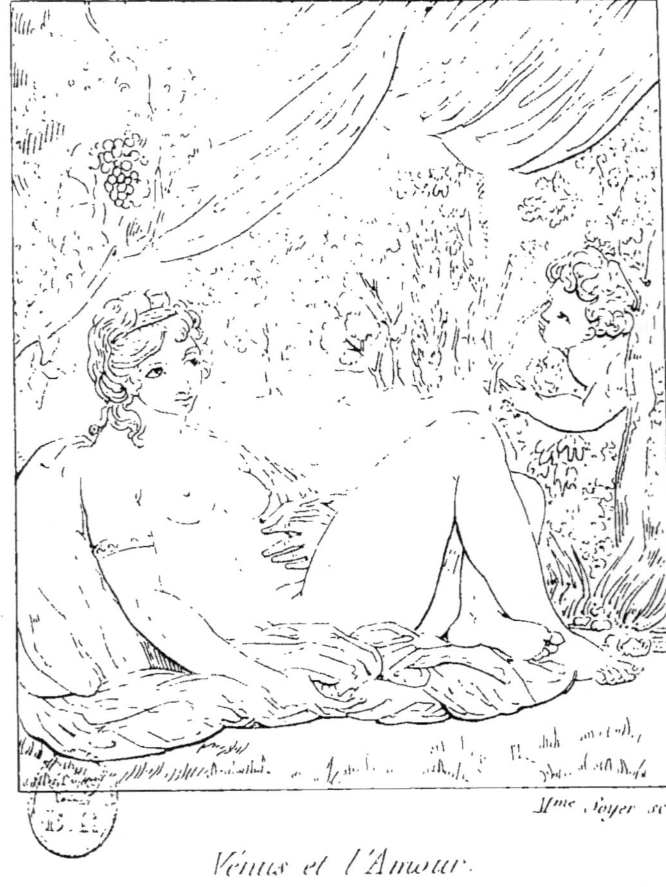

Vénus et l'Amour.

1723 ∿∿∿∿∿∿∿∿∿∿∿∿∿∿∿∿∿∿∿∿∿∿ 1792.

HERCULE ENFANT ÉTOUFFANT DES SERPENS.

Tableau appartenant au comte Fitz-William.

Hauteur 4 pieds 1 pouce sur 3 pieds 4 pouces.

Sir Josué Reynolds peut être considéré comme le fondateur de l'école anglaise. Elle lui doit du moins une partie des progrès qu'elle a faits depuis un demi siècle. Mais, il faut le dire, ces progrès sont dûs plutôt aux excellens discours qu'il prononça à l'Académie Royale de Peinture de Londres, dont il fut le premier président, qu'au mérite des productions de son pinceau. Fort en théorie, Reynolds ne s'éleva pas à la même hauteur dans la pratique de son art; et ces deux parties dont se forme le talent d'un artiste, semblent même chez lui, se trouver en contradiction. Il recommande souvent dans ses écrits le grandiose de Michel-Ange, la pureté de Raphaël, l'austérité et la fierté de Jules Romain, etc., cependant il a imprimé à ses propres ouvrages, une partie du goût et des effets de l'école flamande.

Reynolds peignit deux fois le sujet d'Hercule au berceau étouffant des serpens. Celui que nous publions fut fait pour le comte Fitz-William, qui le paya 150 guinées. En 1778, l'impératrice de Russie ayant demandé à Reynolds un tableau d'histoire dont elle lui laissoit le choix du sujet, Reynolds répéta cette même composition, à laquelle il ajouta les figures d'Amphitrion, d'Alcmène et des serviteurs entrant à leur suite dans la chambre où est Hercule. Des deux tableaux, celui que nous publions est le mieux conservé.

Il a été gravé au burin *Ch. Heath.*

Josué Reynolds, École Anglaise.

1723 ·············· 1792.

VÉNUS ET L'AMOUR.

Tableau appartenant au comte d'Upper-Ossory.

Hauteur 4 pieds 2 pouces, largeur 3 pieds 4 pouces.

Reynolds illustra une branche inférieure de son art, le portrait, qui, sous son pinceau, devint historique. Il semble avoir su saisir une action fugitive, une action caractéristique, et la fixer d'un seul coup sur la toile avec une ressemblance parfaite. Les anglais le nomment leur Vandyck, parce qu'il a souvent cherché à imiter la manière de ce maître. Mais dans toutes les parties de l'art, il lui est incontestablement inférieur. Jaloux de donner à son coloris un éclat mystérieux, une harmonie prématurée, Reynolds a usé, ou plutôt a abusé de certains procédés chimiques qui en ont détruit avant le temps la fraîcheur et la vivacité. Il poussa ses recherches pour connoître la manière de colorier des peintres Vénitiens, jusqu'à sacrifier d'excellens tableaux de cette école, pour en enlever par le frottement, les différentes couches de couleurs, et s'assurer de leur disposition. Qu'en est-il résulté?

Aucunes des nombreuses productions de Reynolds ne surpasse la Vénus dont nous donnons le trait, pour la richesse du coloris, la simplicité et la naïveté de la composition, le charme de l'expression et de l'effet général. Aussi, en faisoit-il un cas particulier, et ne voulut-il jamais s'en défaire. Reynolds ayant légué un de ses tableaux au comte d'Upper-Ossory, cet amateur éclairé choisit celui-ci, que *Raimbach* a fort bien gravé.

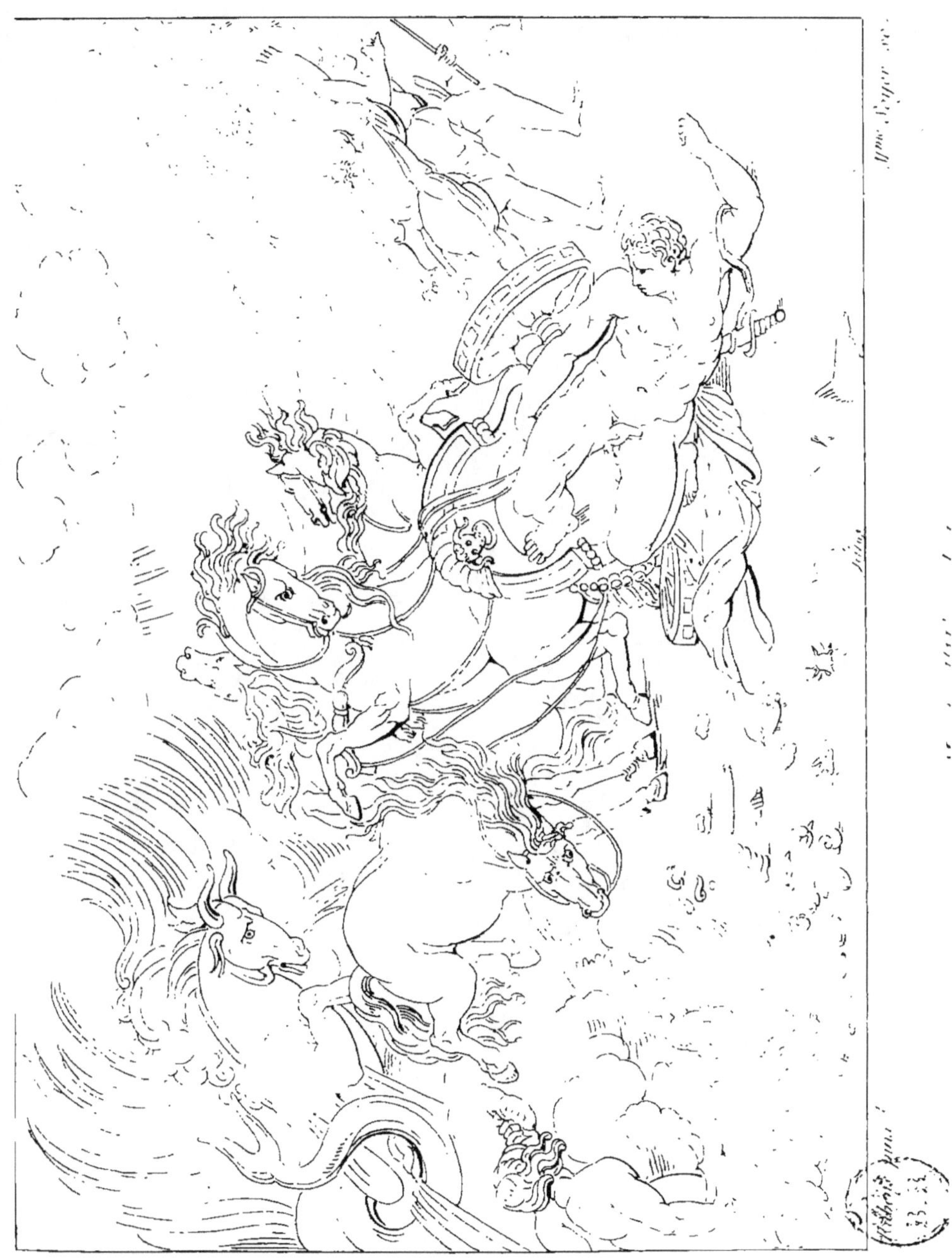

1577 ~~~~~~ 1640.

LA MORT D'HYPPOLITE.

Tableau de la collection du Duc de Bedfort, à Londres,
peint sur cuivre.

Hauteur 1 pied 8 pouces, largeur 2 pieds 4 pouces.

Le génie des grands artistes se manifeste surtout dans
le choix des sujets. Combien d'hommes ont tenu le pinceau
pendant toute leur vie, sans se douter que tel trait historique ou fabuleux, ne convenoit pas à la peinture,
quoiqu'il fut très-intéressant en récit ! l'action, l'action
seule, et une action grande, pathétique ou terrible,
voilà ce qui convient à un art qui n'a qu'un moment à
exprimer et qui ne s'adresse à l'imagination que par
l'organe de la vue. Rubens doué d'un jugement exquis,
fortifié par d'excellentes études, est l'un des maîtres qui,
sous ce rapport, méritent le plus d'éloges.

Ce tableau en est une preuve évidente. Le sort funeste du
vertueux fils de Thésée offroit aux peintres comme aux
poëtes plusieurs situations intéressantes : Rubens a choisi la
plus terrible. Inspiré par la lecture d'Euripide, et même de
Sénèque le tragique, chez lequel le récit de la mort
d'Hyppolite est plus étendu que dans la tragédie grecque,
Rubens, qui ne pouvoit connoître les admirables vers
de Racine, n'en a pas moins exposé avec une effrayante
énergie le moment décisif d'une si grande catastrophe.
Dirigeons les regards des lecteurs vers cette composition
éminemment poëtique. Le monstre armé de cornes mena-

çantes, s'élance sur les coursiers : ils s'effraient, le char se brise, Hyppolite est renversé, et ses compagnons s'enfuient. On se rappèle une circonstance remarquable et relative aux chevaux du jeune Prince, ainsi indiquée par Racine, imitateur en ceci encore des deux poëtes ses devanciers :

> « Même on dit qu'on a vu dans ce désordre affreux,
> Un dieu qui d'aiguillons pressoit leurs flancs poudreux. »

À ce Dieu, qui ne peut être que Neptune lui-même, Rubens a substitué un Triton, ministre de ses ordres, qui par le son de sa conque, augmente à la fois la fureur du monstre et l'effroi des coursiers.

Ce tableau, d'une très-petite proportion, est peint sur cuivre et bien conservé. Tout porte à croire que Rubens, qui dans ses grands ouvrages s'est souvent fait aider par d'habiles élèves, a pris plaisir à exécuter seul ce morceau précieux; du moins sa parfaite exécution confirme cette conjecture. Ceux à qui les compositions des grands maîtres sont familières reconnoîtront sans doute que l'Hyppolite est une imitation d'un *Tytie dévoré par le vautour*, ouvrage de Michel-Ange. Cette remarque n'ôte rien au mérite de la figure de Rubens. Il étoit digne d'apprécier le grandiose et l'énergie de l'illustre Florentin, et d'ajouter aux conceptions de cet immortel artiste la magie de sa couleur tout à la fois harmonieuse et brillante.

Ce tableau a été gravé en Angleterre, par *Anker Smith*. Transporté depuis quelques années de France à Londres, il fut acheté par le feu Duc de Bedford, l'un des Seigneurs Anglais qui savoient faire le meilleur emploi d'une fortune immense.

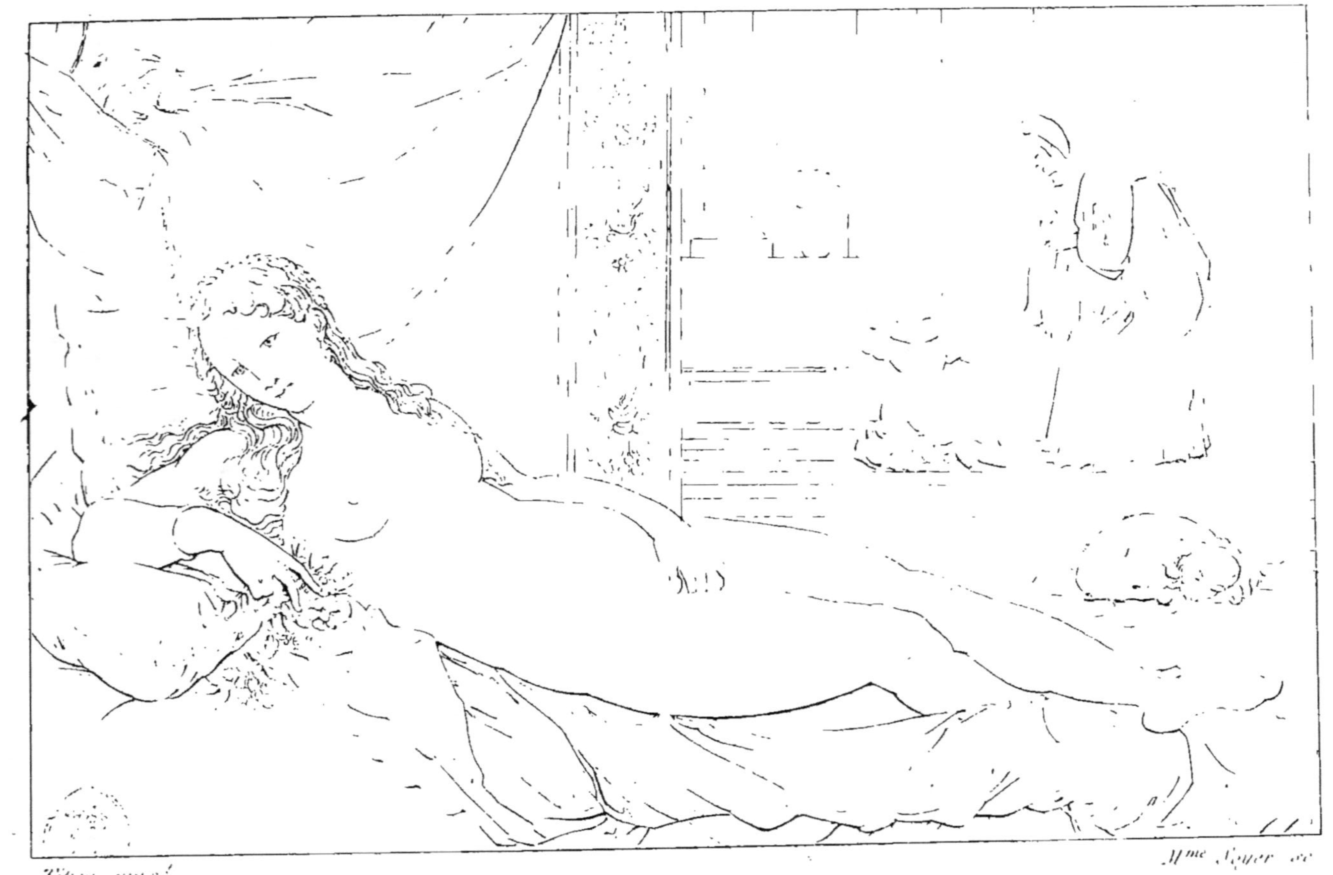

Vénus.

1477 ∿∿∿∿∿∿∿∿∿∿∿∿∿∿∿∿∿∿∿∿∿∿∿∿ 1576.

VÉNUS COUCHÉE.

Tableau de la galerie de Florence, peint sur toile.

Environ 3 pieds, 8 pouces de haut sur 5 pieds de large.

La galerie de Florence possède deux tableaux du Titien, représentant Vénus couchée. L'un, connu sous le nom de la *Vénus au Hibou*, sera l'objet de l'article suivant; l'autre, dont nous nous occupons et qui est le plus parfait des deux, passe pour être le portrait d'une femme aimée du duc d'Urbin. Il y a lieu de croire que le Titien exécuta ce tableau vers 1543, époque où il peignit le portrait de la duchesse d'Urbin, qui se voit également dans la galerie de Florence. Il suffit de considérer la grande uniformité de style, la manière dont les chairs sont traitées, et l'introduction du petit chien qui fut évidemment copié dans l'un et l'autre tableau, d'après le même modèle, pour être convaincu que ces deux peintures furent exécutées dans le même temps et dans le même lieu.

Le Titien n'ayant pas eu l'intention de peindre la mère des amours, on ne doit pas être étonné de n'apercevoir près de cette charmante figure aucun des attributs qui la caractérisent. Quoiqu'il en soit, son attitude et son expression voluptueuses, sa beauté surprenante motivent assez le nom de *Vénus* qui lui a été donné, pour que le spectateur ne soit pas tenté de le lui ôter, quand même le véritable personnage qu'elle représente viendroit à être connu.

Ce n'est pas sans raison que les historiens de l'art ont comparé ce tableau merveilleux aux plus belles productions des Grecs. Sous le rapport du dessin, cet éloge est exagéré ; mais il est impossible que pour la suavité du pinceau, la flexibilité de ces chairs où le sang circule, et l'effet magique produit par le contraste de ce corps blanc et délicat avec les étoffes fines et d'une blancheur éclatante sur lesquelles il repose ; il est impossible disons nous que les Appelles, les Xeuxis et tous les peintres de l'antiquité aient rien produit de supérieur.

Il n'existe pas d'estampe de ce tableau.

———————

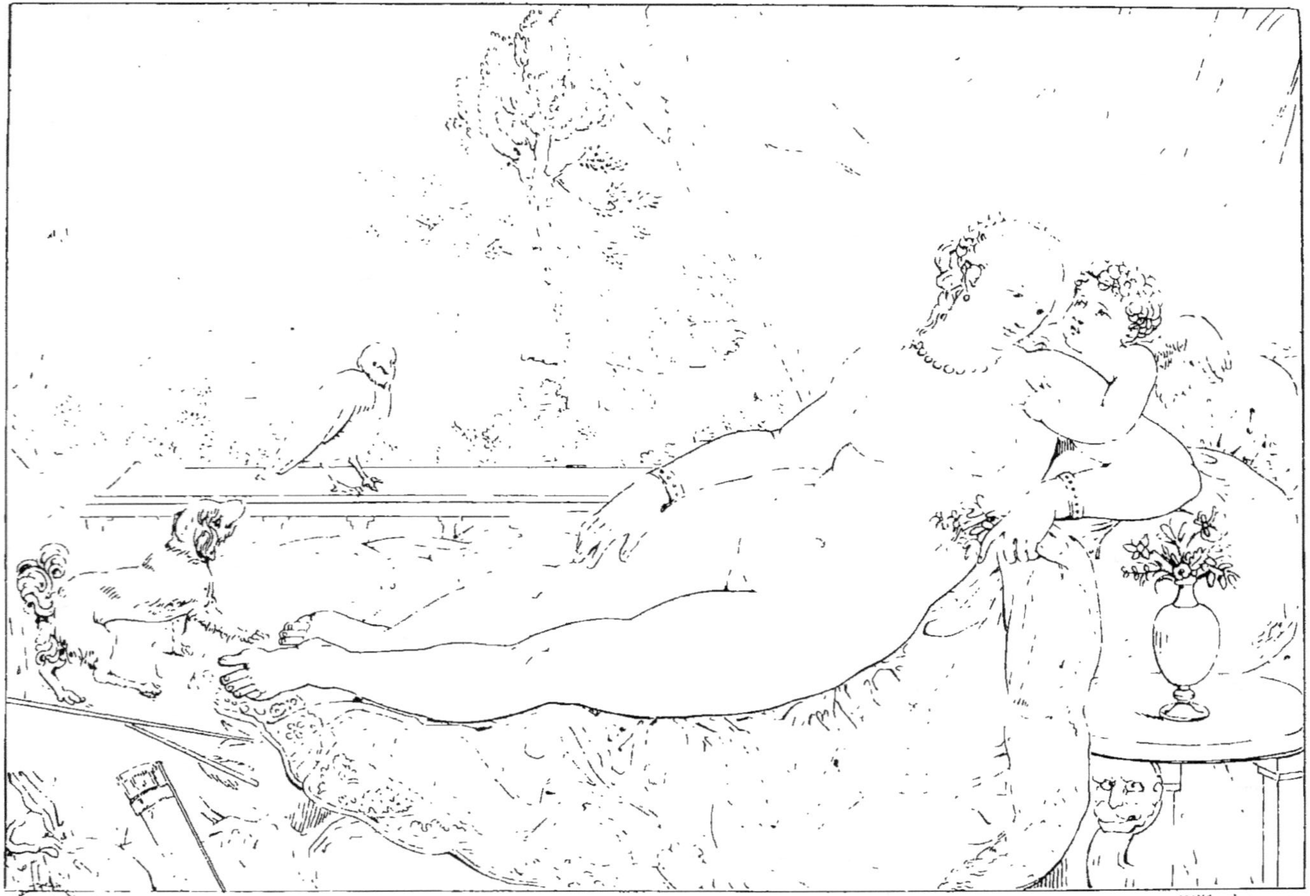

Titien pinx.

Mme Soyer sc.

Vénus au Hibou

1477〜〜〜〜〜〜〜〜〜〜〜〜〜〜〜〜〜〜〜1576.

VÉNUS AU HIBOU.

Tableau de la galerie de Florence.

Hauteur 4 pieds 3 pouces 6 lignes , largeur 6 pieds 1 pouce 10 lignes.

Ici le Titien semble bien avoir eu l'intention de peindre la mère des amours. Le carquois et les flèches qui sont auprès d'elle, l'enfant ailé qui la caresse, et les fleurs qu'elle tient dans sa main, viennent à l'appui de cette conjecture. Mais que penser de cet oiseau sinistre, tout-à-fait étranger au sujet, et de ce petit chien que le Titien a introduit dans plusieurs de ses portraits ? Cette Vénus pourroit bien être aussi un portrait, et peut-être même celui de la duchesse d'Urbin dont le Hibou semble rappeler l'origine et les armoiries. Le peu de noblesse de la tête de cette Vénus prouve du moins que le Titien a été obligé de copier son modèle.

Quoique ce tableau soit inférieur au précédent pour l'élégance des formes, la pureté du dessin, la douceur et la transparence des teintes, la finesse des touches, et que le dessin des extrémités manque de correction , il n'en est pas moins une des plus célèbres productions du Titien. On y retrouve dans toute sa vigueur cette vivacité et ce brillant de coloris qui appartiennent exclusivement au plus grand des coloristes. Ce rideau violet, ce coussin blanc placé dans la demi-teinte, ce paysage, touchés convenablement pour faire ressortir le sujet principal, contribuent puissamment, par leur opposition avec le nu de la figure, à lui donner beaucoup d'éclat et de relief.

Cette Vénus et la précédente firent partie des tableaux choisis, qui d'Urbin furent transportés à Florence, et dont les archives du Musée de cette dernière ville conservent l'inventaire.

Il a été gravé par *Massard* de l'Académie de peinture, pour l'ouvrage que Masquelier a publié sur la galerie de Florence.

La Ste Généalogie.

LA SAINTE GÉNÉALOGIE.

Tableau de la galerie royale de Berlin, peint sur toile.

Hauteur 3 pieds 9 pouces, largeur 4 pieds 6 pouces.

On ne peut douter que ce tableau n'ait été commandé à Vandyck par un de ces amateurs peu scrupuleux et auxquels il faut attribuer ces anachronismes, ces défauts de costume qu'on trouve fréquemment dans les productions de tant d'artistes distingués. Si le peintre eut été maître du choix de son sujet, il se seroit sans doute abstenu de traiter celui-ci qui, outre sa singularité, présentoit de grandes difficultés à vaincre pour être nettement exprimé.

Adam et Ève, le prophète Roi, Marie et son fils, sont ici réunis, non sans étonnement, pour expliquer une généalogie de 4000 ans. On ne peut mieux comparer ce tableau qu'à ces dialogues des morts où des personnages séparés l'un de l'autre par des siècles et des climats différens, conversent ensemble comme s'ils étoient contemporains et habitans d'un même pays. Marie fait voir à Adam et Ève et au roi David, ce Rédempteur qui devoit naître de la race d'Abraham, suivant la promesse de Dieu. Ève semble lui témoigner le regret qu'elle éprouve d'avoir, par sa désobéissance, nécessité la venue du Messie; mais par une adresse singulière l'artiste a su lui faire exprimer à la fois et son repentir et la joie qu'elle éprouve à la vue du sauveur de sa postérité. Marie, d'un regard doux et compatissant, accueille la repentante avec une sorte de dignité; Jésus, sans offrir cette beauté idéale que Raphaël auroit su lui imprimer, a tous les charmes et la naïveté de l'enfance. Il fait un mouvement en arrière et paroît effrayé à la vue d'Adam dont la figure est peut-être un peu trop rébarbative. Enfin David, la couronne sur la tête et en grand costume oriental, contemple avec satisfaction les deux êtres chéris qu'il attendoit depuis si long-temps. C'est un beau vieillard ayant cette physionomie judaïque qui convient au sujet.

La tête d'Ève, ornée d'une chevelure blonde a infiniment de charme et de grâce, et l'on voit, avec une sorte de peine, les belles formes de son corps, meurtries par la draperie grossière dont elle est enveloppée.

Vandyck s'est montré ici comme ailleurs grand coloriste. Il a tiré le parti le plus heureux des oppositions que lui offroit la différence d'âge et de sexe de ses personnages, et ce tableau n'est pas moins admirable sous le rapport de la vérité que sous celui de la variété des teintes et des effets. La tête de David est chaudement peinte, celle d'Adam, avec son teint bazané, son œil noir et perçant, sa moustache et son regard presque farouche, offre un singulier contraste avec celles d'Ève et de Marie, et surtout avec le corps de l'Enfant Jésus dont les teintes sont d'une fraîcheur et d'une harmonie inimitables. Les extrémités de toutes ces figures méritent aussi les plus grands éloges, elles sont soignées comme dans les plus beaux portraits du maître, principalement les mains de Marie et celle qu'Ève pose sur son sein.

Nous ne croyons pas que ce tableau ait été gravé.

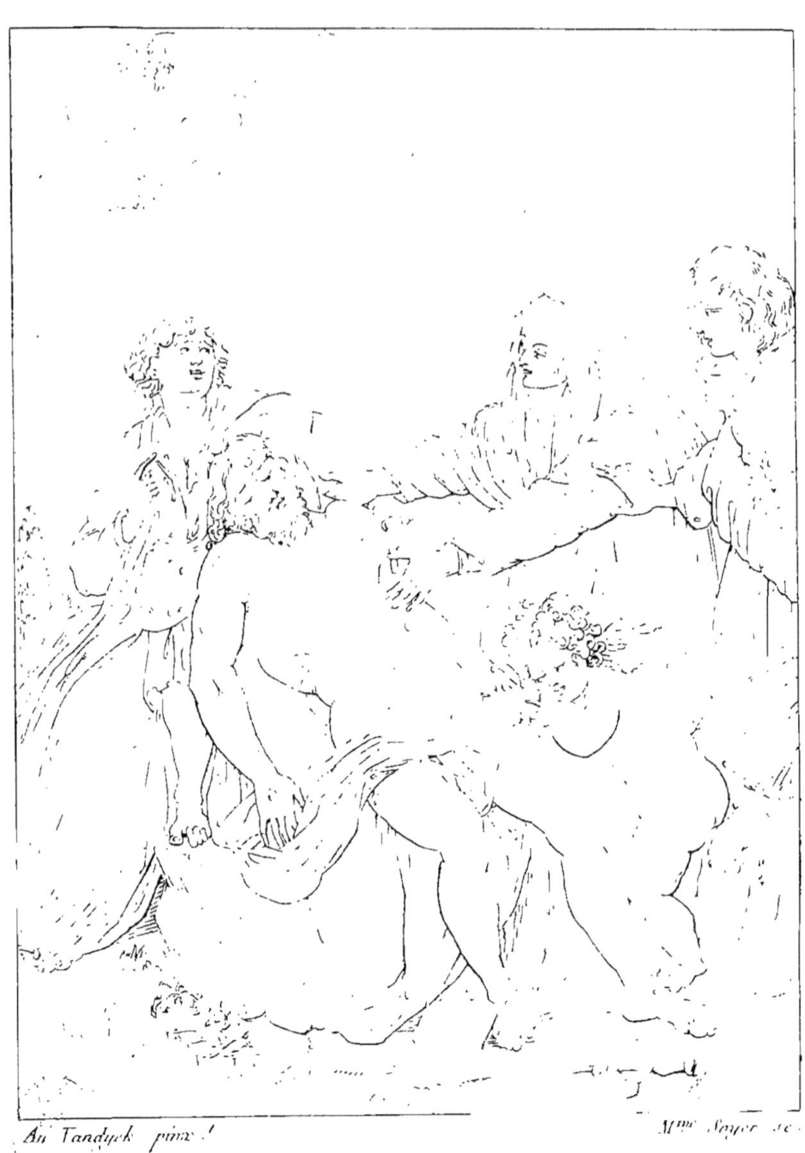

Descente de Croix.

DESCENTE DE CROIX.

Tableau de la galerie royale de Berlin, peint sur toile.

Hauteur 7 pieds 2 pouces, largeur 5 pieds 6 pouces.

Ce tableau est sans contredit du meilleur temps de Van-dyck qui, pour réparer sa fortune délabrée par ses prodi-galités, fut contraint, vers la fin de sa carrière, de changer sa manière soignée en une plus expéditive et moins étudiée.

Le corps du Christ est admirable pour le relief, d'un dessin correct et choisi, et d'une vérité parfaite dans son ensemble comme dans ses détails. La tête seulement laisse à désirer plus de noblesse, l'expression de la douleur y est trop sentie. St. Jean, placé dans l'ombre, regarde tristement le Ciel. Il semble interroger le Très-Haut, et attendre l'effet de la résurrection promise. Sa tête, d'un beau caractère, porte l'empreinte de cette douceur qu'une tradition constante et les tableaux des plus grands maîtres donnent à ce disciple chéri du fils de Dieu. La figure de la Madelaine n'est pas très-heureuse, malgré la douleur empreinte sur ce visage charmant qu'ombrage une belle chevelure dorée, elle est un peu gigantesque et offre quelque chose de bizarre dans son ensemble.

Quant à la Vierge, son attitude est peut-être un peu outrée. Ainsi que beaucoup d'artistes célèbres, Vandyck l'a représentée trop jeune pour avoir pu donner le jour à un fils mort à 33 ans. Michel-Ange lui-même a fait cette méprise, si c'en est une, dans le groupe de la Vierge tenant sur ses genoux le Christ mort, qu'il fit pour Saint Pierre de Rome. Un jour qu'un de ses amis lui en faisoit l'objection : «Cette mère fut une Vierge, répondit fière-

» ment Michel-Ange, et vous savez que la chasteté de l'âme
» conserve la fraîcheur des traits. Il est de même probable
» que le Ciel, pour rendre témoignage de la céleste pureté
» de Marie, permit qu'elle conservât le doux éclat de
» la jeunesse, tandis que, pour marquer que le Sauveur
» s'étoit réellement soumis à toutes les misères humaines,
» il ne falloit pas que la divinité nous dérobât rien de ce
» qui appartient à l'homme. C'est pour cela que la Vierge
» est plus jeune que son âge, et que je laisse au Sauveur
» toutes les marques du sien (1). »

Vandyck, comme dans un autre de ses tableaux gravé, tome 6me, page 29 des Annales du Musée de France, a introduit un Ange dans sa composition. Outre que l'attitude et la douleur de cet enfant sont d'une vérité parfaite et ajoutent à l'intérêt du sujet, cette figure offre une heureuse opposition de teinte avec celle du Christ, et contribue singulièrement au mérite de l'effet général.

Terminons cet article par une remarque qui tend à prouver que Vandyck, accoutumé à rendre la nature, ne s'écarta jamais de la vérité, même lorsqu'il eut à représenter de ces effets extraordinaires pour lesquels on ne peut consulter le modèle. Par exemple, les mains de son Christ, jusques vers le milieu du bras, sont d'un livide noirâtre, tandis que les pieds, les jambes et le torse sont d'une teinte plus brillante ; parce que, dans un crucifié, les mains doivent mourir avant le reste du corps.

Ce tableau, qui décora long-temps le maître-autel de l'église de Saint-Gilles à Nuremberg, a été gravé à l'eau-forte par *J. Théophile Prestel*, peintre.

---

(1) Voyez la vie de Michel-Ange, par Condivi, page 32.

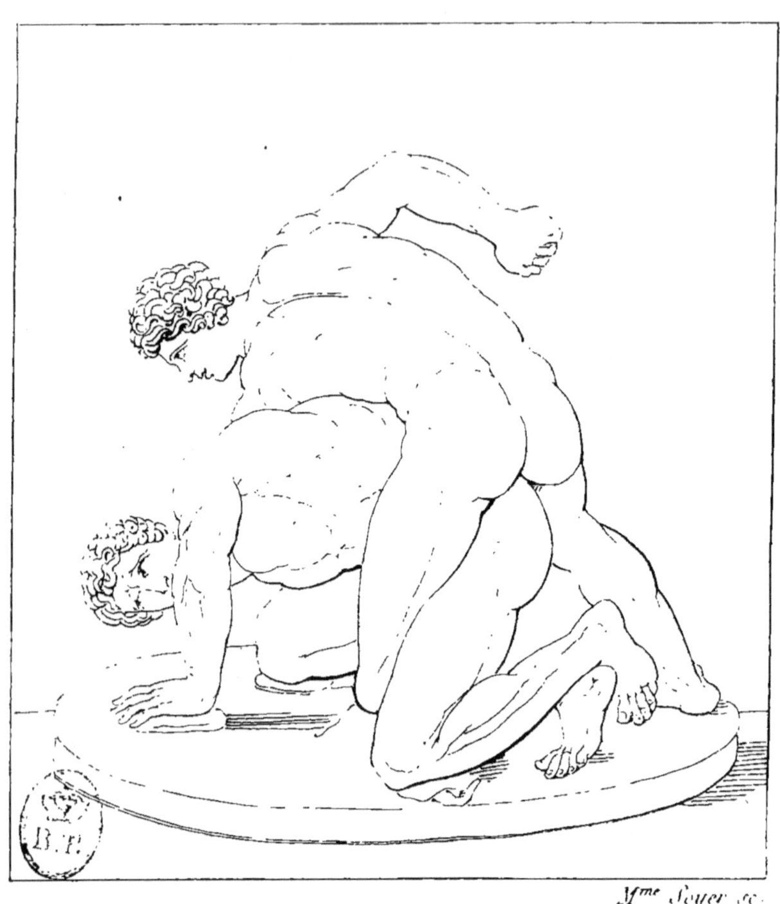

Les Lutteurs.

LES LUTTEURS.

Groupe en marbre, de la galerie de Florence.

Ces figures ont un peu moins de 5 pieds.

La dénomination *des Lutteurs*, sous laquelle ce célèbre groupe est connu, ne présente à l'esprit que des personnages ignorés, des pancratiastes de profession. Nous nous plaisons à y voir, comme Winckelmann, deux enfans de Niobé s'exerçant dans la plaine où ils furent victimes de la vengeance de Latone et succombèrent sous les flèches d'Apollon. Cette opinion paroît d'autant plus probable que ce groupe fut trouvé en 1583 devant St. Jean de Latran et au même lieu où furent découvertes, à peu-près dans le même temps, les autres statues de la famille de Niobé.

De tous les monumens de sculpture antique qui nous sont parvenus, celui-ci est peut-être le mieux conservé. Il est le seul du moins dont les pieds et les mains n'aient eu besoin que de légères restaurations. Le nez, les doigts, les orteils et le bras droit de la figure supérieure ainsi que toute la base sont modernes, mais tout le reste du groupe est antique.

On distingue nettement dans ces deux Lutteurs l'action forcée mais volontaire de l'un de l'action forcée mais involontaire de l'autre. Celui qui terrasse son adversaire présente dans toutes les parties de son corps cette exagération réfléchie, ces contractions raisonnées, que la nature produit en pareil cas. Le rival terrassé est, au contraire, dans une contorsion convulsive. Une partie de son estomac comprimée sur sa cuisse, son bras droit fortement retourné en arrière et roidement étendu, présentent ces accidens auxquels on ne s'accoutume point; mais qu'on doit admirer ici, parce qu'ils sont motivés, qu'ils n'altèrent pas la solidité des parties violentées et que, si les muscles ont perdu leur place naturelle, les os ont conservé leur forme et leurs effets.

On ne sauroit non plus trop admirer cette merveilleuse vivacité que le sculpteur a su imprimer à toutes les parties du corps de ses deux athlètes, et la noblesse du dessin; mais on se demande pourquoi les têtes paroissent si calmes, lorsque le sujet autorisoit et exigeoit peut-être l'expression la plus vive et la plus prononcée. Pour expliquer ce contre-sens apparent, on est réduit à se rappeler le système des artistes grecs qui craignoient avant tout d'altérer la beauté de leurs figures.

On a cru long-temps que ce groupe étoit celui qui, du temps de Pline, se voyoit à Pergame, et dont Cephisodore fils de Praxitèle étoit l'auteur. Cette assertion pourroit être contestée; car, selon Pline, le sculpteur avoit su imprimer aux chairs de ses figures une telle mollesse que les mains des combattans paroissoient y entrer; beauté qu'on chercheroit vainement dans le groupe de Florence.

Ce groupe qui s'est vu long-temps à la Ville Médicis, est présentement réuni aux autres figures de la famille de Niobé qui sont à Florence. Il a souvent été gravé avec succès. On en trouve des gravures dans le Mus. Flor. pl. 73, 74. Maffei *Raccotta, de statuis* N°. 29. Perrier 35, 36. Episcop. 18, 22, où il est très-bien figuré. Mais la meilleure gravure est celle que *Langlois* a exécutée pour le Musée de Florence, publié par Masquelier.

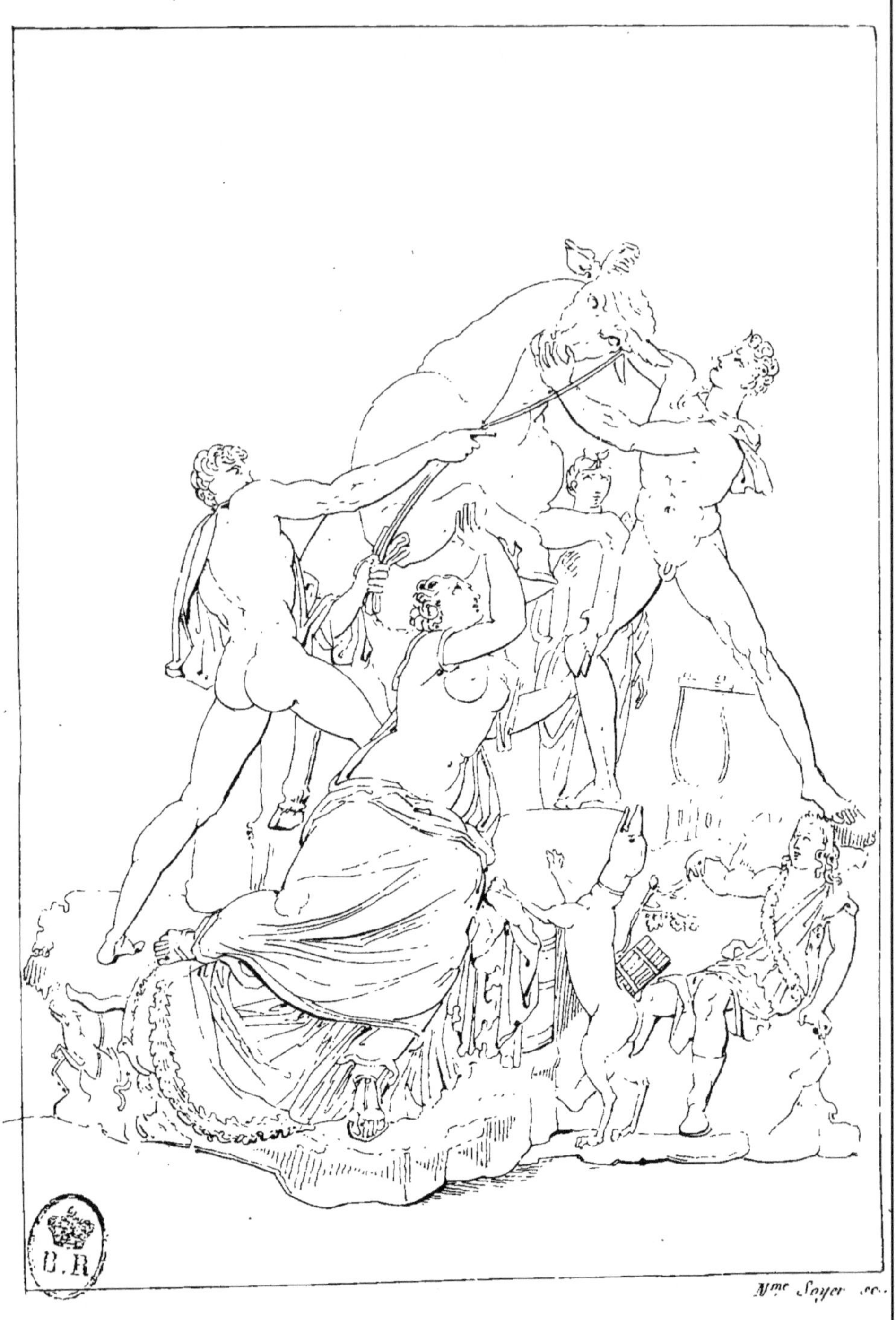

Le Taureau Farnèse.

LE TAUREAU FARNÈSE.

Groupe en marbre de la collection royale de Naples.

Hauteur 12 pieds, largeur 9 pieds 4 pouces.

Cet immense groupe représente un trait de l'histoire grecque, antérieur à l'époque du siége de Troye, c'est-à-dire un de ces faits dans lesquels la fable et la vérité ont dû se confondre et qu'il est impossible de soumettre à une critique exacte. Il représente un trait de vengeance barbare, fort convenable aux temps dits héroïques. Antiope femme de Lycus, Roi de Thèbes, fut séduite par Jupiter et eut de lui deux enfans, Zéthus et Amphion. Lycus ne reçut point avec la résignation convenable l'honneur que le souverain des Dieux avoit fait à sa couche. Il répudia l'amante de Jupiter, et épousa Dircé. Les fils d'Antiope lorsqu'ils furent hommes, attachèrent leur belle-mère aux cornes d'un Taureau fougueux, et la firent ainsi périr d'une mort affreuse.

C'est ce dernier trait que les sculpteurs Apollonius et Tauriscus, nés à Tralles en Lydie, ont représenté. Les trois personnages principaux sont faciles à reconnoître au premier coup d'œil; et pour distinguer les deux frères, une Lyre est représentée au-dessous d'Amphion.

Les autres figures aussi bien que les accessoires ont exercé la sagacité des antiquaires et ne leur ont fourni aucune conjecture satisfaisante. Si la femme que l'on aperçoit de l'autre côté du groupe est Antiope, il faut convenir qu'elle paroît là bien étrangère à l'action; et que celle du jeune homme assis ne sauroit représenter Lycus, comme se l'est imaginé Gronovius.

L'opinion de M. Heyne nous paroît la plus vraisemblable. Ce savant pense que ce monument n'est plus tel qu'il existoit du temps de Pline; que non-seulement beaucoup de figures ont été restaurées, mais qu'on a aussi changé l'ensemble et la disposition du groupe en y ajoutant plusieurs autres figures et en le surchargeant d'accessoires. Ces changemens lui semblent devoir être rapportés à différentes époques. D'abord au temps où il a été transporté des édifices d'Asinius Pollio dans les bains de Caracalla, ensuite lorsqu'on l'y découvrit sous Paul III, et qu'on le prit pour un Thésée domptant le Taureau de Marathon; enfin il croit qu'on a fait encore de nouveaux changemens quand on commença à y voir l'histoire de Dircé. M. Heyne fonde son opinion sur ce que Pline dit: *Amphion, Zéthus, Dircé et un Taureau, le tout d'une seule pièce*. Il pense d'ailleurs que cet auteur n'auroit pas manqué de faire mention d'Antiope et de Lycus, de la grandeur de la montagne, ainsi que des accessoires qu'on y voit. La montagne lui paroît donc avoir été un ouvrage séparé, qui y aura été adapté par l'artiste chargé de placer les ouvrages d'art qui devoient décorer les Thermes de Caracalla, afin de donner une position plus élevée aux figures d'Amphion et de Zéthus et au Taureau. Si l'on admet ce fait, il sera facile alors d'expliquer la figure qui porte une guirlande de feuilles de vigne, ainsi que le thyrse, les festons et tous les accessoires bachiques sculptés dans les parties superflues du marbre et dont on a voulu motiver la conservation.

Ce groupe célèbre est presque généralement considéré aujourd'hui comme une production moderne; c'est-à-dire

que les parties réparées ou refaites en entier sont si considérables, que ce qui est véritablement antique échappe aux
yeux de la plupart des connoisseurs. Nous allons faire
connoître brièvement ce qui appartient aux artistes grecs
et ce qui est ouvrage de restauration.

Bapt. Bianchi, sculpteur Milanais qui n'avoit aucune
connoissance du style antique, fut chargé sous Paul III, de
rassembler les débris de ce groupe et de les rétablir. Il eut
a réparer la tête, les bras et le sein de Dircé, jusques vers
le nombril, la tête et les bras d'Antiope et beaucoup d'accessoires. Il eut à refaire entièrement les têtes, les bras et les
jambes d'Amphion et de Zéthus, dont les deux torses et
une seule jambe étoient tout ce qu'on avoit retrouvé. Les
jambes du Taureau et la corde avec laquelle il est retenu sont
également modernes. Lorsque Ferdinand IV fit transporter
ce groupe de Rome à Naples, où il se voit depuis 1788, il
éprouva des dommages considérables qui nécessitèrent de
nouvelles restaurations. Elles ne furent pas plus heureuses
que les précédentes.

Si l'on considère ce groupe fameux sous le rapport de
la difficulté vaincue, il nous prouve plus encore que l'Ata-
lante, le Gladiateur combattant, et le Laocoon, que les
anciens statuaires n'ont pas toujours éludé les traits d'exécution pénibles et dangereux. En effet cette immense
composition, trouvée toute entière dans un seul bloc de
marbre, si c'est celle dont a parlé Pline, présente des
merveilles de mécanisme aussi périlleuses que la sculpture
puisse en hasarder. Mais si l'on examine en particulier ce
qui reste d'antique dans ce groupe, comme la figure
d'Antiope, l'expression de la tête et des bras du jeune
bacchant assis et qui paroît saisi de frayeur à la vue du
châtiment de Dircé, on sera convaincu que ce groupe

n'étoit pas seulement recommandable sous le rapport de la difficulté de son exécution, mais qu'il présentoit des beautés du premier ordre qui durent mériter à leur auteur l'honorable mention qu'en fait Pline. Sous le rapport de la composition l'ouvrage n'est pas exempt de reproches, les figures ne s'y groupent pas assez. Le jeune homme assis est d'une trop petite proportion par rapport aux autres figures. Antiope est un personnage dépourvu d'action ; enfin, la multiplicité des accessoires qui ne semblent être là que pour augmenter le nombre des objets exécutés dans le même bloc de marbre, nuisent à la simplicité et au grandiose de la composition. Mais, comme nous l'avons dit, ce groupe paroît avoir subi des changemens considérables dont le mauvais effet ne peut être attribué aux artistes grecs.

Le Taureau Farnèse, ainsi appelé parce qu'il fut long-temps placé à Rome, dans le vestibule du palais Farnèse, a été gravé souvent et presque toujours avec quelques variantes. On le trouve dans les Recueils de Maffei, Rossi, Perrier, Sandrardt, Piranesy, etc. Les figures données par Rossi et Piranesy sont les meilleures. Cette dernière est gravée par *François Piranesy*.

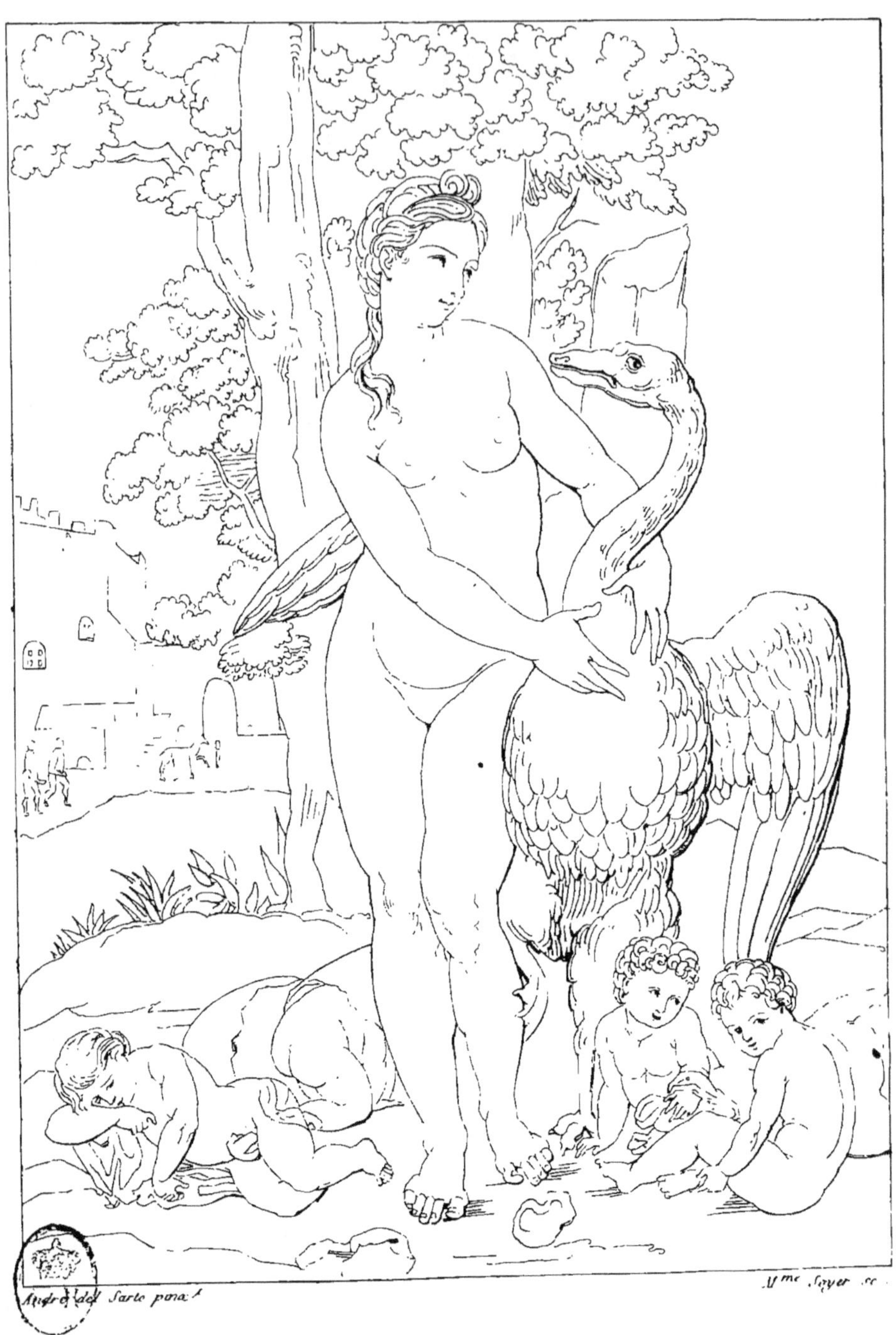

Leda

LÉDA.

*Tableau de la Galerie de Lucien Bonaparte,
peint sur bois.*

Hauteur 3 pieds 2 pouces, largeur 2 pieds 4 pouces.

André Vannuchi, dit *Andrea del Sarto*, parce qu'il étoit fils d'un tailleur, parut à Florence à l'époque heureuse où Léonard de Vinci et surtout Michel-Ange venoient d'imprimer à la peinture un caractère sublime, qu'elle n'a plus retrouvé depuis.

L'étude assidue qu'il fit de leurs ouvrages l'inspira souvent heureusement ; mais le génie ne s'acquiert pas. André del Sarte s'est rarement élevé aux conceptions vastes et originales, et son plus grand mérite consiste dans les réminiscences des deux illustres peintres que l'on vient de nommer. Il leur dut au reste un bon goût de dessin, auquel il joignit une assez bonne couleur, et surtout un pinceau très-moelleux, qualité d'exécution rare alors, parce qu'on étoit encore peu éloigné de l'époque où l'on avoit abandonné la sécheresse gothique.

Le sujet de Léda devoit tenter un peintre ami de la correction. Michel-Ange l'avoit traité avec une énergie qu'il ne falloit pas attendre de son disciple. La composition d'André del Sarte offre quelque froideur, mais du moins rien d'essentiel n'y manque. On est convenu de ne pas trop considérer comme indécens les sujets fabuleux : ainsi, le peintre n'est point répréhensible pour avoir peint l'épouse de Tyndare, qui, sans aucun voile, caresse l'oiseau dont le maître des Dieux a pris la forme; ce qu'on pourroit blâmer, ce sont les quatre petits enfans étendus à terre qui annoncent, contre toute vraisemblance, que l'intrigue n'est pas récente. A droite sont Castor et Pollux, placés dans la suite au rang des dieux; à gauche, les deux filles de Léda, Hélène et Clytemnestre. L'artiste a eu la singulière idée de représenter l'une d'elles, sortant à peine d'un des deux œufs dans lesquels on suppose que ces jumeaux vinrent au monde. On remarquera aussi que les quatre enfans et le Cygne sont d'une taille beaucoup trop grande. Toutes ces singularités tiennent au sujet; mais ce que l'on ne peut tolérer, ce sont les petites figures du fond, et la fabrique sur laquelle elles se détachent. André del Sarte n'a fait que copier un édifice et quelques personnages de son temps. Si le devant de son tableau rappelle la Grèce et les bords de l'Eurotas, le reste transporte le spectateur à Florence. Ces disparates se retrouvent parfois dans les maîtres les plus célèbres.

Ce tableau ne fut porté qu'à 400 fr. dans l'estimation qui servit de base à la vente que le duc d'Orléans fit de sa Galerie à M. E. Walekiers de Bruxelles. Il a été gravé par *Th. Triere*, pour l'ouvrage intitulé *Galerie du Palais-Royal*. Il est du nombre de ceux qui ont appartenu à Christine, reine de Suéde.

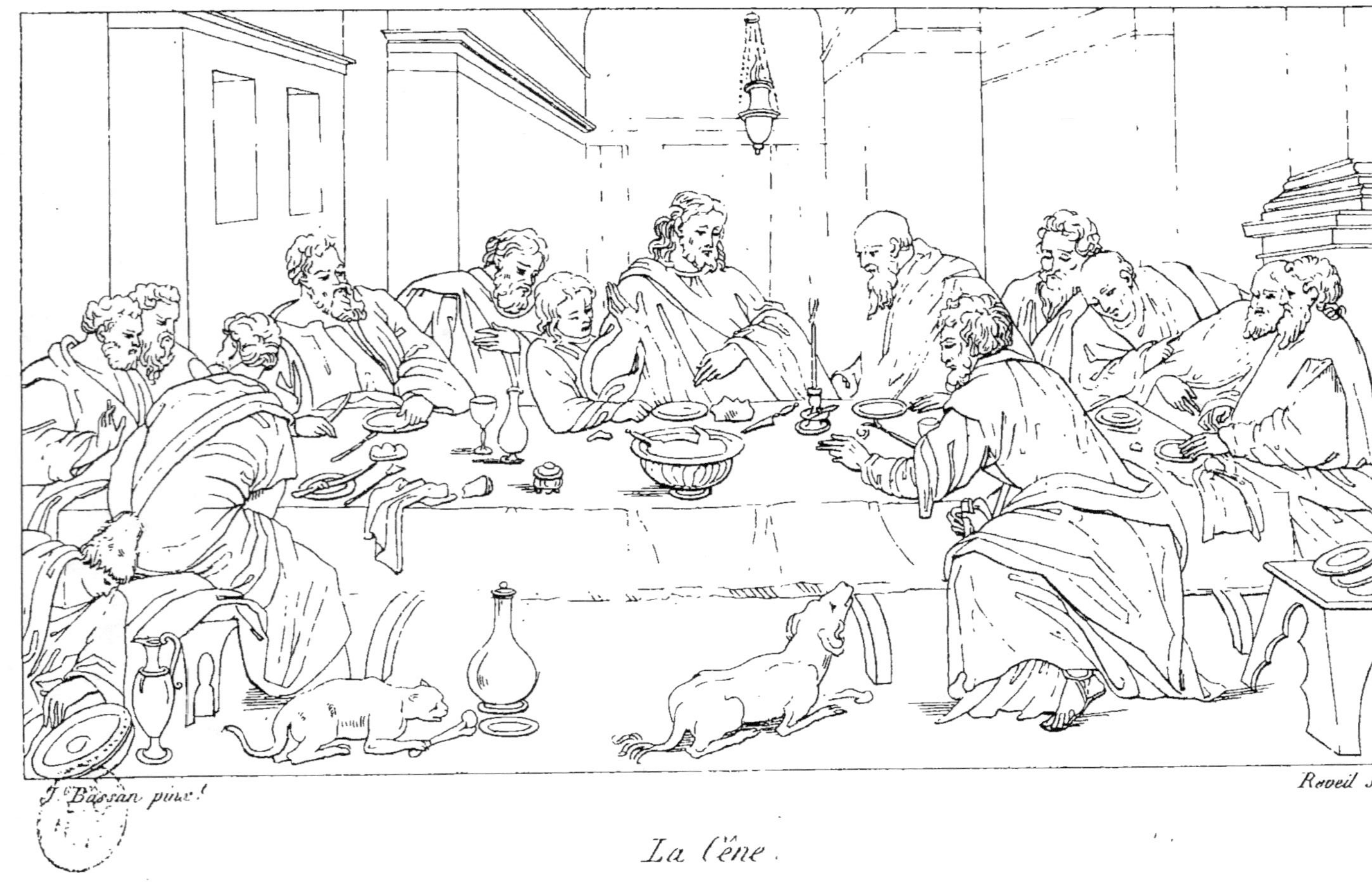

La Cène.

1510 ~~~~~~~~~~~~~~~~~~~~~~~~~~~~~~~~ 1592.

LA CÈNE.

Tableau de la Galerie de Milan , peint sur toile.

Hauteur 3 pieds 1 pouce 4 lignes , largeur 5 pieds 6 pouces 6 lignes.

Le nom sous lequel ce peintre est généralement connu, lui vient de Bassano, son lieu natal, situé dans les états de Venise. Il fut l'un des meilleurs maîtres de la seconde époque de l'Ecole fameuse qui porte le nom de cette ville. De plus, il se créa une manière, adoptée depuis avec succès par les peintres Flamands. Elle consiste dans de savantes oppositions de teintes lumineuses et de tons vigoureux, et dans des coups de pinceau, donnés ensuite avec franchise , ce qui, joint à la vérité de la couleur locale, donne aux objets représentés un effet extraordinaire. Cette manière savante est très-remarquable dans le tableau de la Cène. L'architecture simple et presque rustique convient, sans doute, beaucoup mieux au sujet que tout autre ; et en ceci, le Bassan s'est montré plus judicieux que plusieurs maîtres célèbres. Une seule lampe éclaire la salle ; moyen souvent employé avec succès par les bons coloristes , pour produire des effets piquans. Quoiqu'il ne faille pas chercher chez le Bassan les hautes conceptions des peintres savans dans la composition , la sienne n'a rien de défectueux. Le moment qu'il a choisi ne peut être que celui où Jésus dit à ses apôtres : « Un de vous me trahira. » Et à défaut d'expressions énergiques sur leurs figures ; leurs attitudes, les mouvemens de leurs corps , enfin leur pantomime, ne laissent aucun doute au spectateur. L'artiste a même fortifié son action par l'attitude de ce disciple placé à la gauche du Christ, et s'avançant vers lui la tête inclinée. C'est évidemment Judas, qui, d'un air hypocrite, répond à la prédiction par ces mots : « Seroit-ce moi, Seigneur ? »

Ces soins pour caractériser le sujet, sont tout ce que l'on pouvoit demander à un peintre vénitien, et en particulier au Bassan, celui des bons maîtres de cette école, qui s'est le plus habituellement écarté des convenances. Ainsi, ce serviteur bizarrement coiffé, nu à mi corps, et qui ne prend aucune part à l'action, ce chien, ce chat, sont là autant d'accessoires déplacés auxquels on ne doit pas s'arrêter.

La manière heurtée de plusieurs têtes, les incorrections et une sorte de rapidité dans le travail général, doivent faire considérer ce tableau plutôt comme une esquisse que comme un ouvrage terminé; mais c'est une esquisse qu'un maître habile pouvoit seul exécuter; et une de ces productions où l'on retrouve quelquefois mieux la manière des peintres que dans des tableaux plus soignés.

Cette Cène, peinte sur toile, fut faite pour le réfectoire des capucins de Bassano. Elle n'a point été gravée, et c'est cette raison qui nous a engagés à la publier.

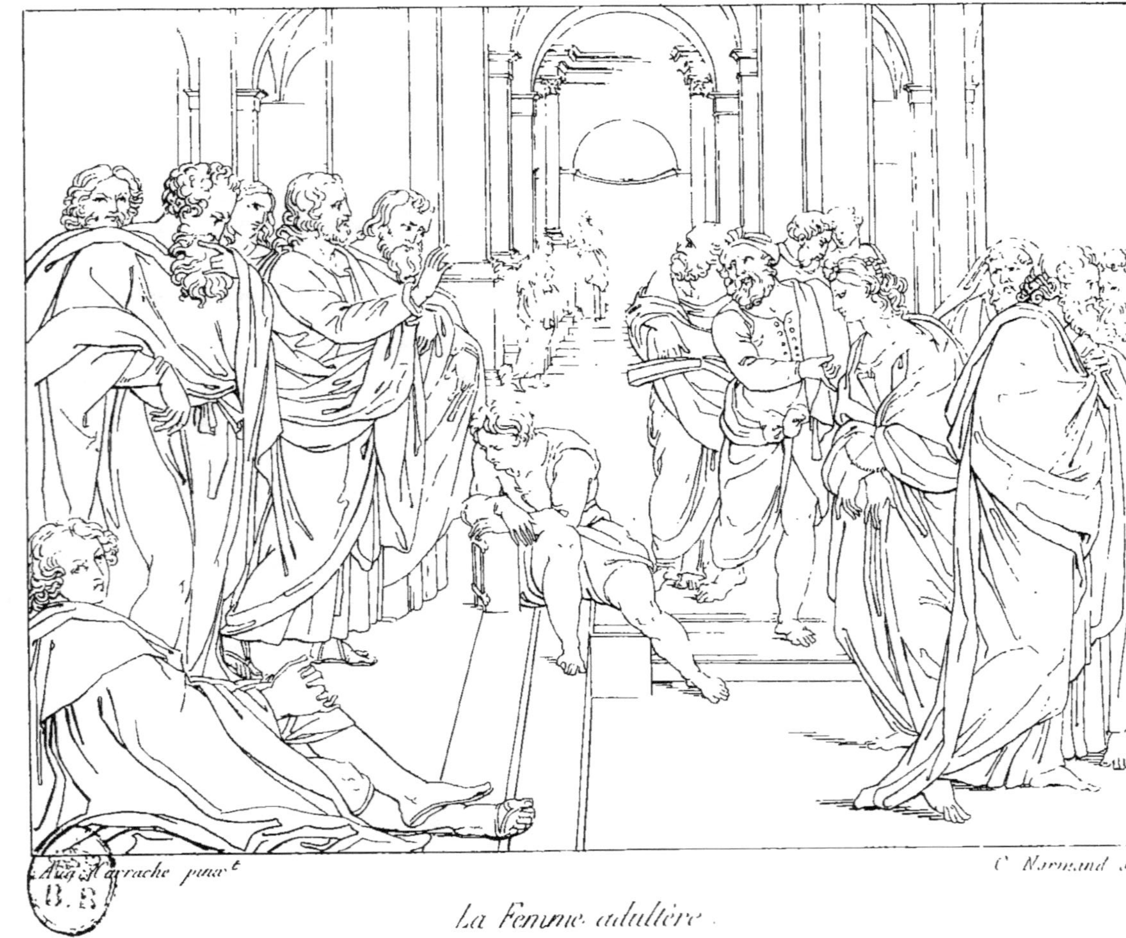

La Femme adultère.

1557..1605.

LA FEMME ADULTÈRE.

Tableau de la Galerie de Milan, peint sur toile.

Hauteur 4 pieds 2 pouces 3 lignes, largeur 6 pieds.

Ce sujet est un de ceux que les peintres habiles devoient saisir avec le plus d'empressement dans la vie de
Jésus. Il offroit à leur art de l'intérêt, des passions vives,
variées, et une scène très-imposante.

Jésus étoit dans le Temple, environné d'une foule de
peuple. Les Pharisiens choisirent cet instant pour lui
amener une femme surprise en adultère. Ils lui deman-
dèrent quel jugement devoit être prononcé contre elle.
La loi de Moïse étoit formelle contre un tel délit, et
portoit la peine de la lapidation. Jésus se baissa, écrivit
sur le sol, et prononça en même temps ces paroles à
jamais mémorables : « Que celui d'entre vous qui est sans
péché lui jette la première pierre. » Les accusateurs confus
se retirèrent aussitôt. Jésus dit à la femme que, puisqu'elle
n'avoit été condamnée par personne, il ne la condamne-
roit pas. Il la renvoya en paix, l'exhortant à ne plus pécher.

De toutes les circonstances que présentoit un si beau
sujet, Augustin Carrache n'a pas traité la moins importante sous le rapport de l'art. Depuis lui, Poussin, dans
une composition excellente, a représenté les accusateurs
lisant à terre les mots qui les font rougir de honte et de
dépit. Augustin Carrache a saisi l'instant qui précéda
celui-ci, et a produit sans efforts une composition qui
rappelle le grandiose de l'Ecole Florentine. Le lieu de
la scène est le vestibule du Temple ; la femme cou-

pable, les bras liés avec des cordes, dans l'âge de la jeunesse, et embellie par son repentir, attend son arrêt. Il est déjà prononcé : déjà le Christ, dans une attitude aussi noble qu'expressive, a porté le trouble dans l'âme de ceux qui venoient tenter sa sagesse. L'un d'eux lui montre bien encore la pécheresse; mais plusieurs autres s'enfuient. A la droite de Jésus, et faisant partie d'un groupe du meilleur style, un apôtre vénérable, portant sa main à sa barbe, médite sur le sens profond des paroles qu'il entend.

Près de ce groupe un homme assis à terre, et la main sur un livre, paroît également absorbé dans ses réflexions. Sous le rapport pittoresque, cette figure est disposée avec art pour remplir le vide qui se seroit trouvé dans la composition; et le livre qu'elle tient ne peut être que celui de la loi, invoquée naguère par les Pharisiens. On ne peut donc que féliciter l'artiste de l'avoir conçue; mais en peut-on dire autant de ce jeune homme assis à terre et absolument étranger à l'action? Ne seroit-il point, comme le disoit plaisamment Annibal Carrache, frère d'Augustin, « une figure à louer? »

Quoique Augustin Carrache n'ait poussé sa carrière que jusqu'à quarante ans, il a toujours pu être mis en parallèle avec ses deux illustres amis, Louis et Annibal, pour la science du dessin, la belle harmonie de la couleur et la facilité du pinceau. Il n'a eu garde de se négliger dans cette belle composition faite pour la Galerie Sampieri de Bologne, que décorèrent plusieurs de leurs chefs-d'œuvres. Aussi, malgré la critique peu importante que nous venons de nous permettre, ce tableau de la Femme adultère nous paroît-il une des meilleures productions de cet excellent peintre. Elle n'a point été gravée.

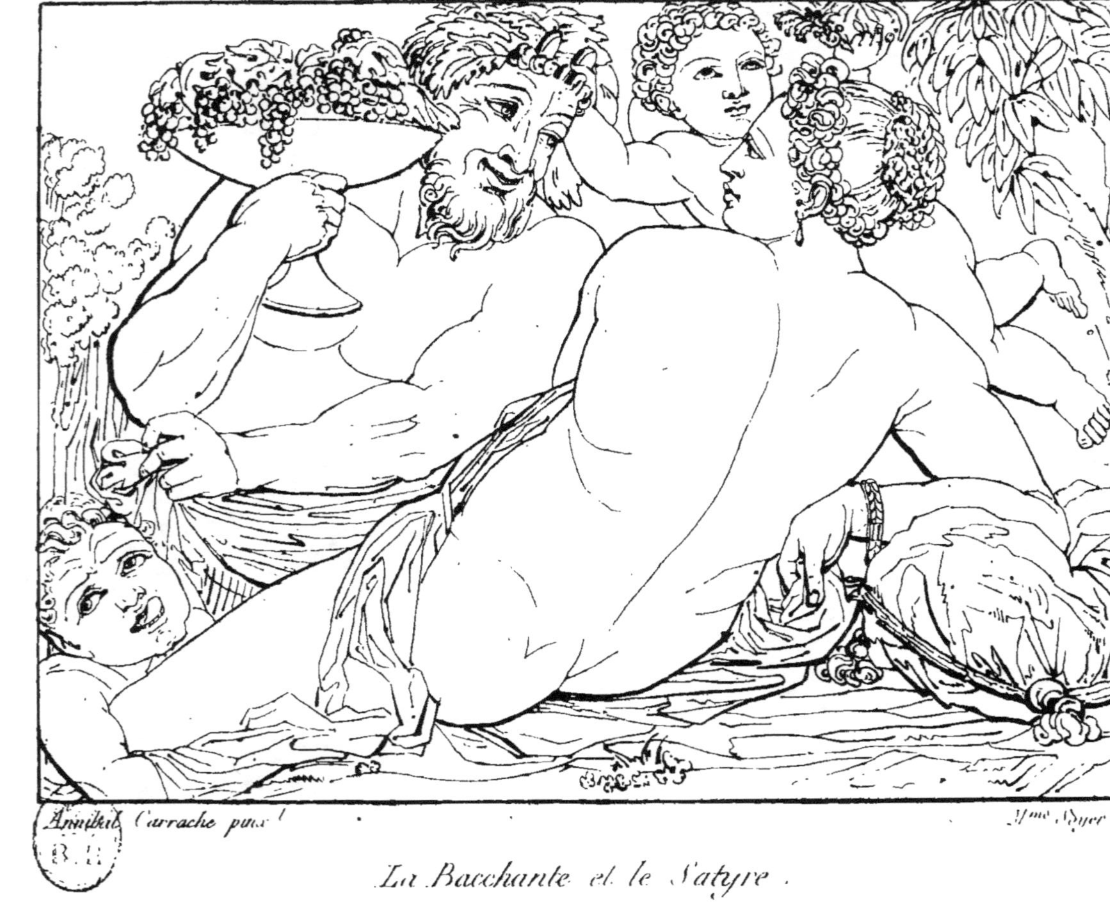

La Bacchante et le Satyre.

LA BACCHANTE ET LE SATYRE.

Tableau de la galerie de Florence, peint sur toile.

Hauteur 3 pieds 4 pouces, largeur 5 pieds 2 pouces 9 lignes.

Sans tomber dans le genre trivial, Annibal Carrache, dans ce tableau, a su peindre la gaieté la plus vive. Une Bacchante vue par le dos, est assise sur un coussin. Un Satyre lui présente en riant une coupe remplie de raisins; ses regards animés se fixent sur la Bacchante, et tous ses traits expriment avec énergie la double ivresse dont il est animé. L'Amour, d'une main fait approcher le Satyre, et de l'autre suspend une couronne sur la tête de la Bacchante. Aux genoux de celle-ci paroît un petit Faune dont les yeux expriment à la fois l'enjouement et la malice.

Dans ce tableau, qui fut fait pour la famille Bolognetti, et passa ensuite dans celle des Médicis, on voit briller dans tout leur éclat les principes qui distinguent le style des Carraches, tels que l'observation de la nature, et l'imitation des maîtres vénitiens et lombards. La figure de femme, vue de dos, que Malvasia prend pour une Vénus, et Lanzi pour une Bacchante, offre une preuve de la grande habileté du peintre qui a su vaincre avec beaucoup de succès la difficulté que présentoit sa pose singulière; mais s'il est vrai, comme une tradition accréditée l'annonce, que Louis Carrache ait servi de modèle à son cousin Annibal, pour peindre cette figure, celui-ci auroit dû éviter de faire sentir, tant dans les formes que dans les carnations, les proportions et les effets que lui présentoit la nature, et qui ne convenoient ni au sexe ni au sujet.

L'expression du vieux Pan, dont les yeux sont enflammés de désirs à la vue d'une beauté qui ne lui cache aucune partie de ses charmes, est admirablement rendue. Rien également n'est plus expressif que ce petit Satyre malin qui, serrant le genou de la Bacchante, laisse voir le plaisir et l'admiration qu'il éprouve. Le mouvement de sa figure est d'un genre peut-être un peu bouffon; mais il caractérise parfaitement les mœurs attribuées à ces divinités champêtres. Pour que ce tableau soit, en tout point, digne de la réputation d'Annibal Carrache, on y voudroit un peu plus de simplicité, de grâce et d'élégance dans les formes. Mais lorsque ce peintre l'exécuta à Bologne, il n'avoit pas encore étudié, dans la capitale des arts, les chefs-d'œuvres des Grecs et les sublimes peintures de Raphaël.

Ce tableau a été gravé par *L. Pauquet* en 1788.

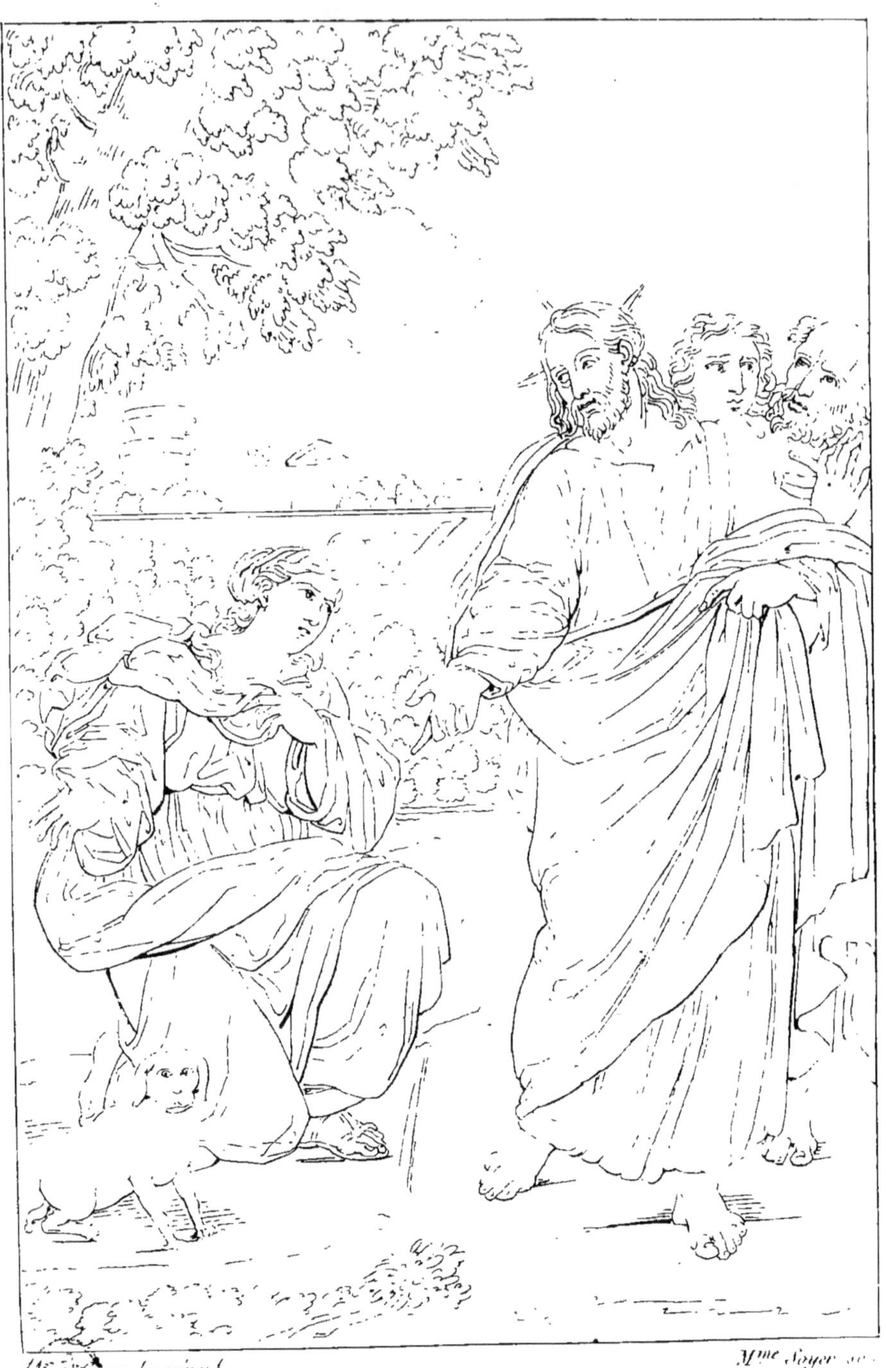

La Cananéenne.

1560~~~~~~~~~~~~~~~~~~~~~~~~~~~~~~~~~~~~1609.

LA CANANÉENNE.

Tableau de la galerie de Lucien Bonaparte, peint sur toile. Figures de grandeur naturelle.

La peinture n'ayant pour s'exprimer qu'un langage muet, il en résulte par fois que le spectateur hésite à reconnoître la véritable pensée de l'artiste pour la représentation de sujets qui ont entre eux de grandes conformités. Deux miracles de Jésus-Christ offrent surtout cette incertitude. Une Cananéenne vient se jetter à ses pieds, et le prie de guérir sa fille, tourmentée du démon. Une autre femme, affligée depuis douze années d'une perte de sang, se jette également à ses pieds et lui demande sa guérison. En peinture, on ne peut voir que le Christ, ses disciples et une femme à genoux, a moins que le peintre n'ait eu l'attention de caractériser l'un de ces deux faits par quelque circonstance décisive.

Cette circonstance se trouve chez Annibal Carrache dans une répétition du même sujet, dont nous allons bientôt parler. Aussi ne donnons-nous au tableau ici gravé le titre de *la Cananéenne*, que parce qu'il est indiqué sous ce nom, dans le catalogue de la galerie de Lucien Bonaparte.

Nous pensons au contraire que l'artiste a voulu représenter la femme affligée du flux de sang ; et voici sur quoi se fonde notre opinion.

Annibal Carrache a exécuté une composition absolument semblable, sauf une seule circonstance. Dans ce second tableau, qui fut gravé en Italie par *Carlo Cesio* et *Petro del Po*, le chien placé près de la femme prosternée aux pieds du Christ s'abreuve du sang qu'elle perd. Cette circonstance bizarre, et, pour trancher le mot, très-choquante, a du moins été omise par l'artiste dans le tableau dont nous donnons le trait. Le chien n'y est qu'un accessoire sans conséquence. Nous aimons à croire qu'Annibal Carrache, exécutant ce tableau après l'autre, aura ainsi sagement modifié sa première pensée.

Au reste, Annibal Carrache, habituellement judicieux dans l'ordonnance de ses compositions, s'est montré dans celle-ci digne de lui-même. Bonté majestueuse dans la figure du Christ, respect et confiance dans celle de l'hémorroïsse, attention respectueuse de la part de Saint Jean et de Saint Pierre, seuls apôtres présens au miracle; tout est juste, net, et bien exprimé; on peut seulement observer qu'Annibal Carrache a peut-être outré ici un de ses principes. Selon lui, on ne devoit pas admettre plus de douze figures dans une composition, (en exceptant, on le conçoit, les tableaux de bataille). Cette idée judicieuse en elle même, n'exigeoit pas qu'il limitât ainsi le nombre des Apôtres; mais du moins il a choisi les deux principaux, le chef et le disciple bien-aimé.

L'exécution ne mérite que des éloges. Sans posséder la noblesse des formes au même degré que Raphaël, Annibal Carrache n'en manque jamais. Il a ici, comme presques toujours, le vrai style convenable aux sujets religieux. Le paysage, qu'il traitoit avec supériorité n'étoit qu'un accessoire, cependant on y retrouve encore le maître habile.

Nous ne connoissons de ce tableau qu'une gravure au trait et peu arrêtée du recueil intitulé : *Galerie de Lucien Bonaparte.*

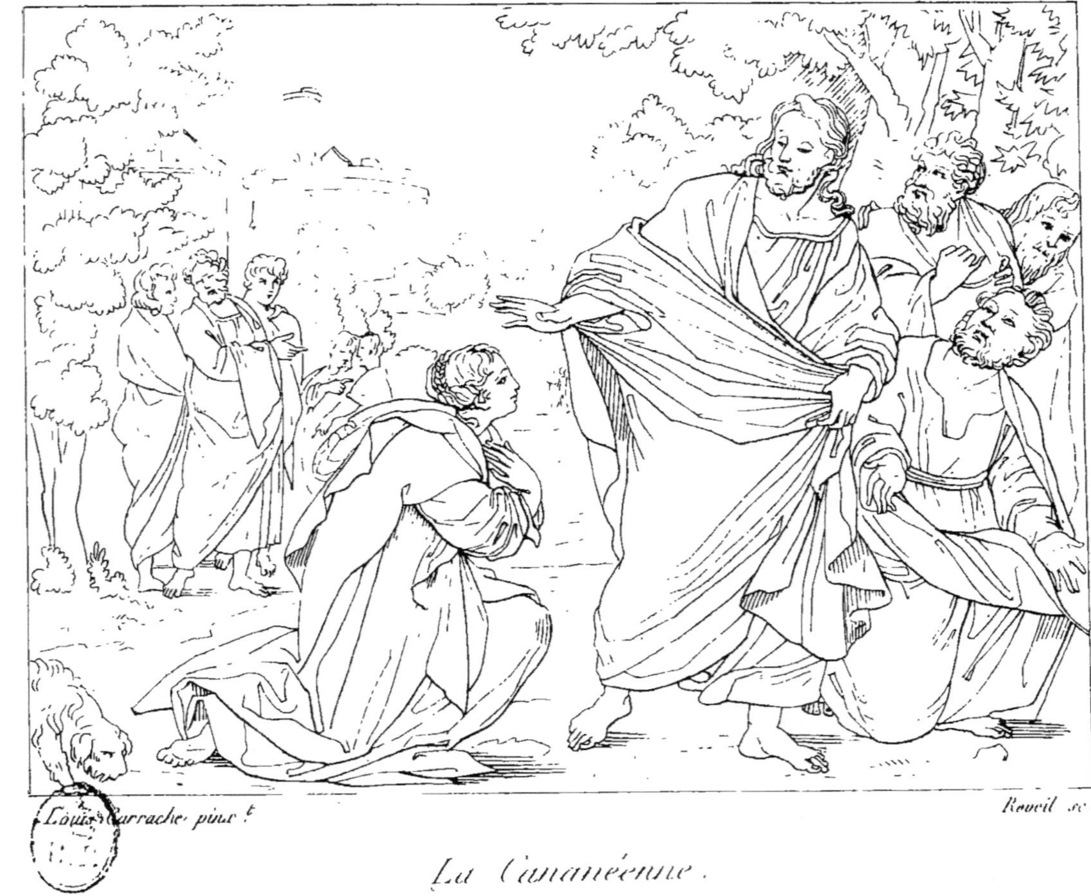

La Cananéenne.

1555 ~~~~~~~~~~~~~~~~~~~~~~~~~~~~~~~~~~~~ 1619

LA CANANÉENNE.

Tableau de la Galerie de Milan , peint sur toile.

Hauteur 5 pieds 6 pouces , largeur 7 pieds 4 lignes.

Pour la ressemblance de ce sujet avec celui de l'hémorroïsse, nous renvoyons à ce qui a été dit du tableau d'Annibal Carrache, de la Galerie de Lucien Bonaparte, intitulé *la Cananéenne.* Ici, nulle incertitude sur le fait que le peintre a voulu représenter.

Selon l'Evangile , Jésus étant allé du côté de Tyr et de Sidon, une femme Cananéenne le supplia de guérir sa fille tourmentée du Démon. Le Christ rejeta d'abord ses prières ; elle insista et s'adressa aux apôtres, qui intercédèrent vainement pour elle. La Cananéenne, prosternée aux pieds de Jésus, n'en obtint que des refus plus affligeans que les premiers ; mais la tendresse maternelle la faisoit agir, et un tel sentiment ne se rebute pas. Elle redoubla ses instances avec tant d'ardeur et d'humilité que Jésus s'écria enfin : *O femme! votre foi est grande ; qu'il soit fait comme vous désirez.*

Louis Carrache s'est pénétré des principales circonstances de ce fait pathétique, et les a exprimées non moins en homme sensible qu'en grand peintre. La mère affligée est à genoux ; son regard, sa bouche entrouverte, ses mains jointes sur sa poitrine, expriment, comme tout le reste de son attitude, l'humilité et la confiance. La figure du Christ est encore plus savamment pensée. Sa main droite étendue vers la Cananéenne , annonce qu'il exauce ses ardentes prières ; tandis que de l'autre il tient son manteau, et que sa démarche indique la fin de l'instant précédent, où il vouloit éloigner de lui cette suppliante. Il n'appartient qu'à de très-grands maîtres de réunir ainsi des circonstances fugitives, et de satisfaire l'imagination dans un art qui n'a qu'un moment à saisir. Les groupes des apôtres sont disposés d'une manière très-pittoresque. Derrière le Christ, l'un d'eux est encore à genoux, pour intercéder en faveur de la Cananéenne; deux autres sont attentifs à la résolution que prend leur maître. Sur un plan éloigné se voit un groupe de trois apôtres, dont l'un instruit ses compagnons de l'événement. Les deux derniers enfin, plus éloignés encore du spectateur, s'entretiennent de ce qui attire l'attention de tous.

Ces diverses figures, à commencer par les deux principales, sont exécutées d'une manière large, pour le goût de dessin et pour les draperies. Le coloris a la simplicité qui convient à un sujet religieux, et le paysage enrichit convenablement la scène. Il est seulement à regretter que ce tableau ait poussé au noir; soit, comme l'a remarqué Lanzi, de quelques autres ouvrages du même peintre, par la mauvaise impression de la toile, ou par un trop grand emploi de l'huile; soit enfin que l'artiste, avant de peindre, n'ait pas attendu que cette impression fût assez sèche.

Ce tableau vient de la Galerie Sampieri à Bologne, dont il étoit considéré comme un des plus capitaux. Nous n'en connoissons point d'estampe.

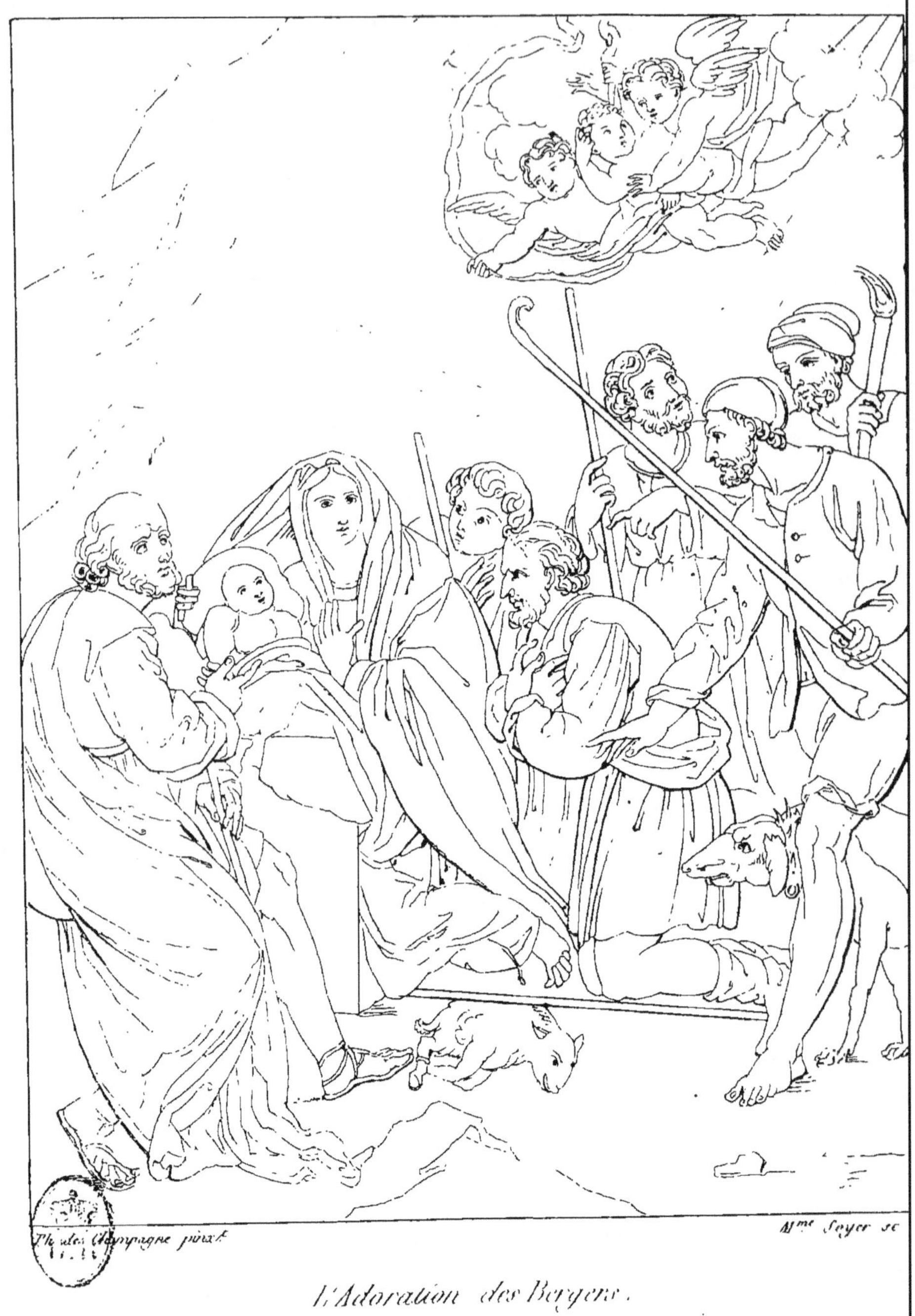

L'Adoration des Bergers.

1602〰〰〰〰〰〰〰〰〰〰〰〰〰〰〰〰〰〰〰〰〰1674.

L'ADORATION DES BERGERS.

Tableau de la galerie de Lucien Bonaparte, peint sur toile. Figures de moyenne grandeur.

Ce peintre naquit à Bruxelles, et passa la plus grande partie de sa vie à Paris où il mourut : aussi les biographes sont-ils incertains s'ils doivent le placer dans l'École Flamande ou dans l'École Françoise. Peu importent ces classifications, lorsqu'un artiste a mérité d'être compté au nombre des maîtres habiles ; et tel fut Philippe de Champagne. Le sujet de cette composition ne pouvoit être mieux choisi, sous quelques rapports, par un peintre qui, possédant plusieurs parties importantes de l'art, manqua souvent d'élévation dans les pensées et dans le dessin. Des pâtres, des hommes d'une nature commune, devoient être bien représentés par lui. Comme la plupart des peintres flamands il savoit rendre la nature avec une grande exactitude. Sa couleur est vraie, solide ; sa distribution des lumières et des ombres laisse peu de chose à désirer : mais on chercheroit vainement dans ses productions ce grand caractère, cet idéal qui corrige les défectuosités du modèle. Ainsi, dans ce tableau, le groupe des bergers n'offre rien de répréhensible. On ne peut même reprocher à la figure de Saint Joseph que de ne pas prendre une part assez directe à l'action ; mais la Vierge et l'Enfant Jésus ne sont pas tels qu'un artiste pénétré de son sujet les auroit représentés. La mère du Christ est à genoux près du berceau de son Fils; cette attitude, juste et vraie, étoit consacrée par l'exemple de la plupart des artistes du moyen âge et du beau temps de la peinture en Italie ; mais elle suffit pour démontrer que Champagne a eu tort de ne donner aucune expression déterminée à la figure de la mère du Sauveur. Accoutumé à rendre les modèles qu'il avoit sous les yeux, il s'est contenté de faire un simple portrait.

Ce sujet a été traité plusieurs fois par Philippe de Champagne. L'autel de la Vierge, dans la cathédrale de Rouen, possède une composition préférable à celle-ci dans son ensemble. Les groupes y sont mieux balancés ; les deux figures principales y attirent plus l'attention du spectateur; mais le mérite de l'exécution n'y est point supérieur. En général, on peut assimiler Philippe de Champagne à ces écrivains qui, sans s'élever très-haut, sont toujours sûrs de ne pas échouer, et obtiennent ce que l'on est convenu d'appeler un succès d'estime.

Ce dernier mot convient d'autant mieux, lorsque l'on parle de cet artiste, qu'il fut pendant toute sa vie un homme pieux, modeste, et de mœurs irréprochables. Il donna un jour de cette modestie une preuve qui mérite d'être conservée. Le cardinal de Richelieu lui fit proposer la place de premier peintre du roi; Champagne ne s'en crut pas digne et la refusa. « Tout ce que je demande-rois à son éminence, répondit-il, ce seroit de devenir plus habile dans mon art que je ne le suis ; mais comme un pouvoir, même aussi grand que le sien, n'y parviendroit pas, je me contente de demeurer son dévoué serviteur. »

Les figures de ce tableau sont de moyenne grandeur. Il n'en existe qu'une mauvaise gravure à l'eau-forte, qui n'a pas même le mérite de l'exactitude : elle est signée *J. Morin*.

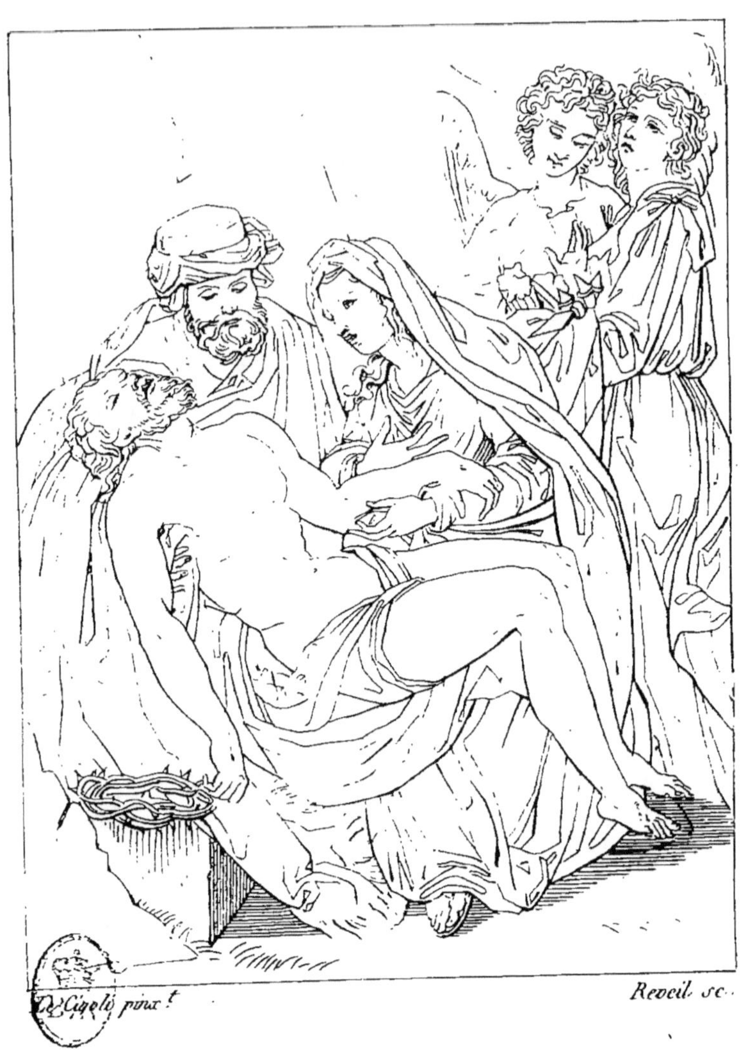

Descente de Croix.

DESCENTE DE CROIX.

Tableau de la Galerie de Florence.

Hauteur 6 pieds 4 pouces, largeur 7 pieds 4 pouces et demi.

Louis Cardi dit le Cigoli ou Civoli, du nom d'un château en Toscane où il naquit, fut élève, selon Baglioni,
d'Alexandre Allori, ou selon Lanzi, Baldinucci et autres,
de Santi di Tito. Mais les leçons qu'il reçut de ses premiers
maîtres, contribuèrent bien moins à lui procurer ce talent
original qui lui valut une juste célébrité, que ses études
d'après les chefs-d'œuvres de Michel-Ange, du Corrége,
d'André del Sarte, du Pontorme et du Baroche. Le Cigoli
heureusement né, fut à la fois peintre, architecte,
musicien, poëte, sculpteur et graveur. Il est aussi auteur
d'un traité de perspective, resté manuscrit, et que
l'on conserve dans la bibliothèque de Florence. Ses
plus beaux titres à la gloire, sont : le tableau de Saint
Pierre, guérissant un boiteux à la porte du Temple, qu'il
fit pour le basilique de Saint Pierre de Rome; celui de
l'*Ecce homo* (1), qu'il peignit en concurrence avec le
Passignani et Michel-Ange de Caravage (2), concours

---

(1) Ce tableau qui, du palais Pitti fut apporté en France, a
été gravé dans les Annales du Musée, tome 8, planche 2ᵐᵉ. Il est
retourné à Florence.

(2) Et non pas avec le célèbre Michel-Ange et le Baroche,
comme l'a avancé l'auteur du texte de la Galerie de Florence
publié par Masquelier; car Cigoli n'avoit que six ans lorsque
mourut Michel-Ange Buonarroti; et le Baroche ne paroît point
avoir été du nombre des concurrens.

dans lequel il obtint l'avantage; et la Descente de Croix qui fait le sujet de cet article. On y trouve un grand caractère de dessin, des extrémités bien rendues, une grande connoissance de l'anatomie, un pinceau large et moelleux, enfin, des airs de têtes nobles, expressifs et d'une vérité parfaite. On admire surtout dans ce dernier tableau, l'expression douloureuse de la Vierge, qui n'ôte rien à la noblesse de ses traits. La tristesse attentive de Nicodème et des Anges n'est pas moins bien rendue : à ces beautés du premier ordre, ce tableau joint encore un effet très-savant de clair-obscur.

Il a été gravé par *Massard*, pour la Collection de Masquelier sur la Galerie de Florence.

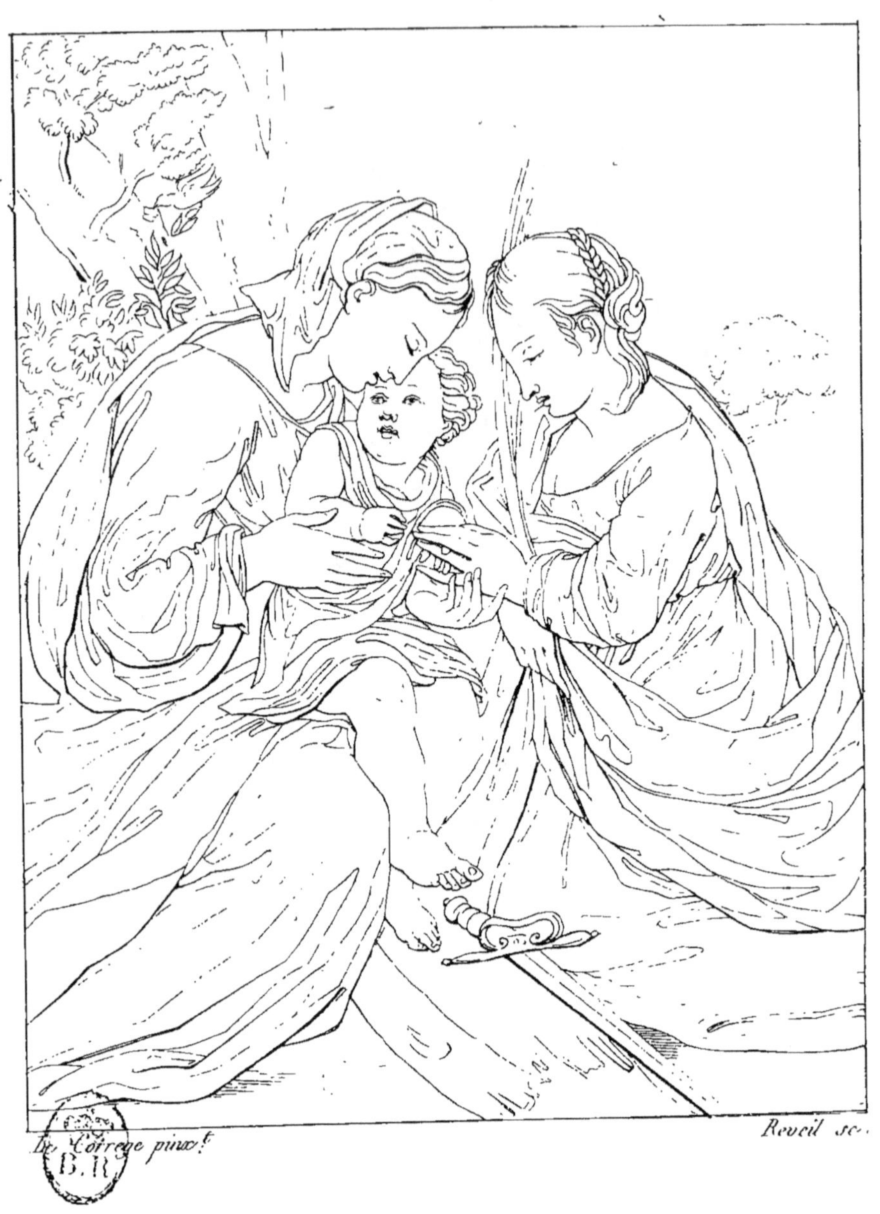

Le Corrège pinx.t   Reveil sc.

Mariage mystique de Ste Catherine.

LE MARIAGE DE SAINTE CATHERINE.

Tableau de la Galerie de l'Ermitage, peint sur bois.

Hauteur 11 pouces, largeur 8 pouces 5 lignes.

Ce sujet est un de ceux que les peintres anciens se sont plu à représenter, non parce qu'il offre une circonstance remarquable de la vie d'une Sainte très-célèbre, puisque l'on n'est d'accord ni sur le lieu ni sur l'année ou Sainte Catherine reçut le martyre, et que ses fiançailles avec Jésus seroient au moins un anachronisme, mais parce qu'il offroit à la peinture un sujet extrêmement gracieux.

Le Corrége, doué d'un esprit doux et délicat, qui lui fit toujours rejeter ce qui étoit trop expressif, ou trop prononcé, pour ne voir que le gracieux et le suave, ne pouvoit choisir un sujet plus analogue à son talent. Aussi le peignit-il jusqu'à trois fois. Le Musée du Louvre possède un tableau, gravé par *Pican*, qui représente ce mariage mystique. M. Landon l'a publié dans ses *Annales du Musée*, tome 6, planche 62. Il en existe encore un à Naples, que *Capellan* a gravé. Ce dernier n'est qu'une répétition de celui de la Galerie de l'Ermitage, il n'est composé que de trois figures.

La Vierge présente à son fils la main de Sainte Catherine. Déjà Jésus lui tient le doigt, mais avant d'y placer l'anneau nuptial, il lève les yeux sur sa mère, comme pour lui demander son aveu. Rien n'est plus simple, plus gracieux, plus vrai, plus séduisant que ce groupe délicieux. Divin Corrége! peintre inimitable! toi seul pouvois donner à ces trois figures ce charme inexprimable qui captive tous les suffrages, et commande le silence au critique le plus sévère! L'effet harmonieux que produisent la robe pourpre et la draperie bleue qui composent le vêtement de la Vierge, et la robe jaune tendre dont Sainte Catherine est habillée, mérite beaucoup d'éloges; mais ce qui ajoute singulièrement au mérite de ce tableau, c'est la fraîcheur du coloris, et l'effet heureux de clair-obscur qui détache le visage de la Vierge de celui de Jésus.

Ce tableau fit autrefois partie de la célèbre Galerie de Modène, dans laquelle étoient aussi les fameux tableaux de Saint Georges, de Saint Jean Baptiste, de Saint Roch, et plusieurs autres du même artiste, qui ornent aujourd'hui la Galerie de Dresde, et que nous ferons connoître: Il fut donné au comte de Bruhl par le duc de Modène à l'époque où il céda sa Galerie à Auguste III, roi de Pologne. La Galerie du Palais-Royal en possédoit une copie peinte sur bois par Louis Carrache, à peu près dans la dimension de l'original, 11 pouces sur 8 pouces. Il a souvent été gravé, parce qu'on l'a toujours considéré comme un des plus beaux tableaux du Corrége. Les plus belles estampes connues sont celles de *P. E. Moitte*; de *G. Mantuan*, qui l'a gravé deux fois; de *Mercati*, avec la date de Rome, 1620. etc.

Ce tableau a aussi été gravé sur bois et en quatre planches, pour imiter le camaïeu. Cette estampe est attribuée à *Hugo da Carpi*. Il en existe encore un camaïeu de plus grande dimension par *Antonio da Trento*.

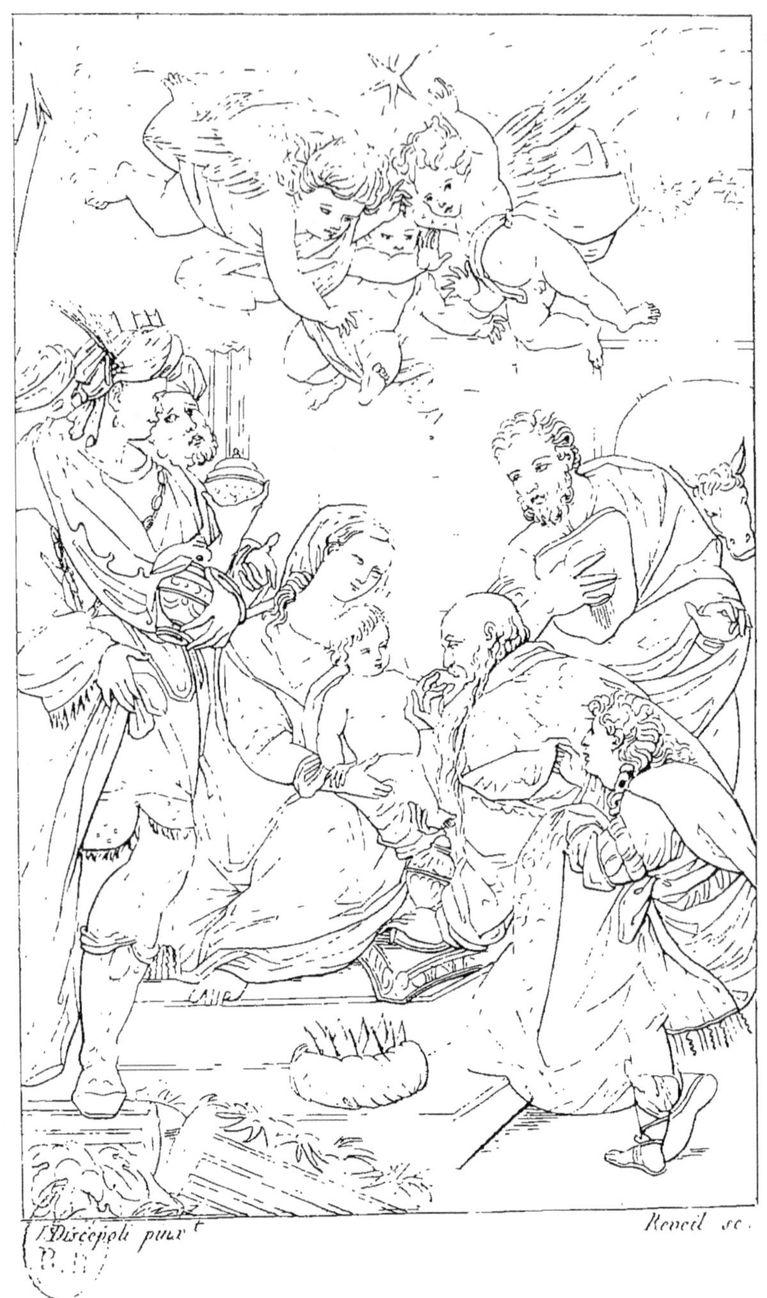

Adoration des Mages.

1590~~~~~~1660.

L'ADORATION DES MAGES.

Tableau de la Galerie de Milan.

Hauteur 8 pieds 6 pouces, largeur 5 pieds 6 pouces.

L'auteur de ce tableau est peu connu. Selon Orlandi, *Discepoli*, appelé aussi *Zoppo da Lugano*, il s'attacha à la manière de Proccacini, et s'en fit un style particulier qui plaît par l'élégance des figures et l'excellence du coloris. Le même auteur ajoute, d'après un manuscrit, que Discepoli mourut, l'an 1660, à l'âge de soixante-dix ans. Lanzi loue aussi le coloris de cet artiste.

Discepoli tient à la quatrième époque de l'École milanaise. C'étoit un temps de décadence : très-peu de peintres purent s'en préserver, et la dissension qui se mit entre eux contribua fortement à les rendre inférieurs à leurs devanciers. Leur Académie fut fermée pendant vingt ans. Discepoli mérita cependant alors d'être distingué des artistes ses contemporains, et produisit un assez grand nombre d'ouvrages recommandables. Le tableau dont on donne ici le trait est un de ses meilleurs.

Peu de sujets ont été aussi souvent traités que celui de l'Adoration des Mages. Les peintres, se conformant à une tradition vulgaire, les ont représentés comme des rois, quoique d'habiles critiques aient prouvé qu'il ne se trouve pas dans l'Evangile un seul mot qui puisse autoriser cette assertion. Ce n'est pas ici le lieu de discuter ce point, qui, du reste, ne tient en rien au dogme. Discepoli a suivi la route tracée, et adopté un sentiment favorable à l'art. Son principal mérite a été de ne pas se traîner d'une manière servile sur les traces d'autrui. L'ensemble de sa composition est pittoresque, le pinceau facile, et le coloris assez vigoureux pour mériter les éloges qu'Orlandi et Lanzi ont donnés à ce maître.

L'ouvrage cependant offre quelques-uns de ces défauts palpables qui tiennent à une école dégénérée, où l'on abandonne l'étude de la nature pour se livrer à des caprices qui ne sont pas toujours heureux. Par exemple, le petit Ange placé immédiatement au-dessus de la tête du Roi maure, est dessiné avec une extrême négligence. Au premier coup d'œil, sa jambe et sa cuisse gauche semblent appartenir au côté droit de la figure, tandis que la jambe et la cuisse droites, ne s'attachant nullement au corps, semblent être une superfétation, un de ces jeux de la nature, que les naturalistes caractérisent avec raison par le nom de *monstruosités*.

Tout choquant qu'est un tel défaut, il ne doit point empêcher de rendre justice aux belles parties de ce tableau. Il provient de l'église supprimée de Milan, dite de Saint Marcellin.

On n'a point gravé d'après ce maître, du moins la Bibliothèque Royale ne possède aucune estampe d'après lui.

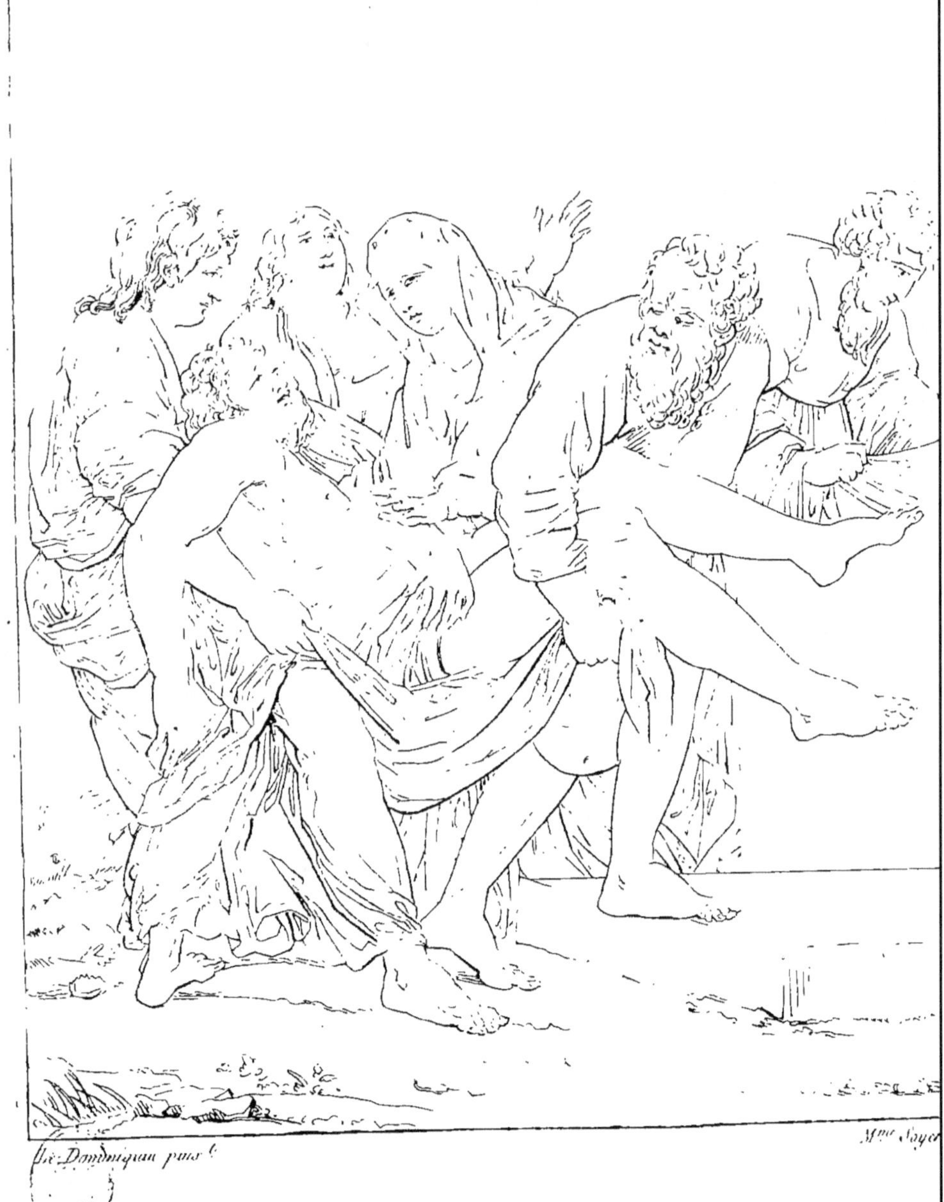

Le Christ au tombeau.

1581~~~~~~1641.

LE CHRIST AU TOMBEAU.

Tableau de la galerie royale de Berlin, peint sur toile.

Hauteur 5 pieds , largeur 4 pieds 2 pouces.

Le Dominiquin, docile aux leçons d'Annibal Carrache, son illustre maître, a rarement introduit un grand nombre de figures dans ses compositions. Il sut, presque toujours, avec peu de moyens, produire de grands effets , et jamais ne mérita le reproche qu'on fit à Lanfranc, son camarade d'étude et son ennemi , de s'être plus attaché à surprendre le spectateur par des effets de lumière extraordinaire , la disposition de ses groupes pittoresques et nombreux, pour produire ce qu'on peut appeler du *fracas* en peinture , qu'à exprimer son sujet avec simplicité, précision, justesse et vérité.

Le tableau du Christ au Tombeau qui se voit à Berlin , réunit presque toutes les belles parties de l'art. La composition en est admirable. Avec six figures, dont une accessoire est sacrifiée dans l'ombre, le Dominiquin a rendu nettement et complètement cette scène de douleur. Il a donné à chaque personnage la pose , le caractère, l'âge et l'expression qui lui convient. Son dessin est partout aussi pur que correct; et, sous ce rapport , les jambes et surtout les pieds du Christ méritent les plus grands éloges. Néanmoins toutes les parties de ce tableau ne sont pas également belles; le coloris a poussé au noir; le fond ainsi que les ombres sont devenus si vigoureux, et les figures ont un tel relief, qu'on seroit tenté, au premier aspect, d'attribuer cette production au Caravage. Mais lorsqu'on examine attentivement ces beaux airs de tête, cette correction de dessin, ce pinceau coulant, et tant d'autres beautés qui brillent dans cette peinture, et dont les productions de ce dernier maître n'offrent aucun exemple, on n'est plus indécis sur le nom de son véritable auteur. Le temps, il est vrai, a apesanti sa main destructive sur ce tableau; mais celle des restaurateurs lui a été encore plus funeste, en en voulant faire ressortir quelques parties qui se perdoient dans le fond. La main gauche du Christ, et celle du disciple qui étend un linceuil sur le tombeau, ont évidemment été restaurées. L'une paroît un peu forte, l'autre est absolument difforme. Quant à la tête de Saint Jean, dont le caractère manque de noblesse, il n'est aucun artiste qui ne s'aperçoive qu'elle a presque entièrement été repeinte. Si un accident majeur a nécessité cette restauration, on doit regretter qu'elle n'ait pas été confiée à quelqu'un de plus habile; mais si ce tableau n'avoit besoin, comme on peut le croire, que de légers raccords, et que la maladresse ou l'inexpérience du restaurateur l'ait engagé à couvrir de ses mauvais repeints des parties qui n'en avoient pas besoin, pourquoi ne les feroit-on pas disparoître, et ne chargeroit-on pas un artiste expérimenté du soin de rendre à l'art un de ses principaux chefs-d'œuvres ?

Ce tableau a été gravé à la manière noire par *Freidhoff*. Son estampe se fait remarquer par un beau dessin et un effet assez d'accord avec celui de la peinture.

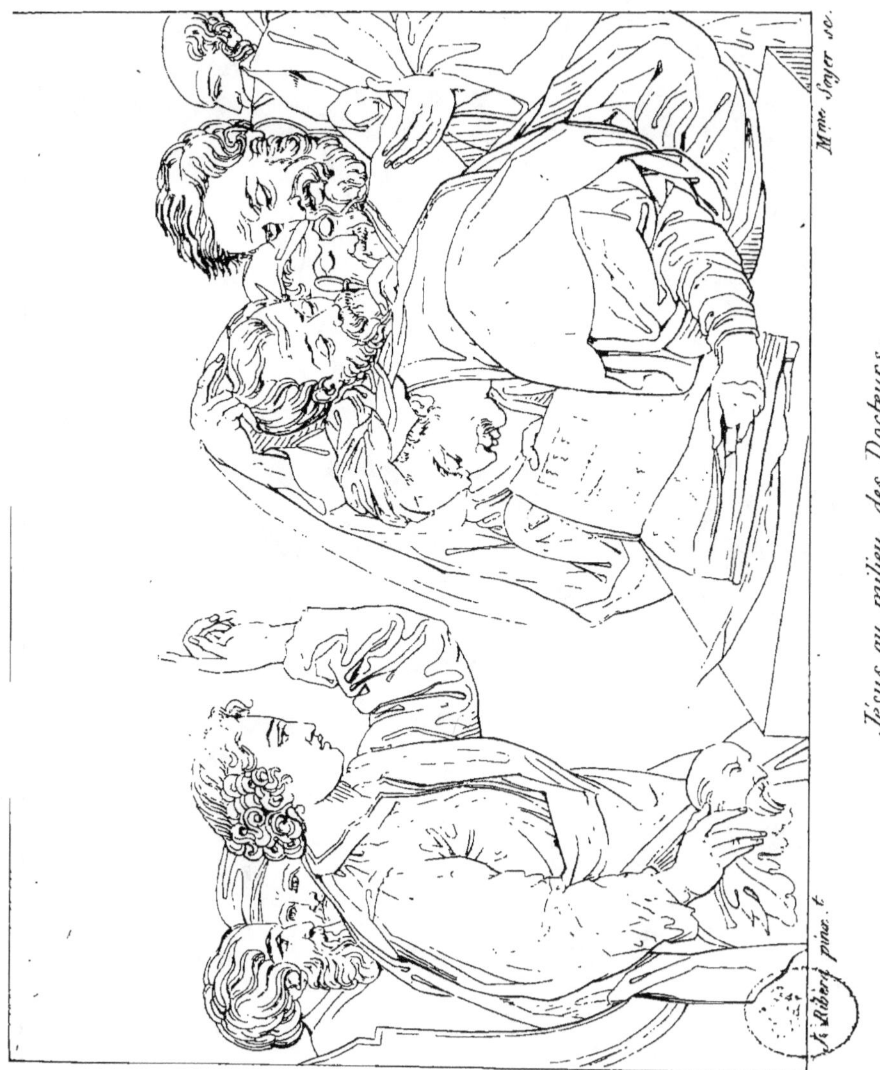

Jésus au milieu des Docteurs.

JÉSUS AU MILIEU DES DOCTEURS.

*Tableau de la Galerie de Cleveland-House à Londres,
peint sur toile.*

Hauteur 3 pieds 9 pouces, largeur 5 pieds 3 pouces.

Quoiqu'en disent les Italiens, Joseph Ribera qu'ils sur-nommèrent l'Espagnolet, n'est point né en 1593, à Galli-poli dans le royaume de Naples, mais le 12 janvier 1588, à Xativa, aujourd'hui Saint Philippe, ville d'Espagne voisine de Valence. Le marchand de tableaux Le Brun assure du moins avoir vérifié ce fait pendant son séjour en Espagne. Il faut avouer cependant que si Ribera appartient à l'école espagnole par sa naissance, les Italiens peuvent avec raison le revendiquer. Car, non-seulement ce peintre vint fort jeune en Italie, et y passa le reste de ses jours, mais il dut à ce pays l'avantage d'avoir eu de bonne heure sous les yeux d'excellens modèles. Malheureusement, son choix ne fut pas toujours bien dirigé. Il quitta l'étude des ouvrages de Raphaël et des Carraches, pour ceux du Caravage, dont la manière avoit pour lui tant de charmes, qu'il s'estima heureux d'être admis au nombre de ses élèves. Ribera jouit peu de cet avantage, car il n'avoit que vingt ans lorsque le Caravage mourut; néanmoins, toutes ses productions sont empreintes de la manière vicieuse de son maître, dont les défauts principaux sont : un goût particulier pour les sujets horribles, un mauvais choix de nature, l'opposition subite du clair et de l'ombre, sans dégradation ménagée, enfin un dessin plus prononcé que correct.

Lorsque Ribera fit le voyage de Parme, exprès pour voir des peintures du Corrége, il fut tellement enthousiasmé du grand goût de dessin, de la beauté des expressions, de la suavité et de l'heureuse harmonie du coloris de ce maître, qu'il copia avec le plus grand soin toute sa célèbre coupole. Aussi, les premiers tableaux qu'il fit à Rome, à son retour de Parme, étonnèrent-ils tous les artistes. Mais les changemens heureux qui venoient de s'opérer dans son style et son coloris, ne furent que passagers. Son goût naturel, ou, comme on s'accorde à le dire, sa jalousie pour les succès du Dominiquin, le fit revenir à la manière du Caravage, espérant que sa force exagérée feroit paroître fades les peintures de son redoutable concurrent. Au reste, le style de Ribera fut constamment moins sec et moins dur que celui de son maître et son dessin plus correct.

Il existe plusieurs tableaux de l'Espagnolet représentant Jésus au milieu des Docteurs. Ils ne diffèrent que par la dimension des figures. Le prince Léopold Guillaume en possédoit un à Bruxelles, qui n'avoit pas moins de sept pieds de haut sur dix pieds de large. Il en existe une bonne estampe exécutée par *J. Toyen*. Peut-être est-ce le même qui se voit à Vienne, et que *J. Fischer* a gravé en 1793. Celui que nous publions fit autrefois partie de la célèbre Galerie du *Palais-Royal*. Il se fait remarquer par la vérité des expressions, la correction du dessin, un pinceau large et vigoureux, et une exactitude d'imitation qui n'ôte rien à la hardiesse de la touche.

Dans l'estimation qui servit de base à la vente de cette Galerie, ce tableau ne fut porté qu'à 2000 francs. *Ch. Levasseur* l'a gravé dans une moins grande dimension que les deux estampes désignées ci-dessus.

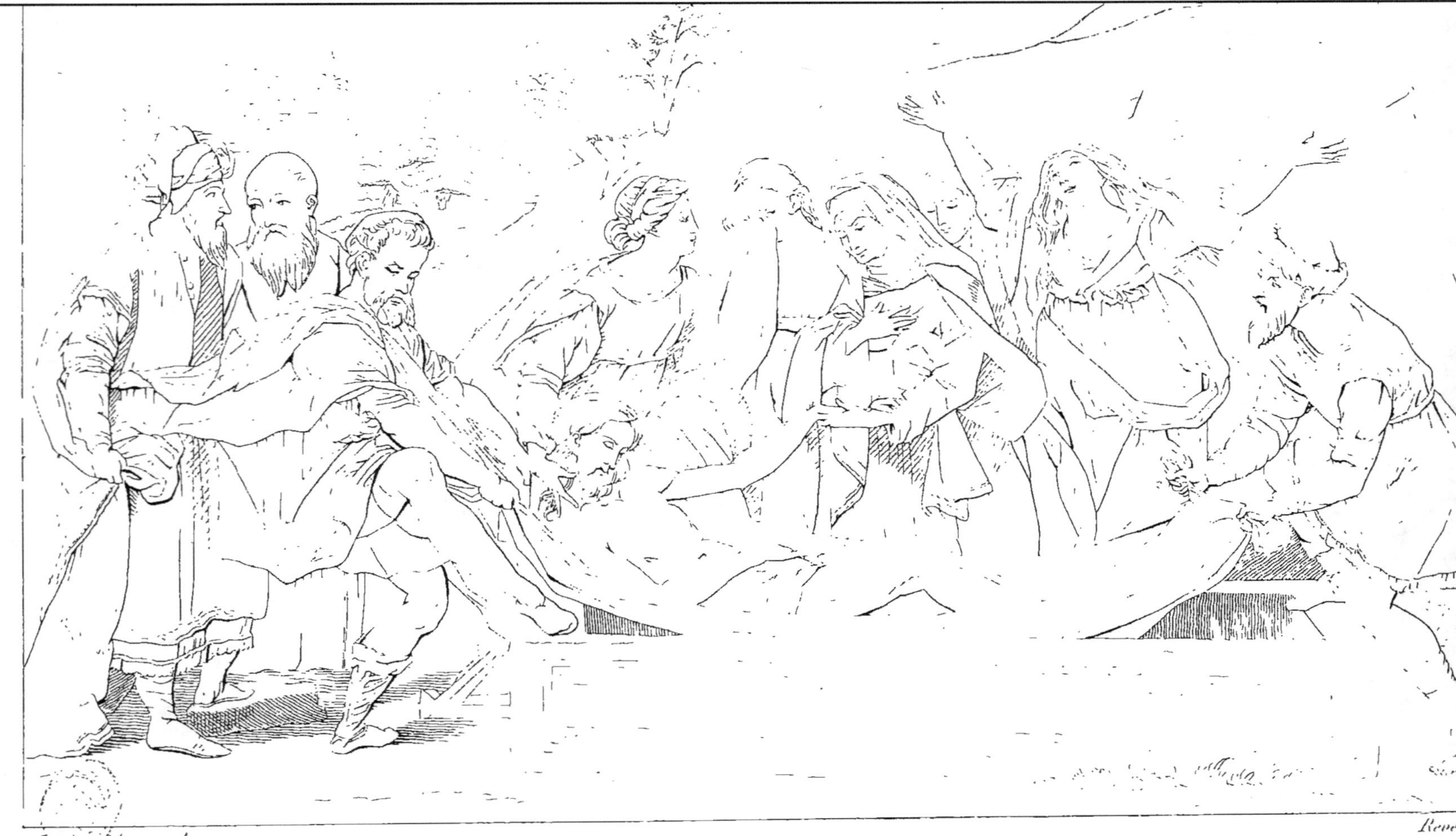
Bt. Garofalo pinxt
Le Christ au tombeau
Reveil

LE CHRIST AU TOMBEAU.

Tableau de la Galerie de l'Ermitage, peint sur bois.

Hauteur 1 pied 7 pouces 6 lignes, largeur 2 pieds 2 pouces 3 lignes.

Il ne suffit pas, comme la plupart des jeunes artistes sont disposés à le croire, de s'éloigner de la voie commune pour mériter des éloges, il faut encore que la marche que l'on substitue à celle qui a été tracée par les grands maîtres, soit avouée par le bon goût et la raison.

Ici, le Garofalo, pour avoir voulu être original, a mérité le blâme, en adoptant un parti qui blesse les convenances. Son groupe principal, celui qui fait le sujet du tableau, au lieu d'être composé des personnages les plus nobles, ne nous présente que deux serviteurs soutenant le corps de Jésus avec des linceuls et le descendant dans la tombe, tandis que Joseph d'Arimathie, Nicodème et Saint Jean, qui devroient s'occuper particulièrement de ce saint office, ne sont que des figures accessoires. Ils prennent même une si foible part à l'action, qu'il faut les chercher pour les trouver. Joseph surtout, en costume oriental moderne, seroit méconnu si le peintre n'avoit placé près de lui Nicodème, que sa tête vénérable et d'un beau caractère indique suffisamment. Quant à Saint Jean, il faut soupçonner que l'intention de l'artiste a été de l'admettre dans sa composition, pour le voir dans la figure qui essuye ses larmes avec son manteau.

On se tromperoit cependant, si de ce que nous venons de dire, on concluoit que ce tableau est une production médiocre. Le nombre des beautés qu'on y remarque, est suffisant pour lui mériter une distinction honorable.

Marie est un chef-d'œuvre d'expression et de sentiment. Immobile et comme anéantie par l'excès de sa douleur, elle considère son fils, dont elle tient une des mains, et semble ne rien voir, ne rien entendre de ce qui se fait ou se dit autour d'elle. Cette figure, sagement pensée, établit un heureux contraste avec celle de la Madeleine, qui, moins maîtresse des mouvemens de son cœur, s'abandonne au plus violent désespoir.

Nous n'ajouterons rien à ce que nous avons déjà dit de Saint Jean, que le peintre a placé entre la Vierge et le jeune homme en robe d'un violet clair qui soutient la tête du Christ, mais nous vanterons cette dernière figure, dont le caractère est admirable, et digne de Raphaël.

Le Garofalo s'est montré grand coloriste dans ce tableau, en formant l'ensemble le plus brillant et à la fois le plus harmonieux, d'une réunion de couleurs plus vives les unes que les autres. Joseph d'Arimathie est vêtu d'une robe jaune clair, sur laquelle est passée une autre robe bleu foncé ; un manteau pourpre, dont il tient un des pans de la main droite, retombe sur son épaule gauche ; son turban est d'étoffe rouge vif entouré de mousseline. La robe de Nicodème est verte, ainsi que celles de Saint Jean et de la Madeleine ; celle de la Vierge est ponceau et son manteau bleu. Au mérite du coloris, ce tableau joint un bon goût de dessin, des draperies bien jetées, et surtout une naïveté d'expression qu'on ne retrouve, le plus souvent, que dans les bons ouvrages de la renaissance de l'art.

Ce tableau n'a point été gravé.

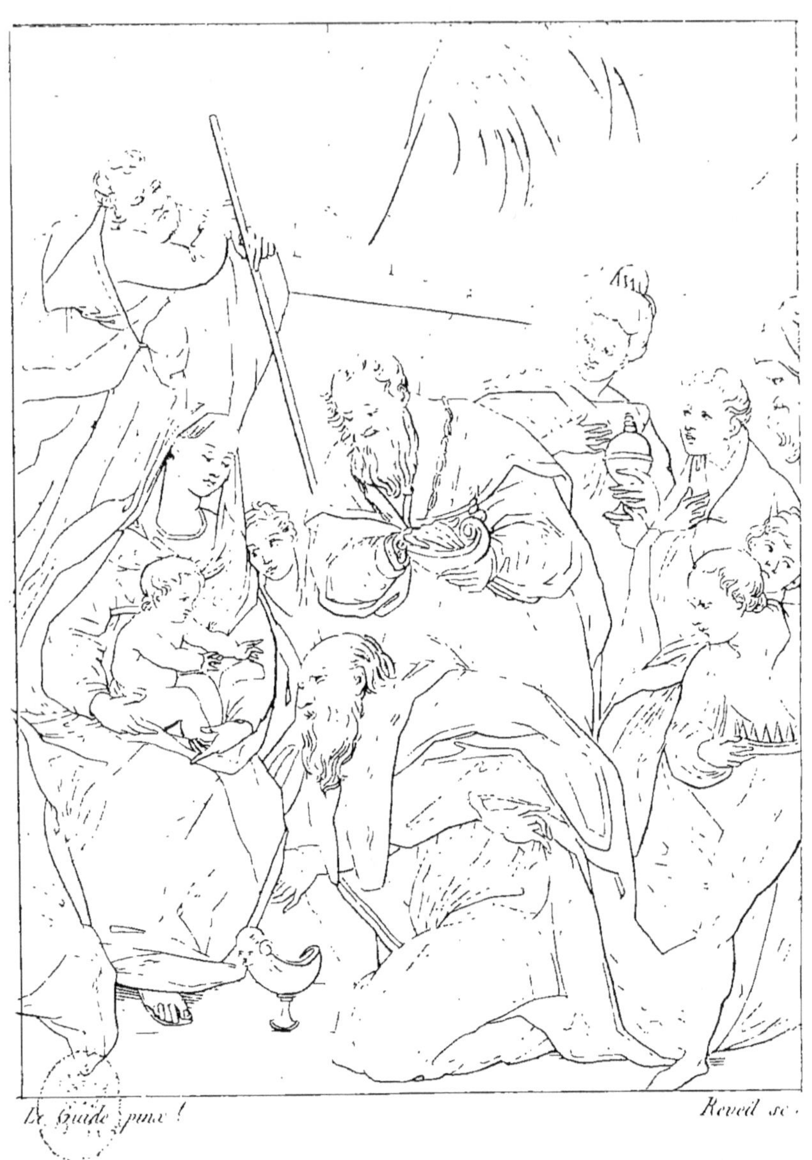

Adoration des Mages.

L'ADORATION DES MAGES.

Tableau de la Galerie de l'Ermitage, peint sur toile.

Hauteur 1 pied 3 pouces 3 lignes, largeur 11 pouces 6 lignes.

Le sujet de l'Adoration des Mages ou des Rois, a été traité par un si grand nombre d'artistes, que, pour éviter de ressembler à leurs prédécesseurs, beaucoup de peintres se sont écartés du type donné par l'Ecriture sainte, et ont introduit dans leur composition des circonstances que désavoue la vérité historique.

Le Poussin, ce sévère observateur des convenances, est un de ceux qui ont le mieux rempli toutes les conditions de ce sujet. Dans trois tableaux différens, dont un a été gravé par *Antoine Morghen*, pour le *Musée François*, et les deux autres par *Picault* et *Thiboust*, il a représenté les Mages à genoux, et adorant tous à la fois le Sauveur du monde. Cette manière de rendre l'adoration est, sans contredit la plus respectueuse, la plus vraisemblable, et surtout la plus conforme au texte de l'évangile ; car Saint Matthieu dit que les Mages étant entrés dans le lieu où étoit l'enfant, *ils se prosternèrent et l'adorèrent.*

Le Guide est d'autant plus blâmable de s'être écarté de la route tracée par les premiers artistes qui représentèrent ce sujet, que l'adoration successive des Mages, en admettant, ce qui est au moins douteux, que les Mages fussent des rois, n'est pas celle qui convenoit dans cette circonstance, parce qu'elle refroidit l'action ; et qu'un Roi à genoux, tandis que les autres, debouts, semblent attendre pour se prosterner à leur tour, présente à l'esprit quelque chose d'inconvenant qui diminue pour eux la considération que tous devroient inspirer à un égal degré.

Il ne résulte pas de nos observations que ce tableau du Guide soit une production foible. Elle renferme des beautés majeures, qui lui assureront à jamais une place distinguée, non-seulement parmi les bons ouvrages de son auteur, mais entre ceux des premiers maîtres de l'art.

La figure du Mage à genoux est du plus beau caractère; et son humilité profonde ne lui fait rien perdre de sa majesté. Le groupe de la Vierge et de l'enfant Jésus, objet de l'adoration, et sur lequel tous les yeux sont portés, est d'un sentiment exquis. L'aimable pudeur empreinte sur tous les traits de cette tendre mère, qui semble se soustraire aux hommages qui lui sont adressés, pour les reporter tous sur son divin fils, est au-dessus de tout éloge. Enfin, Jésus, tendant les bras aux Mages qui viennent l'adorer, les accueille avec un charme qu'il n'appartenoit qu'au Guide de concevoir et d'exprimer.

Le Guide a fait preuve de goût en plaçant dans l'éloignement ce roi nègre, qu'une tradition vulgaire l'a autorisé à admettre dans sa composition, et dont les traits et la couleur ne prétoient pas à une expression aussi noble que celle des figures du premier plan.

Ce tableau n'a point été gravé.

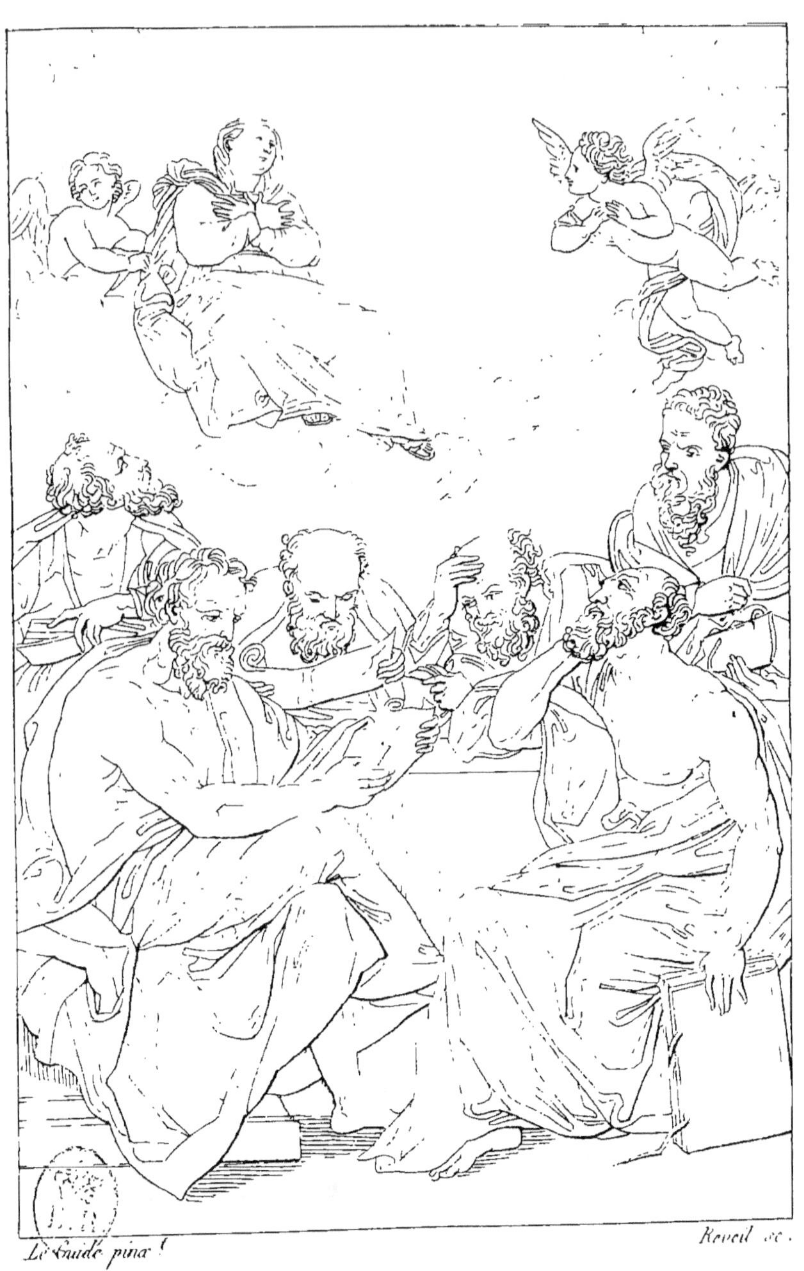

Les Docteurs de l'Église en consultation.

LES DOCTEURS DE L'ÉGLISE EN CONSULTATION.

Tableau de la Galerie de l'Ermitage, peint sur toile.

Hauteur 7 pieds 4 pouces 5 lignes, largeur 5 pieds 7 pouces.

Le sujet de ce tableau ne fut certainement pas choisi par le Guide. Ce peintre avoit trop de discernement pour vouloir rendre ce qu'il n'appartenoit pas à la peinture d'exprimer. Comment, en effet, faire connoître le but de cette fameuse assemblée, tenue vers la fin du quatrième siècle pour confirmer la vérité théologique de l'*Immaculée Conception*, contre laquelle quelques Docteurs de l'église élevoient des doutes.

Quelles que soient les difficultés que le Guide eût à surmonter, il les a si heureusement vaincues, qu'on ne soupçonne pas les efforts qu'il eut à faire pour les aplanir. Par une sublime inspiration de son génie, ce peintre, après avoir représenté les Docteurs plongés dans la plus profonde méditation et prêts à prononcer, sur un sujet au-dessus de la sagesse humaine, fait descendre du ciel la Vierge elle-même, qui, vêtue d'une robe éclatante de blancheur, symbole de sa pureté, croise ses mains sur sa poitrine, lève les yeux vers l'éternel, et invoque son témoignage. Cette apparition frappe directement Saint Jérôme, un des plus zélés défenseurs du saint mystère de l'Immaculée Conception, et est aperçue d'un autre vieillard. Les autres Docteurs réfléchissent sur cet étonnant mystère.

Ce tableau, un des plus célèbres du Guide, prouve que cet artiste ne réussissoit pas seulement dans la représentation des figures de femmes, d'enfans ou d'Anges. Il n'est pas un de ces vieillards dont l'expression, le caractère, le dessin et le coloris ne soient admirables. La figure de Saint Ambroise enveloppée d'une draperie jaune, changeant en rouge, est de la plus grande beauté ; et celle de Saint Jérôme, que couvre un large manteau pourpre, est d'une telle perfection, qu'elle seroit seule un titre à la célébrité pour un peintre qui n'auroit rien produit de plus. Mais ce qui ajoute singulièrement au mérite de ce tableau, c'est l'effet piquant et lumineux du groupe céleste, dont le Guide a profité pour donner aux figures de ses Docteurs une savante variété de coloris.

Ce tableau passa de la collection du marquis d'Angeli, dans celle de Robert Walpole, qui le céda à Catherine II. Il en existe une estampe de grande dimension, supérieurement gravée par *Guillaume Sharp*, élève de Bartolozzi, et une autre moins bien exécutée par *J. Frey*.

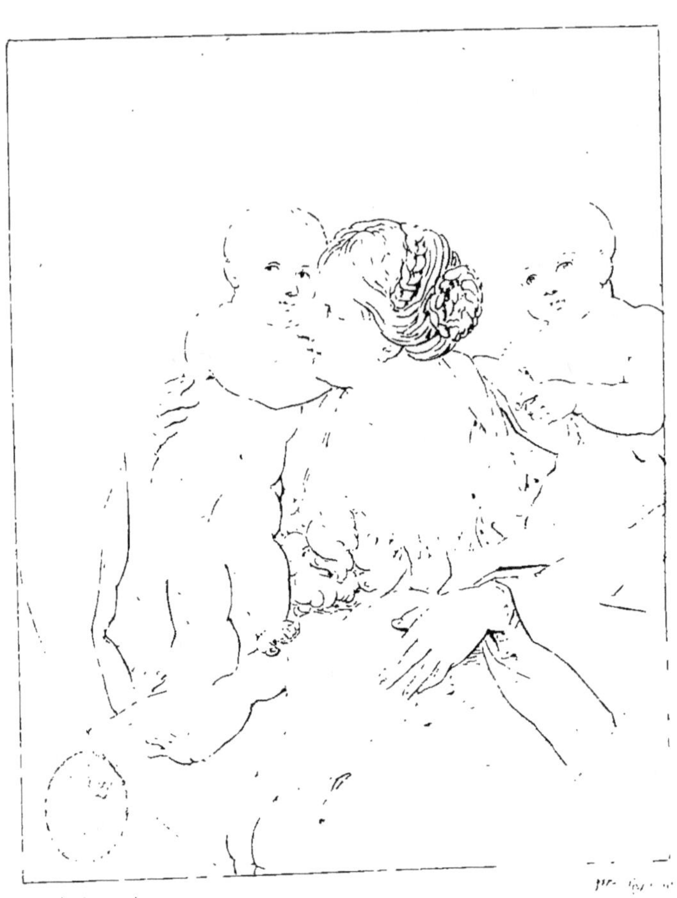

La Charité

1575〰〰〰〰〰〰〰〰〰〰〰〰〰〰〰〰1642.

LA CHARITÉ.

Tableau de la galerie de Florence, peint sur toile.

Hauteur 3 pieds 5 pouces sur 4 pieds 8 pouces de large.

Dans le tableau des trois vertus théologales que nous avons vu au Musée du Louvre, et qui provenoit de l'Église de Saint Francesco à Pérouse, Raphaël a représenté *la Charité* sous les traits d'une jeune femme, recevant dans ses bras plusieurs enfans qu'elle presse sur son sein (1). Il a traité ce sujet avec toute la grâce, la correction et la noble simplicité qui distinguent les productions de son meilleur temps. Mais ce tableau n'est qu'une grisaille qui se détache sur un fond vert; il ne peut même passer que pour une esquisse non terminée. On doit donc excuser le Guide d'avoir osé traiter ce même sujet après un si grand maître.

Il s'est approprié, il est vrai, l'idée de Raphaël, mais il l'a présentée sous un nouvel aspect. *La Charité*, cette vertu commune à toutes les religions, à tous les âges, à tous les pays, est ici caractérisée par une jeune mère allaitant un enfant et en tenant un autre dans ses bras, tandis qu'un troisième, appuyé sur son épaule désire également avoir part à ses tendres soins.

Sous le rapport de la composition, ce tableau ne peut être comparé à celui de Raphaël; mais, quel air noble et

____

(1) Voyez Annales du Musée, tome 5, pag. 6.

gracieux le Guide à su imprimer à cette jeune mère, et quel charme dans ces figures d'enfans! C'est dans la représentation de semblables sujets qu'il faut chercher le mérite particulier de cet illustre élève des Carraches.

Le coloris de ce tableau semble tenir à l'époque où le Guide étudioit le Caravage. Les ombres en sont un peu noires et le ton général tire trop sur le vert.

L. S. Klauber, qui a gravé ce tableau pour la suite de Masquelier, est loin d'avoir réussi à donner même une foible idée de la perfection des têtes du Guide; sous ce rapport son estampe est très-médiocre.

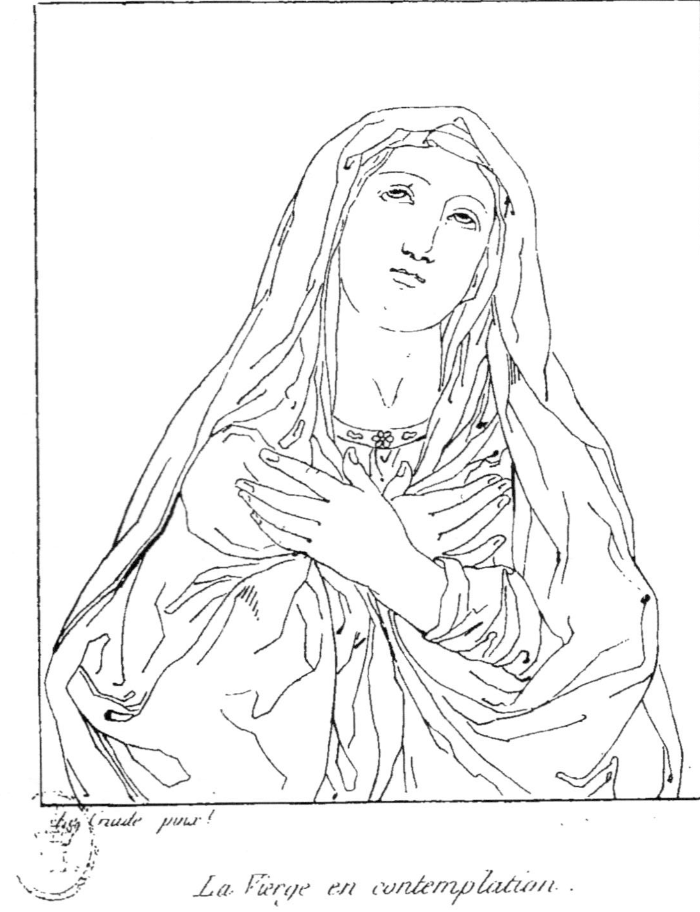

Le Guide pinx.t
La Vierge en contemplation.

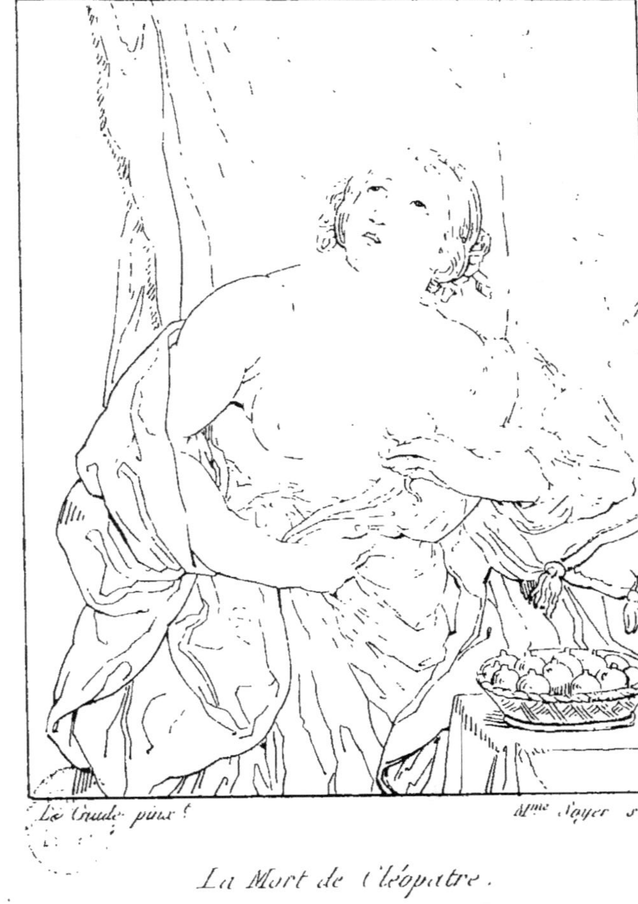

Le Guide pinx.t
Mme Soyer sc.
La Mort de Cléopâtre.

1575〜〜〜〜〜〜〜〜〜〜〜〜〜〜〜〜〜〜〜〜〜〜〜1642.

LA VIERGE EN CONTEMPLATION.

Tableau de la galerie de Florence.

Hauteur 4 pieds 3 pouces 6 lignes, largeur 2 pieds 1 pouce 6 lignes.

Le Guide ne pouvoit se lasser d'admirer et d'étudier le célèbre groupe antique de Niobé et ses enfans, qui se voit à Florence, et ce fut, comme il l'a souvent avoué lui-même, sur ce chef-d'œuvre de sculpture grecque qu'il forma son style. Cette Vierge en contemplation est une des nombreuses preuves à l'appui de ce fait, on l'a toujours regardée comme une belle imitation de l'épouse infortunée d'Amphion. Mais avec quel art le génie du Guide a su, sans altérer les formes de la Niobé, la transformer en une vierge céleste absorbée dans une divine extase !

Les carnations, l'azur du manteau, le jaune transparant du voile, la robe de pourpre et enfin le fond sur lequel se détache la figure, s'accordent parfaitement pour ne paroître former qu'un ton général et argentin dont il résulte la plus suave harmonie.

La main droite de la Vierge est défectueuse sous le rapport du dessin et de l'exécution. Il n'est pas rare de trouver de semblables négligences, même dans les plus célèbres ouvrages du Guide.

Dom. *Cunégo* a gravé en 1776, une autre Vierge du Guide très-semblable à celle-ci et qui se trouvoit à Rome dans la collection Bolognetti. Celle de la galerie de Florence, a été gravée pour Masquelier par *Et. Beisson.*

MORT DE CLÉOPATRE.

Tableau de la galerie de Florence.

Hauteur 3 pieds 10 pouces 5 lignes, largeur 3 pieds 1 pouce.

Le Guide a particulièrement réussi à peindre les figures de femmes, les anges, les enfans. La netteté et la fraîcheur de ce ton argentin, qui distinguent les productions de son meilleur temps, sont parfaitement propres à ces objets et ne contribuent pas peu à la beauté et à la délicatesse extraordinaire de ses ouvrages. Peu de peintres ont su mieux que lui former un bel ensemble d'une seule figure à mi-corps. Il savoit donner à ses draperies un jet noble et facile, établir d'heureux contrastes entre les membres et les draperies et varier ses lignes de manière à former du tout une composition complète et agréable à l'œil.

Sa Cléopâtre, sous le rapport de la composition pittoresque, peut être considérée comme un excellent modèle; le coloris est inférieur à celui de la Vierge dont on a parlé dans l'article précédent; quoique cette Cléopâtre soit peinte dans la plus vague manière du maître, l'expression de la tête est digne de la haute réputation du Guide. Les effets de la douleur n'y ont rien d'exagéré et l'amante de Marc-Antoine conserve cette sérénité qui convient à son grand courage.

Gravé par *Noël Lemire*, pour la collection de Masquelier.

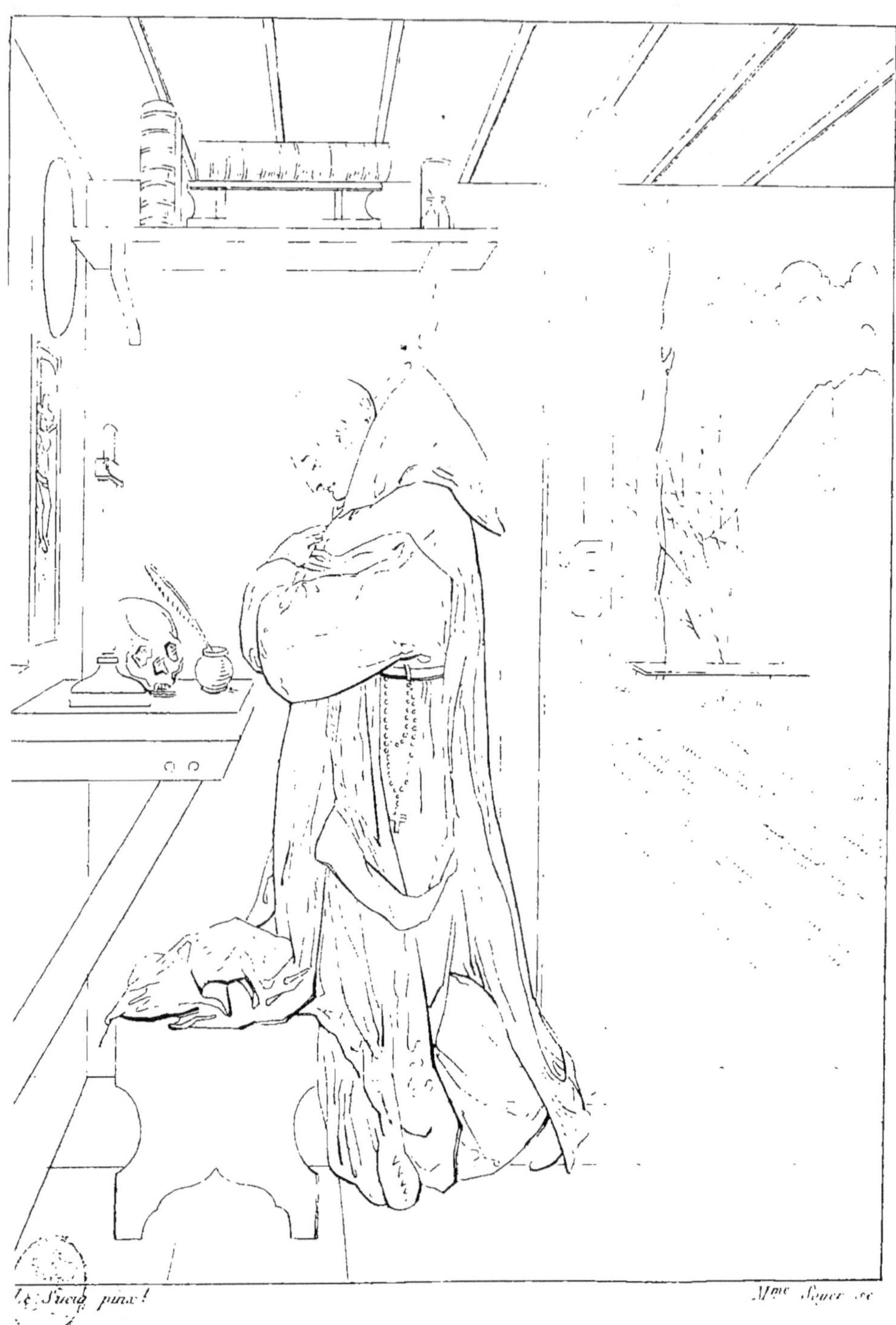

St. Bruno dans sa Cellule.

1617 ～～～～～～～～～～～～～～～～～～～～～～～～ 1655.

SAINT BRUNO DANS SA CELLULE.

Tableau de la Galerie du Château Royal de Berlin,
peint sur toile.

Hauteur 6 pieds 6 pouces, largeur 4 pieds 6 pouces.

Divin Le Sueur! Ce n'est pas sans raison que les François se plaisent à voir en toi leur Raphaël. La nature de ton génie et de ton talent, la douceur et la simplicité de tes mœurs, ta modestie, la briéveté de ta vie, la noblesse même de tes traits, ne te donnent-ils pas une singulière ressemblance avec le prince des peintres? Ne suffit-il pas pour motiver ce surnom flatteur aux yeux de l'Europe, de montrer ton tableau de St. Paul prêchant à Ephèse; celui de St. Gervais et St. Protais allant au martyre; ces muses et ces amours étendant leur pouvoir sur toute la nature, enfin cette merveilleuse suite de tableaux où, sans avoir vu l'Italie et n'ayant que ton seul génie pour guide, tu as su retracer avec grâce, dignité, vraisemblance, et avec un raisonnement aussi juste qu'élevé, la vie du fondateur de l'ordre des Chartreux, de ce St. Bruno, dont aucun peintre avant toi ne s'étoit encore occupé? Le fameux Lebrun, dont tu obscurcissois la gloire, et qui ne pouvoit voir tes succès sans envie, ne s'écria-t-il pas devant chacun de tes tableaux des Chartreux : que cela est beau! que cela est bien peint! que cela est admirable! Digne émule de Raphaël! non-seulement lorsque tu vivois, l'envie et l'ignorance critiquèrent tes ouvrages, mais, après ta mort, des barbares se livrèrent, à l'égard de ces mêmes tableaux des Chartreux, à des excès aussi odieux que lâches et justement rappelés à l'indignation de la postérité par Voltaire, dans son discours sur l'*Envie.*

> « Qu'elle était votre erreur, ô vous peintres vulgaires,
> » Vous rivaux clandestins, dont les mains téméraires,
> » Dans ce cloître où Bruno semble encor respirer,
> » Par une lâche envie ont cru défigurer
> » Du Xeuxis des français les savantes peintures ;
> » L'honneur de son pinceau s'accrut par vos injures ;
> » Ces lambeaux déchirés en sont plus précieux :
> » Ces traits en sont plus beaux ; et vous plus odieux. »

Le tableau de St. Bruno dans sa Cellule, qui se voit à Berlin, fut peint pour Bernard de Roze ; il peut soutenir la comparaison avec celui de la Chartreuse de Paris, tant pour la justesse de l'expression, l'attitude simple et vraie du pieux Solitaire, que pour la vérité de l'ensemble et le choix heureux des détails et des accessoires. A la vue de ce tableau, le spectateur ne peut se défendre d'un sentiment de mélancolie. En effet, ce silence absolu qui règne autour de St. Bruno, ce sablier qui lui sert à compter des heures trop lentes à s'écouler, cette tête de mort, ces arbrisseaux desséchés et privés de verdure, ne présentent-ils pas la peinture la plus frappante de l'oubli des choses d'ici-bas et la sublimité des pensées du fervent Cénobite.

Nous ne connoissons aucune gravure de ce tableau.

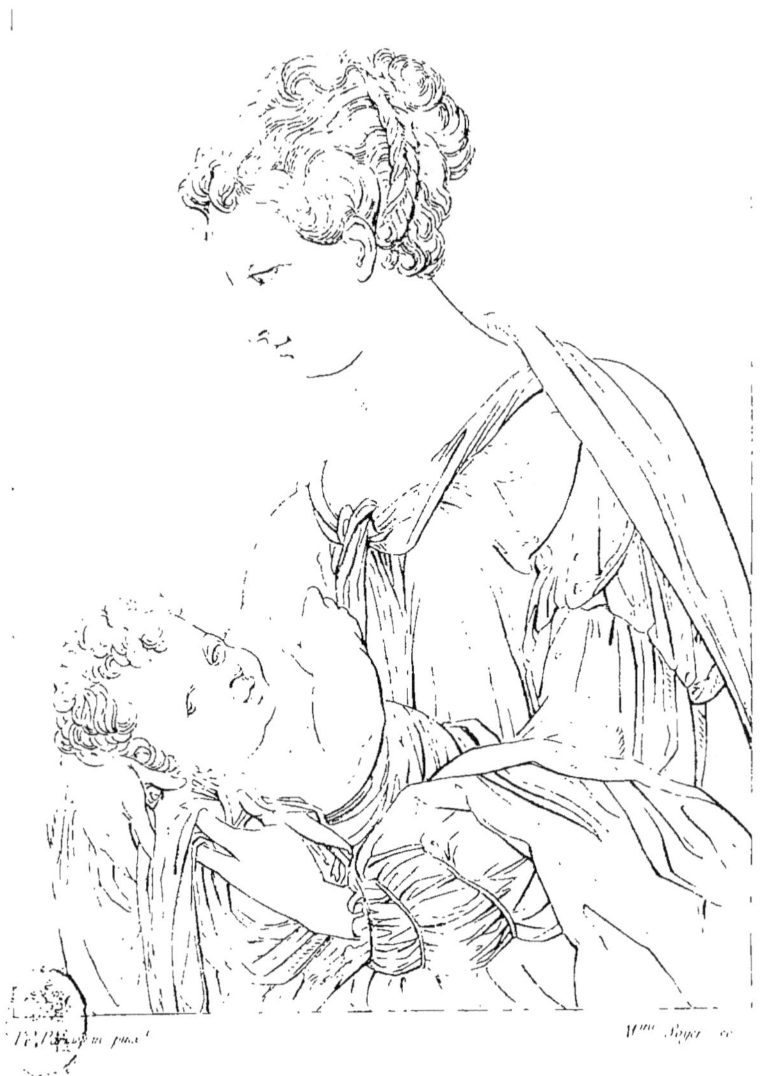

La Vierge et l'Enfant Jésus.

1503 ~~~~~~ 1540.

LA VIERGE ET L'ENFANT JÉSUS.

Tableau de la galerie de Florence, peint sur bois.

Hauteur 16 pouces, largeur 12 pouces.

Toutes les parties de ce petit tableau respirent les grâces qui naissoient sans effort sous l'aimable pinceau du Parmesan. On les retrouve surtout dans la figure de la Vierge. Son attitude est noble, son visage exprime la modestie et une angélique simplicité, mais en même temps l'air de tête, les proportions du col et les mains méritent les reproches que l'on a souvent adressés à l'artiste. Le premier a quelque chose de bizarre; les autres ont un peu trop de longueur, sans toutefois être incorrectes. La tête de l'Enfant Jésus n'a pas moins de grâce que celle de la Vierge : elle est franchement peinte dans la manière du Corrège et il est évident que le Parmesan exécuta ce tableau dans sa jeunesse, lorsqu'après avoir étudié dans sa patrie cet admirable modèle, il n'avoit pas encore modifié son style par l'étude des chefs-d'œuvres de l'école Romaine.

Le coloris de ce tableau est parfaitement entendu quant à l'effet général. L'habile peintre en a adouci les teintes locales comme s'il eût craint de blesser l'œil par trop d'éclat et de détruire ainsi les douces sensations qu'il vouloit inspirer aux spectateurs.

Ce qui augmente singulièrement le prix de ce petit

tableau, et le distingue de tant d'autres du même maître, représentant le même sujet, c'est qu'ici le Parmesan a su être gracieux sans affectation, franc et ferme dans la touche sans la moindre dureté, modération qui lui a souvent manqué dans l'exécution de tableaux plus capitaux et plus renommés. Aussi est-il arrivé que les connoisseurs les ont moins estimés que ses dessins.

Il existe une grande conformité d'exécution entre le tableau dont nous donnons le trait et la fameuse composition que le Parmesan acheva en 1527 à l'âge de 24 ans. Ce dernier ouvrage représentant la Vierge, St. Jean et St. Jérôme, avoit été long-temps dans la maison Bufalini à *Citta di Castello*. Il a depuis passé en Angleterre.

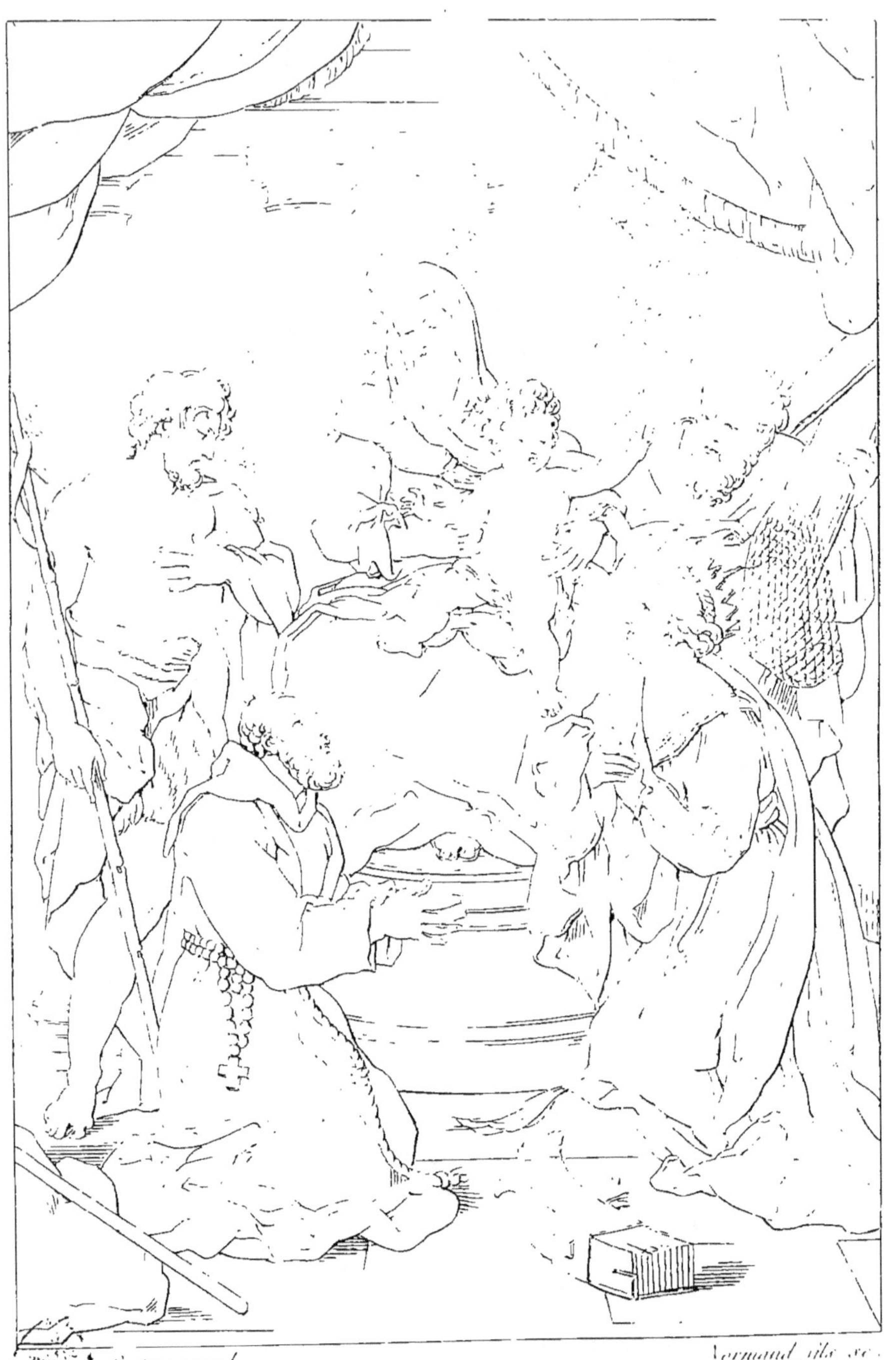

La Vierge, Jésus, S.t Joseph, S.t Jean Baptiste, S.t André et S.te Hélène.

F. Berrettini dit Pietre de Cortone.

Ecole Florentine.

1596~~~~~~~~~~~~~~~~~~~~~~~~~~~~~~~~~~~~1669.

LA VIERGE, L'ENFANT JÉSUS, SAINT JEAN-BAPTISTE, SAINT ANDRÉ ET SAINTE HÉLÈNE.

Tableau de la galerie de Milan, peint sur toile.

Hauteur 9 pieds, largeur 6 pieds 3 pouces.

Florence doit à Léonard de Vinci et à Michel-Ange sa plus grande gloire dans la peinture. Ce furent ces deux illustres artistes qui jetèrent les fondemens d'une École si justement célèbre. « Son mérite personnel, dit Lanzi, » et, pour ainsi dire, son patrimoine, fut la science du » dessin. » Mais cette École eut, comme toutes les autres, ses époques de décadence et de retour vers le bon goût. Piètre de Cortone appartient à la dernière ou à la cinquième de ces époques. On peut le considérer comme le fondateur d'une manière nouvelle, et en même temps comme le dernier des célèbres artistes de cette École.

Une habile opposition de groupes et de figures, un caractère ferme dans les femmes et les enfans, des ombres toujours légères, une architecture bien tracée, des effets de lumière piquans, des compositions remplies de personnages, dont quelquefois plusieurs sont sans action; un grand art dans la disposition des figures; en un mot, tout ce qui peut surprendre, et si l'on peut dire éblouir les yeux; tel est en général le style de ce peintre; style dangereux, difficile à imiter, qui conduiroit des disciples maladroits à la bizarrerie, la négligence et l'affectation, style enfin auquel les juges sévères n'accordent des éloges qu'avec des restrictions nombreuses.

Les propriétés de ce style se font remarquer dans le tableau qui fait le sujet de cet article. Des groupes bien disposés, d'heureux contrastes, des oppositions savamment ménagées, un bon effet de clair-obscur, de la franchise dans les teintes, un pinceau facile ; telles sont les qualités distinctives de cette production du Cortone, qui laisse à désirer plus d'exactitude dans les draperies et un plus beau choix de têtes. Les cheveux, et principalement ceux de l'Enfant Jésus, sont un peu lourds, défaut qui tient à la trop grande facilité du peintre, et à la précipitation avec laquelle il exécutoit ses ouvrages.

Ce tableau fut long-temps placé dans l'église des Capu-cins de la Mandola, dans le royaume Lombard-Vénitien. Il n'a pas été gravé.

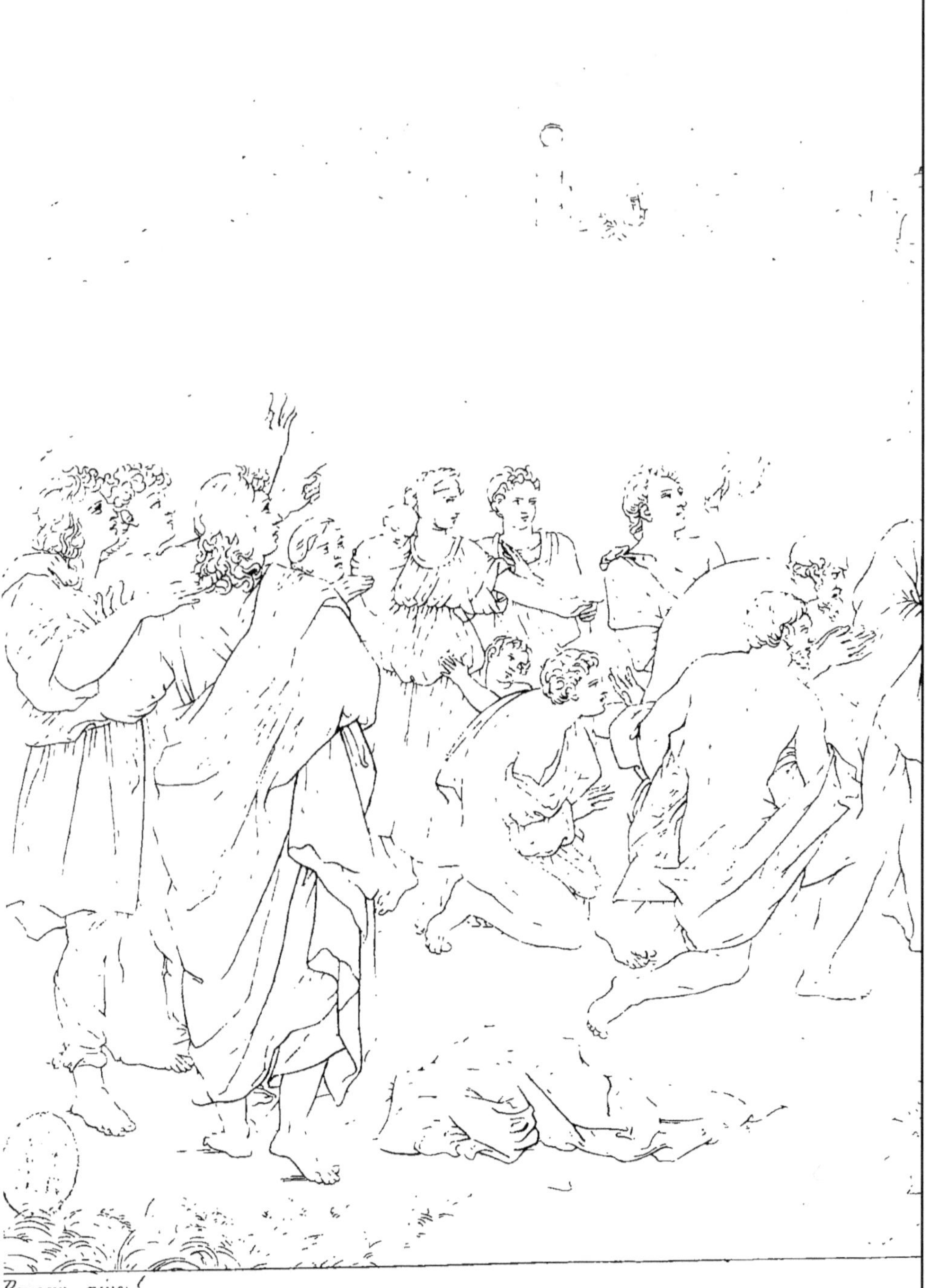
Poussin pinx.

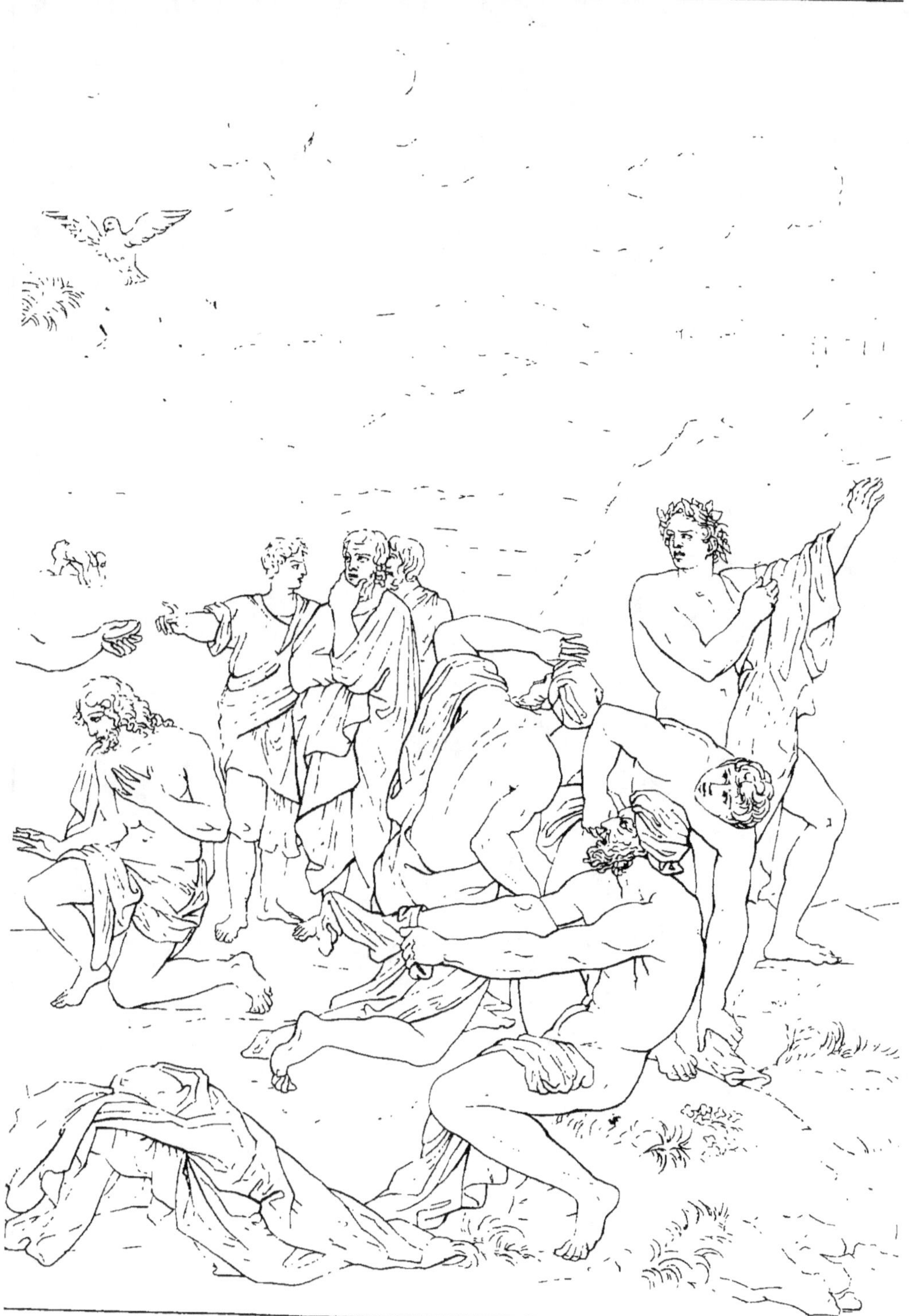
Reveil sc

LE BAPTÊME.

Tableau de la Galerie du comte de Stafford, Cleveland-House à Londres, peint sur toile.

Hauteur 3 pieds 8 pouces, largeur 5 pieds 5 pouces.

Le mérite éminent des sept Sacremens que le Poussin peignit pour le commandeur *Cassiano del Pozzo*, a été proclamé par tous les historiens de l'art. Ils nous ont appris que ne pouvant se résoudre à se copier et moins encore à se voir copier par une main étrangère, le Poussin préféra peindre une seconde fois ces mêmes Sacremens sur de nouvelles compositions, qui ne furent ni moins neuves ni moins sublimes que les premières, lorsque M. de Chanteloup, maître d'hôtel de Louis XIII, lui en demandoit seulement une répétition. Pourquoi faut-il que des événemens qu'on ne peut se rappeler sans gémir, aient privé la France de ces immortels chefs-d'œuvres, l'honneur et la gloire de l'Ecole françoise ! L'Angleterre qui saisit avec empressement toutes les circonstances dont elle peut tirer quelque avantage, possède présentement ces deux suites célèbres. Celle du commandeur *del Pozzo*, qu'on voyoit à Rome en 1784 dans la maison du marquis Bocca Paduli, fait aujourd'hui partie de la Collection du duc de Rutland. Il la conserve dans son château de Belvoir, avec quantité de productions remarquables des premiers artistes de l'école anglaise. Celle de M. de Chanteloup, après avoir fait

long-temps partie de la précieuse collection réunie par
le duc d'Orléans régent, fut cédée au comte de Stafford,
par lord Gower, l'un des acquéreurs de cette Galerie
dite du *Palais - Royal.* Quoique l'on sache que les
tableaux qui la composoient aient été vendus à très-bas
prix, on n'apprendra pas sans surprise, que les sept
Sacremens payés 120000 fr., par le régent, ne furent
portés qu'à 70000 fr., dans l'estimation qui précéda la
vente de sa collection.

Le prince de Conti possédoit des copies de ces mêmes
Sacremens qui furent achetées à sa vente pour 3000 fr.
Nous pensons que ce sont les mêmes qui furent rap-
portées d'Amérique en France, il y a quelques années,
et que le propriétaire prétendoit être les originaux. Les
amateurs qui les ont vues à Paris, ont été loin de partager son avis.

Le tableau du Baptême dont nous donnons la gravure,
fut terminé vers la fin de l'année 1646. Ici, le Poussin,
toujours profond dans l'art d'exposer sa pensée, vrai
dans l'expression générale de ses sujets et grand observateur des convenances, a exprimé avec une clarté
merveilleuse la marche successive de l'action qu'il avoit
à représenter, et le spectateur saisit sans le moindre
effort d'imagination, ce qui a précédé comme ce qui
a suivi le Baptême de Jésus. Sur la droite de la composition, les Juifs occupés à reprendre leurs vêtemens,
indiquent, par cette action, qu'ils viennent d'être bap-
tisés, et que Jésus à qui Saint Jean verse l'eau sur la tête
est venu là, comme le rapporte l'évangile, « pendant
» que son précurseur prêchoit le baptême de la repen-
» tance pour la rémission des péchés, et baptisoit sur
» les bords du Jourdain, tous ceux qui se présentoient

» à lui. » La colombe qui descend vers le rédempteur,
rappelle cet autre passage de l'évangile, où il est dit :

« Lorsque Jésus eut reçu le baptême, et pendant
» qu'il prioit, le ciel s'ouvrit, et le Saint Esprit des-
» cendit sur lui sous une forme corporelle, comme une
» colombe. Alors une voix du ciel se fit entendre, et
» prononça ces paroles : Tu es mon fils bien-aimé, en
» qui j'ai mis toute mon affection. »

Les diverses sensations que causent cette apparition
subite et la voix qui l'accompagne, jettent une intéressante
variété dans les physionomies de tous les assistans ; les uns
restent immobiles d'étonnement ; d'autres se jettent aux
pieds de Jésus, et l'adorent ; plus loin, trois jeunes
hommes qui forment un groupe admirable, fixent leurs
regards surpris sur le Saint Esprit ; d'autres enfin dis-
courent ou réfléchissent sur cet événement extraordinaire. Il n'est pas une de ces figures qui soit étrangère
au sujet, et dont le geste ou l'expression ne serve au
développement de la pensée de l'artiste. Les tableaux
du Poussin ont un mérite qu'on ne sauroit leur contester ; c'est celui d'offrir souvent à l'observateur instruit,
des beautés qui, malgré le talent avec lequel elles sont
rendues, ne sont pas aperçues ou senties par la majeure
partie des amateurs de peinture. Aussi le Poussin
a-t-il reçu le surnom glorieux et unique dans les fastes
de l'art, de peintre de la raison et des gens d'esprit.
Son tableau du Baptême pourroit nous fournir plus d'une
preuve de ce que nous avançons ; nous citerons seulement
celle-ci : le groupe des trois personnages qui adorent
Jésus, est heureusement disposé, les attitudes en sont
naïves et variées, le dessin en est correct et soutenu ;
toutes ces beautés n'échappent pas même aux demi-

connoisseurs. Mais ce que tous n'ont pas remarqué, c'est l'intention que le Poussin a eu d'exprimer trois nuances différentes dans le même sentiment qui anime ces trois personnages. A la pose, aux mains jointes et à l'expression de la figure du vieillard, on voit qu'il adore de cœur, et que son esprit est absorbé dans cette seule pensée. L'homme de moyen âge, au contraire, tout en se prosternant, semble réfléchir sur le prodige dont il est témoin, et chercher à s'assurer si c'est bien le messie qui est devant ses yeux. Enfin, le jeune adulte qui offre l'image du respect le plus profond et de l'adoration la plus franche, manifeste de plus ce vif sentiment de curiosité, si naturel à son âge.

Après avoir admiré la savante ordonnance de ce tableau, si l'on en examine chaque groupe ou même chaque figure en particulier, on trouvera partout le peintre habile, l'homme de génie, le philosophe et l'historien exact. Nous n'entreprendrons point de passer en revue toutes les parties de cette vaste composition. Les bornes de cet article ne peuvent nous le permettre; nous vanterons seulement le groupe de Jésus et de Saint Jean, admirable par la noble humilité du Sauveur et l'expression respectueuse de son précurseur. Il nous servira à démentir ceux qui, comme Raphael Mengs, prétendent que le Poussin a manqué généralement les figures principales de ses tableaux. Ici, le coloris du Poussin est plus doux et plus brillant que dans ses autres peintures; de son temps même on parut surpris qu'il eût ainsi dérogé en quelque sorte à l'austérité habituelle de son goût, qui lui avoit concilié tant de partisans. Il fit à cette espèce de reproche une réponse victorieuse : elle se trouve dans une lettre écrite à un de ses amis; « que

» pour lui il ne chante pas toujours sur le même ton,
» qu'il sait varier sa manière suivant les différens sujets,
» et que la médisance et la répréhension l'ont toujours
» engagé à mieux faire. »

Les tableaux de ce maître ont le mérite particulier
de nous transporter au temps dont ils représentent quelques faits, et sous ce rapport, ils seront à jamais des
modèles excellens pour les artistes qui voudront se conformer aux coutumes des anciens. Cependant, un de ces
hommes qui se font gloire de trouver quelque chose à
reprendre dans une production reconnue pour être un
chef-d'œuvre, a prétendu que le Poussin avoit eu tort
de représenter Saint Jean versant l'eau sur la tête du
Sauveur, parce que chez les Juifs, le baptême, dont
l'usage remontoit à une très-haute antiquité, se con-
féroit par immersion, ainsi que le pratique encore
l'église grecque. L'objection de ce critique peut être
fondée, mais dès qu'il refuse la plus légère licence aux
peintres, il devoit nous faire connoître l'instant précis
que le Poussin auroit dû choisir, en se conformant à
l'usage général, pour produire un effet équivalent à celui
qui place ce tableau parmi les chefs-d'œuvres de son
auteur.

Un reproche qu'on a généralement fait au Poussin, est
de s'être approprié la plupart des beautés éparses dans les
productions de ses prédécesseurs, et de les avoir repro-
duites dans ses tableaux, avec si peu de différence, qu'au
premier aspect, on peut citer de quel tableau, et surtout de quel bas-relief, telle ou telle figure est tirée. Il
y a certainement de l'exagération dans cette inculpation,
mais elle n'est pas toujours dénuée de vérité ; néanmoins,
les figures qu'on pourroit lui contester sont si judicieu-

sement employées, elles semblent tellement appartenir
au sujet représenté, elles ont un tel accord avec celles
qui les avoisinent, qu'elles sont devenues sa propriété,
par cela seul qu'on ne pense pas qu'il eût pu leur en substi-
tuer d'autres, sans que sa composition y perdît. Le tableau
du Baptême nous offre un exemple de ces réminiscences :
l'homme qui se chausse est une imitation, à peu près
exacte, du soldat qui, dans le fameux carton de la guerre
de Pise par Michel-Ange, se mord les lèvres d'impatience,
de ce que ses vêtemens ne peuvent glisser sur ses membres
mouillés, au moment où le cri *aux armes* l'appelle au
combat (1).

Il existe plusieurs suites d'estampes d'après les Sacremens peints pour M. Fr. de Chanteloup : la plus renommée est celle de *J. Pesne,* non pas qu'elle soit la mieux
burinée, mais parce qu'aucune n'approche autant du caractère du maître. Les épreuves avant la retouche de
B. Audran sont les plus recherchées.

---

(1) Voyez dans notre Iʳᵉ liv. la gravure de ce carton.

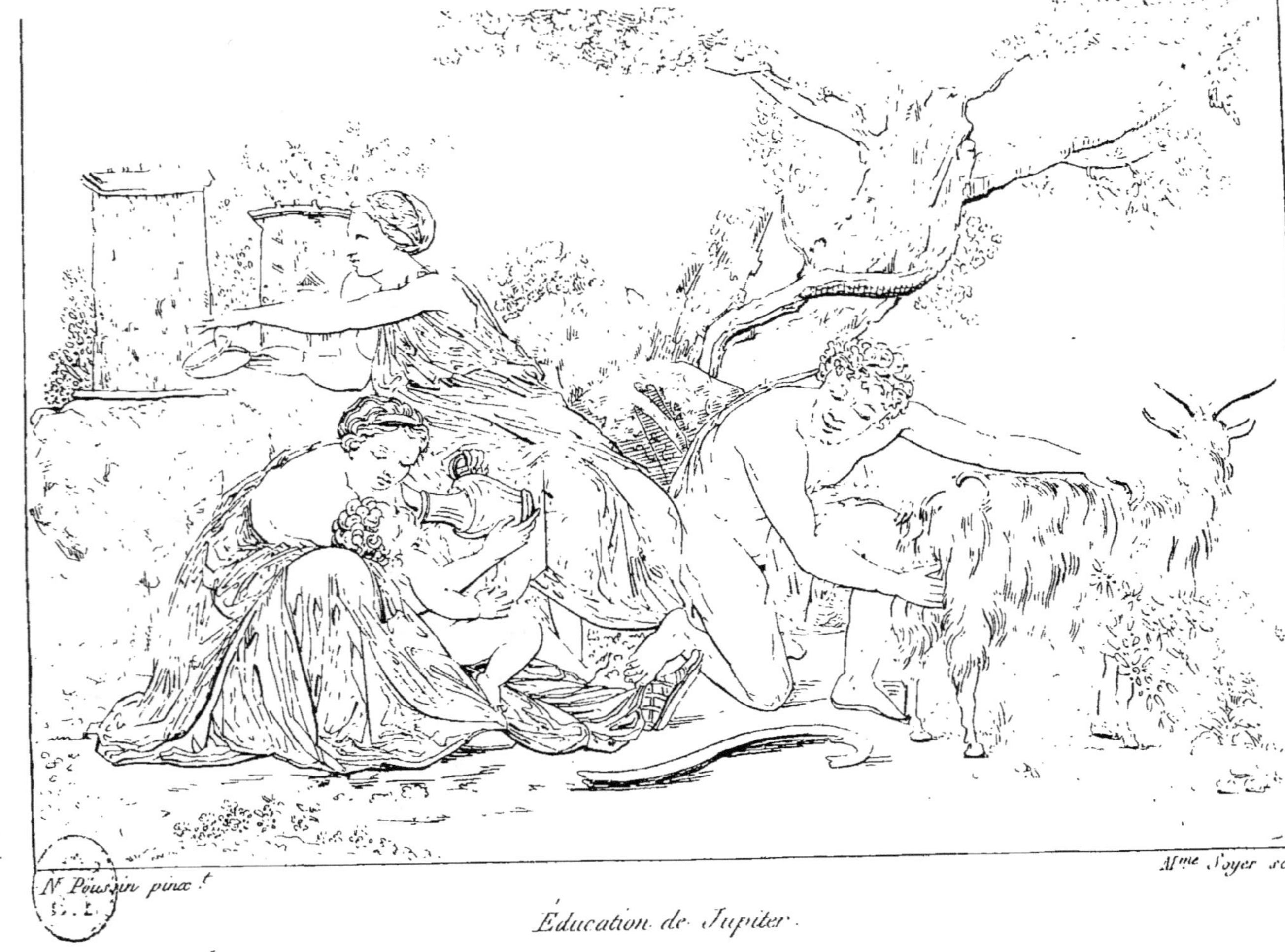

Éducation de Jupiter.

L'ÉDUCATION DE JUPITER.

Tableau de la Galerie Royale de Berlin, peint sur toile.

Hauteur 3 pieds 2 pouces, largeur 4 pieds 2 pouces.

La fable de Saturne qui dévoroit ses enfans mâles, est assez connue pour que nous soyons dispensés d'en rappeler les détails. Lorsque Rhéa eut mis au monde Jupiter, le dernier de ses fils, pour le soustraire à la voracité de Saturne, elle offrit à sa place une pierre enveloppée qu'il avala. L'éducation du jeune Dieu fut aussitôt confiée aux nymphes, mais les anciens ne sont pas d'accord sur le lieu où cet enfant fut élevé, ni sur le nom des nymphes qui en prirent soin. Ici le Poussin s'est conformé à deux récits à la fois. Celui de Diodore dit que les nourrices de Jupiter furent Amalthée et Mélissa, filles de Mélissus, roi de Crète; qu'il fut nourri avec le lait de la chèvre Amalthée, dont par suite il changea une des cornes en corne d'abondance. Antonius Liberalis rapporte qu'on montroit dans la Crète une grotte où un essaim d'abeilles nourrissoit de miel le jeune Jupiter.

Ici Amalthée et Mélissa sont occupées à rendre à leur jeune élève les soins les plus tendres et les plus affectueux. Le berger vient de traire la chèvre nourricière; l'une des sœurs abreuve le petit Dieu appuyé sur ses genoux, tandis que l'autre recueille le miel qui découle d'une ruche autour de laquelle voltigent les abeilles qui, pour un si noble usage, souffrent qu'on les dépouille du fruit de leur travail.

Les attitudes de ces quatre personnages sont d'une simplicité et d'une vérité remarquables. Celle du berger, à qui il ne manque que des pieds de bouc et des cornes pour être un faune, est peut-être un peu trop académique; mais quelle aimable pose que celle de la nymphe qui fait boire le jeune Dieu; et comme la satisfaction qu'elle éprouve, en lui voyant savourer la liqueur bienfaisante, est bien exprimée! Sa sœur est plus svelte, et sa tunique laisse mieux voir que dans l'autre figure, l'élégance et la beauté des formes; ses bras sont charmans, mais son profil surtout est admirable; il offre une de ces heureuses réminiscences des études constantes que le Poussin fit de l'antique, et qu'on retrouve dans plusieurs de ses tableaux. Une coiffure champêtre et sans prétention et de beaux cheveux blonds ajoutent encore aux agrémens de cette figure.

Il n'y a rien d'équivoque ni de superflu dans cette composition, l'on retrouve, jusque dans les moindres accessoires, le goût et le discernement du Poussin. La draperie à fleurs d'or, jetée entre le berger et la nymphe, et sur laquelle celle-ci s'appuie, indique tout à la fois la haute naissance du jeune nourrisson et celle des deux sœurs; le chêne est l'arbre consacré à Jupiter; le thym, le serpolet, dont le miel de l'île de Crète passoit pour avoir principalement l'odeur, sont multipliés sur le devant du tableau; enfin, par le bras de mer et les montagnes figurées dans le lointain, le Poussin a voulu indiquer l'île où fut élevé le jeune Jupiter.

Nous ne vanterons pas le coloris de ce tableau qui, comme tous ceux du Poussin, est un peu terne. Ce ton de brique qu'il a trop généralement donné aux carnations de ses figures, ne convient ici qu'à ce berger brûlé par les feux du soleil.

Ce tableau a été gravé, sous les yeux de l'auteur, par *G. Château*, mort en 1683.

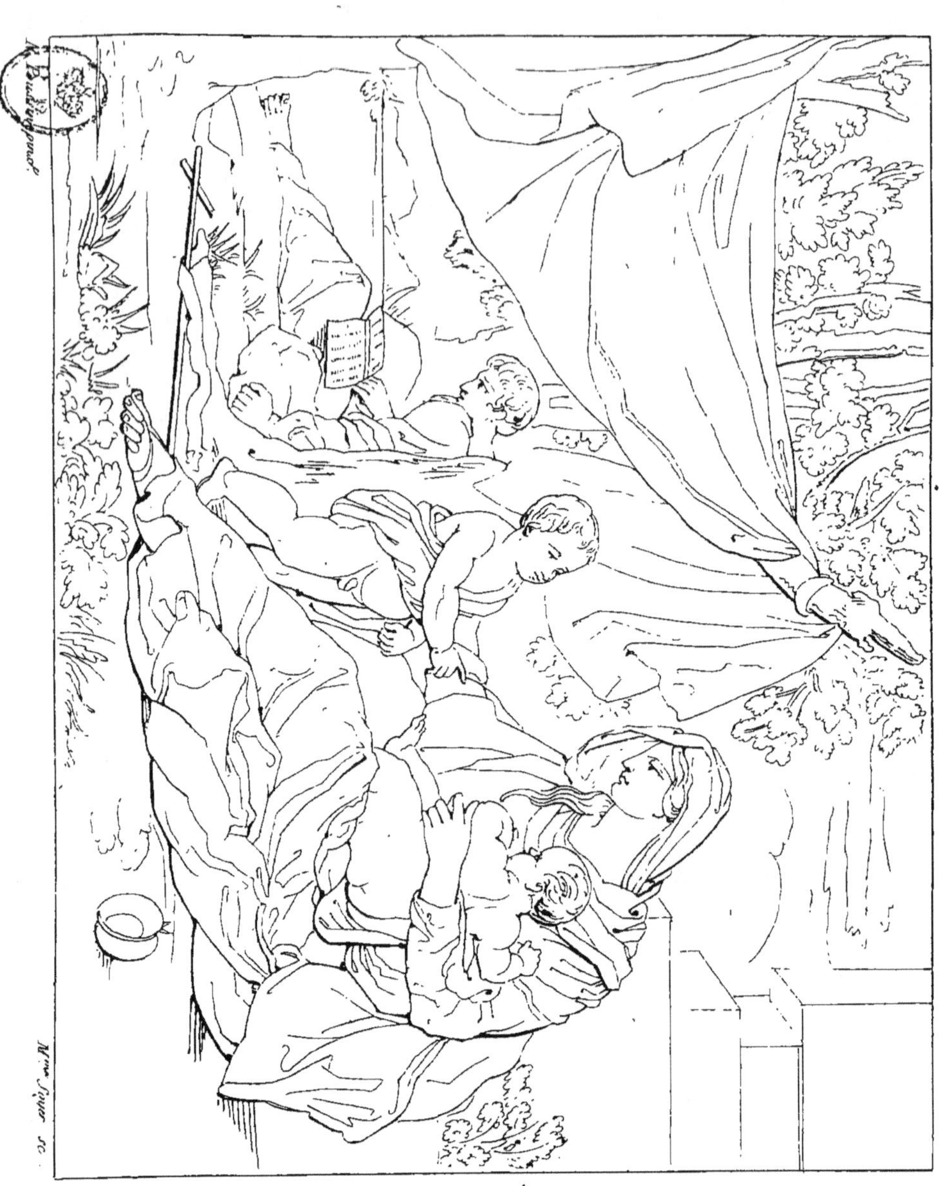

LA SAINTE FAMILLE.

Tableau de la Galerie de Lucien Bonaparte, peint sur toile. Figures de petite proportion.

Il paroît nécessaire de ne donner à ce tableau que le titre de la *Sainte Famille*, et non celui de la *Sainte Famille en Egypte*, comme on l'a fait dans la Collection de Lucien Bonaparte. Autrement, comment expliquer la présence de ce second enfant, qui n'étant pas un ange, ne peut être que Saint Jean-Baptiste, un peu plus âgé que le Christ.

On doit observer encore que Poussin eut plus qu'aucun autre peintre l'attention de caractériser les lieux où il plaçoit ses personnages. Rien ici n'annonce le sol égyptien ; ni pyramides, ni Sphinx, ni autre monument particulier à cette contrée ne s'offre à la vue, comme dans quelques autres compositions où réellement ce grand artiste a voulu représenter la Sainte Famille dans le temps où il est dit qu'elle chercha chez les Egyptiens un asile contre la colère soupçonneuse du roi de Judée. Poussin en se conformant, comme il devoit le faire, aux traditions reçues, avoit trop de jugement pour introduire ici le petit Saint Jean, qui n'alla jamais en Egypte, s'il eût voulu placer dans ce pays la scène de son tableau.

L'écrivain qui, peut-être a exprimé sur la Peinture les idées les plus profondes et les plus utiles, l'artiste qui, quoique d'une classe inférieure, n'en a pas moins exposé avec un goût exquis les principes du grand style, Reynolds dans son cinquième discours, décrit la manière du Poussin avec une rare sagacité. « J'ai souvent pensé, dit-il, que Poussin a poussé la vénération pour les anciens jusqu'à désirer de donner à ses ouvrages l'air de tableaux antiques. » Rien ne justifie mieux cette observation que celui - ci : si les figures de la Vierge et de son fils, n'indiquoient pas du premier coup d'œil le sujet au spectateur, il pourroit sans le moindre effort d'imagination, supposer que cette gravure lui reproduit quelqu'une de ces scènes domestiques, souvent retracées par les artistes anciens. Le groupe principal est rempli de grâce, mais de cette grâce accompagnée d'une certaine austérité, qui est un des signes distinctifs des productions du Poussin, et qui annonce autant la tournure de l'esprit que le genre des études de ce peintre célèbre.

La figure de Saint Joseph, si heureusement placée dans le fond du tableau, pourroit toutefois faire demander à de rigoureux critiques si le peintre n'a pas pris une licence en donnant un livre à ce Saint. Il est en effet douteux que, simple artisan d'une petite ville, et né chez un peuple peu instruit, Saint Joseph ait su lire; mais Poussin savoit ce qu'ont ig_oré tant d'artistes et même d'écrivains sur les arts, que la représentation *poëtique* des sujets a toujours plus de mérite qu'une imitation exacte. C'est faute d'avoir fait cette réflexion essentielle que l'on a porté un grand nombre de jugemens erronés.

Ce tableau, de petite proportion, a été gravé à l'eau forte dans le recueil intitulé *Galerie de Lucien Bonapate.*

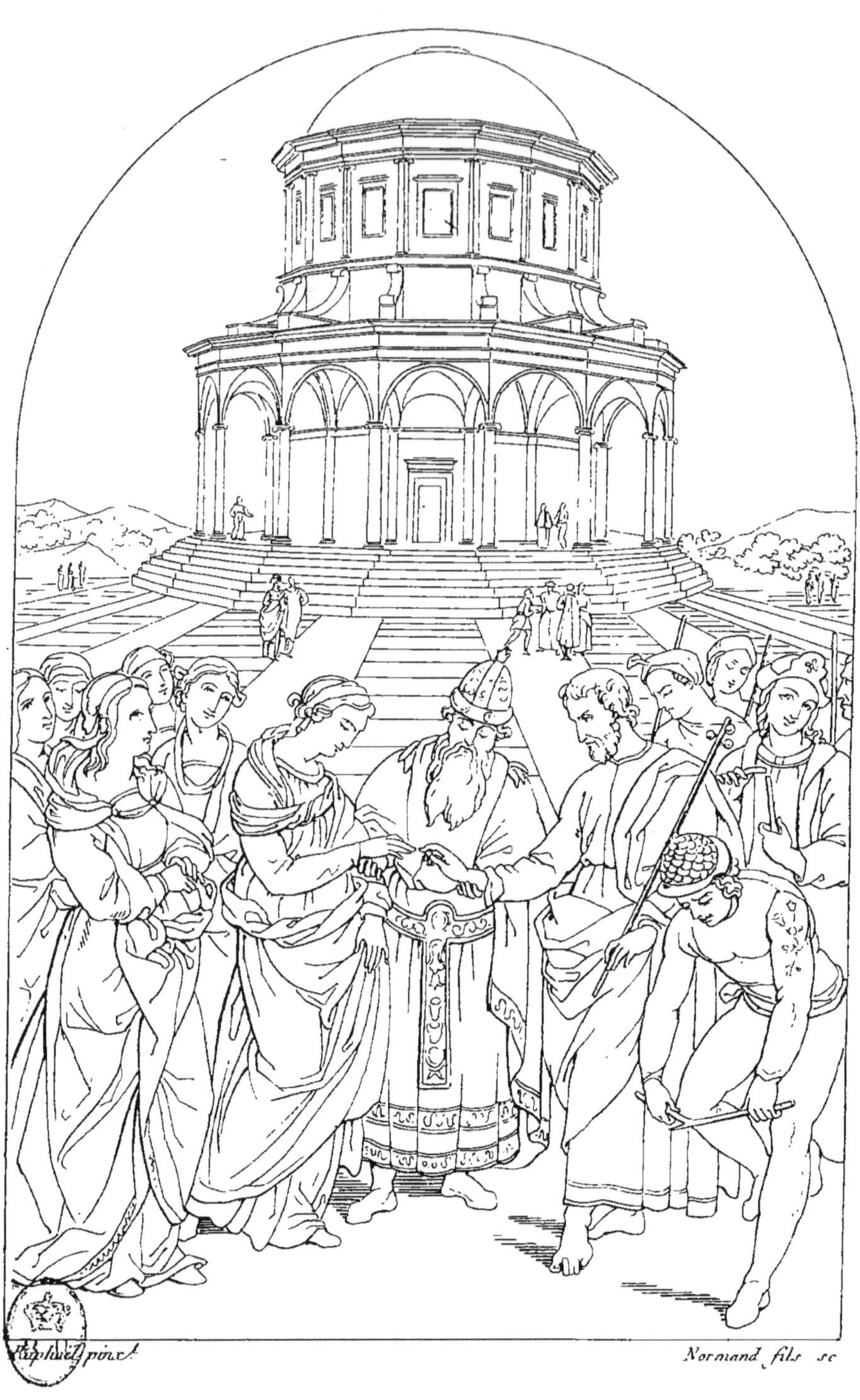

Le Mariage de la Vierge.

LE MARIAGE DE LA VIERGE.

Tableau de la Galerie de Milan.

Hauteur 5 pieds 2 pouces, largeur 3 pieds 6 pouces.

S'il est avantageux pour l'histoire des Arts de pouvoir établir certaines époques relatives à leur origine, leurs progrès et leur décadence, ce tableau paroîtra d'autant plus précieux, qu'il doit être considéré comme le premier témoignage des merveilleux progrès de Raphaël. Il appartient à l'époque où ce maître de la peinture commençoit à se délivrer de l'imitation servile de Pérugin, dont il avoit reçu les leçons, et à s'avancer dans la carrière glorieuse dont il atteignit presque le terme.

Vasari a spécialement parlé de cette peinture du *Mariage de la Vierge*. Il a remarqué combien Raphaël s'y étoit déjà montré supérieur au Pérugin.

Lanzy, dans son histoire des peintres en Italie, Vol^e. 1er. Ec. Rom. 2e. époque, décrit ainsi ce tableau : « La » composition ressemble beaucoup à celle d'une peinture » exécutée par l'artiste à Pérouse, cependant il s'y trouve » des parties que l'on considère comme les prémices d'un » nouveau style. Les figures des deux époux offrent des » beautés que Raphaël, déjà dans la force de la jeunesse, » n'a depuis que bien peu surpassés. La figure de la Vierge » surtout a quelque chose de céleste (1). Son cortège est

____

(1) Il semble qu'ici Lanzy exagère un peu. Cette figure pourroit bien ne pas surpasser celles des autres femmes qui accompagnent Marie.

» agréable, brillant. Il y a dans les costumes un mélange
» du goût ancien et du goût moderne qui alors ne paroissoit
» pas une faute. La figure principale l'emporte sur toutes
» les autres, non par les ornemens de l'art, mais par sa
» propre beauté. Le groupe d'hommes qui accompagnent
» St. Joseph est également bien imaginé et bien choisi.
» Près de lui est un jeune homme qui brise son bâton qui
» n'avoit point porté de fleurs (1). Cette figure prouve les
» progrès que Raphaël avoit déjà faits dans la science de
» l'anatomie alors presque nouvelle. »

Parmi les têtes d'homme, celles du Prêtre, de St. Joseph
et des deux autres personnages sont les plus remarquables
tant pour le dessin que pour l'expression. Les draperies de
la Vierge et de Saint-Joseph offrent cette élégance qui caractérise Raphaël.

Si la signature de ce tableau est authentique, l'artiste
l'auroit peint à l'âge de 21 ans. Au reste, la manière du
maître prouve que l'ouvrage doit avoir été exécuté à peu-
près vers 1504 que porte cette inscription.

Raphaël peignit ce tableau pour la chapelle Albrizzini
dans la Ville de Castello.

Bottari dans ses notes sur Vasari, parle d'une estampe
gravée d'après ce tableau. Le Cavalier Longhi professeur
de gravure à Milan, se proposoit il y a quelque temps d'en
publier une autre d'après un beau dessin de la même
grandeur que l'estampe de la Transfiguration de Raphaël
par *Morghen*. Nous ignorons si ce projet a reçu son exécution.

---

(1) Allusion à une tradition légendaire. Elle portoit que le bâton
de Joseph fut le seul parmi ceux des prétendans à la main de Marie
qui fleurit subitement.

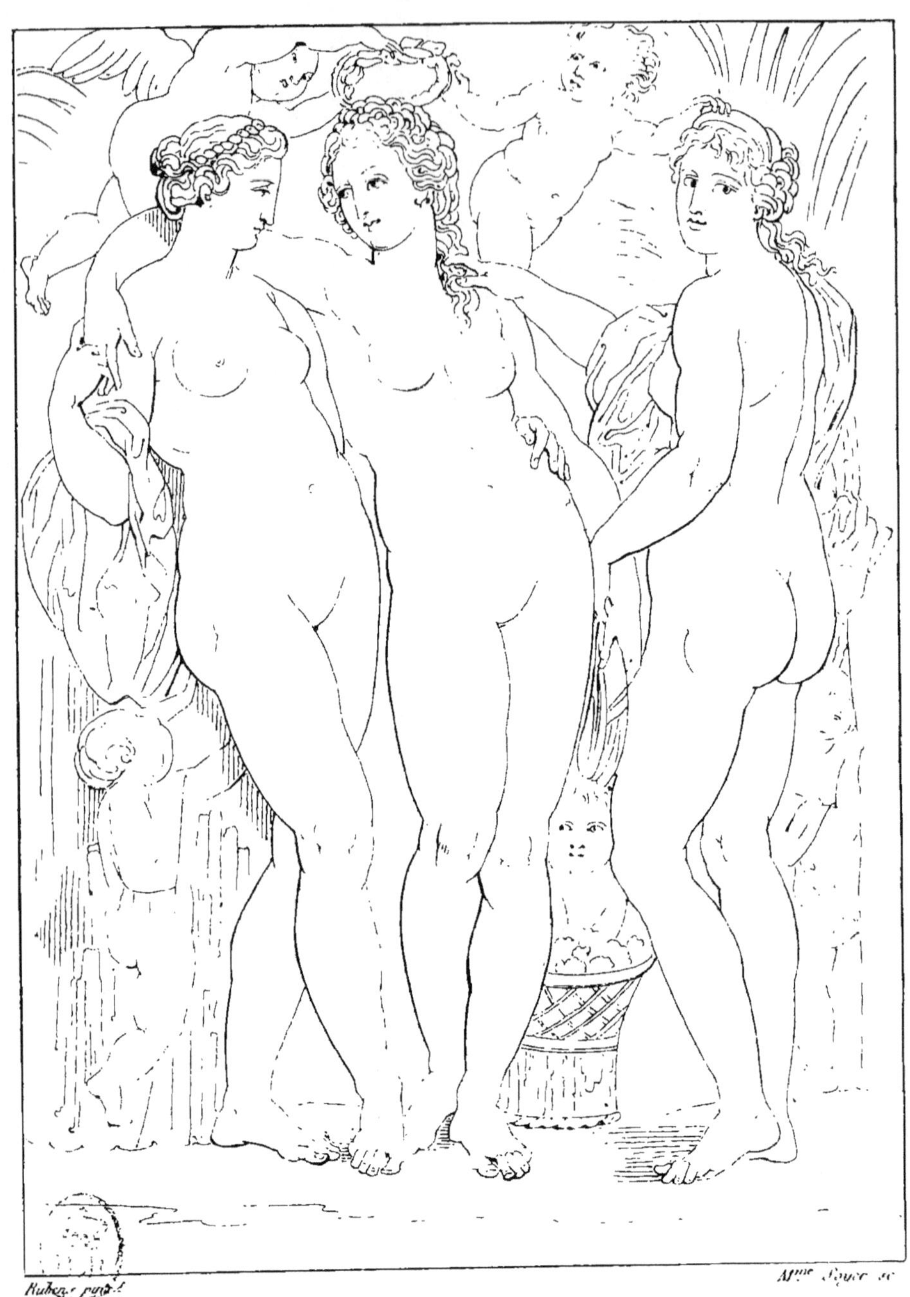

Les trois Grâces

LES TROIS GRACES.

Tableau de la Galerie de Florence, peint sur bois.

Hauteur 1 pied 7 pouces, largeur 1 pied 6 lignes.

Les Gràces que les Grecs nommoient *Charités*, filles de Jupiter et d'Eurynome, étoient regardées dans l'origine comme ayant le noble apanage de présider aux bienfaits et à la reconnoissance. Les poëtes lyriques et érotiques en ont fait les compagnes assidues de Vénus. On pense qu'Etéocle, roi d'Orchomène, fut le premier qui leur consacra un culte; ces aimables divinités eurent ensuite des temples dans les principaux lieux de la Grèce. On les regarde comme les dispensatrices des manières agréables, de l'humeur vive et enjouée, de la décence, de la libéralité, de la sagesse et de l'éloquence; on unissoit leur culte à celui des muses comme à celui de Vénus, parce que les talens et la beauté même ne peuvent plaire sans les Gràces.

Le nombre des Gràces a varié; mais il a été enfin fixé à trois par les poëtes et les artistes. Elles se nomment Aglaé, Thalie et Euphrosine.

On a trouvé dans leur idéal et dans leurs attributs d'ingénieuses allégories; leur joie décente annonce les plaisirs qu'on éprouve à rendre de bons offices et à être reconnoissant des bienfaits; elles sont jeunes, parce que le souvenir des bienfaits ne doit jamais vieillir; vives et légères, parce que c'est obliger doublement qu'obliger promptement; vierges, parce qu'une sage retenue doit diriger la véritable bienfaisance. C'est pourquoi Socrate disoit à un homme qui obligeoit sans discernement : « Les Grâces sont des vierges, et tu en fais des courtisanes. » La manière dont elles se tiennent par les mains indique les nœuds formés par la reconnoissance ; et elles dansent en rond, parce que les bienfaits doivent circuler sans cesse et revenir à la source d'où ils viennent. Enfin les Grâces sont au nombre des divinités, parce que nous devons tout aux dieux.

Peu de personnages mythologiques ont été plus souvent représentés en peinture ou en sculpture, que les trois Grâces groupées ensemble, et l'on s'étonne que Rubens, peintre d'un génie fertile, ait tenté de traiter un sujet si rebattu et si peu analogue à son talent. Ses Déesses sont posées avec goût et avec esprit. Elles ne manquent ni d'enjouement ni de naïveté. Il y a de la gaieté et de la vie dans sa composition, que les ris et les amours animent par leur présence ; mais on y chercheroit vainement cette grâce enchanteresse, cette beauté idéale, ce dessin svelte, pur et coulant, indispensable dans un tel sujet, et que ne possédèrent jamais les maîtres de l'Ecole flamande.

Ce tableau, qui n'est peint qu'en clair-obscur, a été fort bien gravé par *Massard*, pour le recueil de Masquelier.

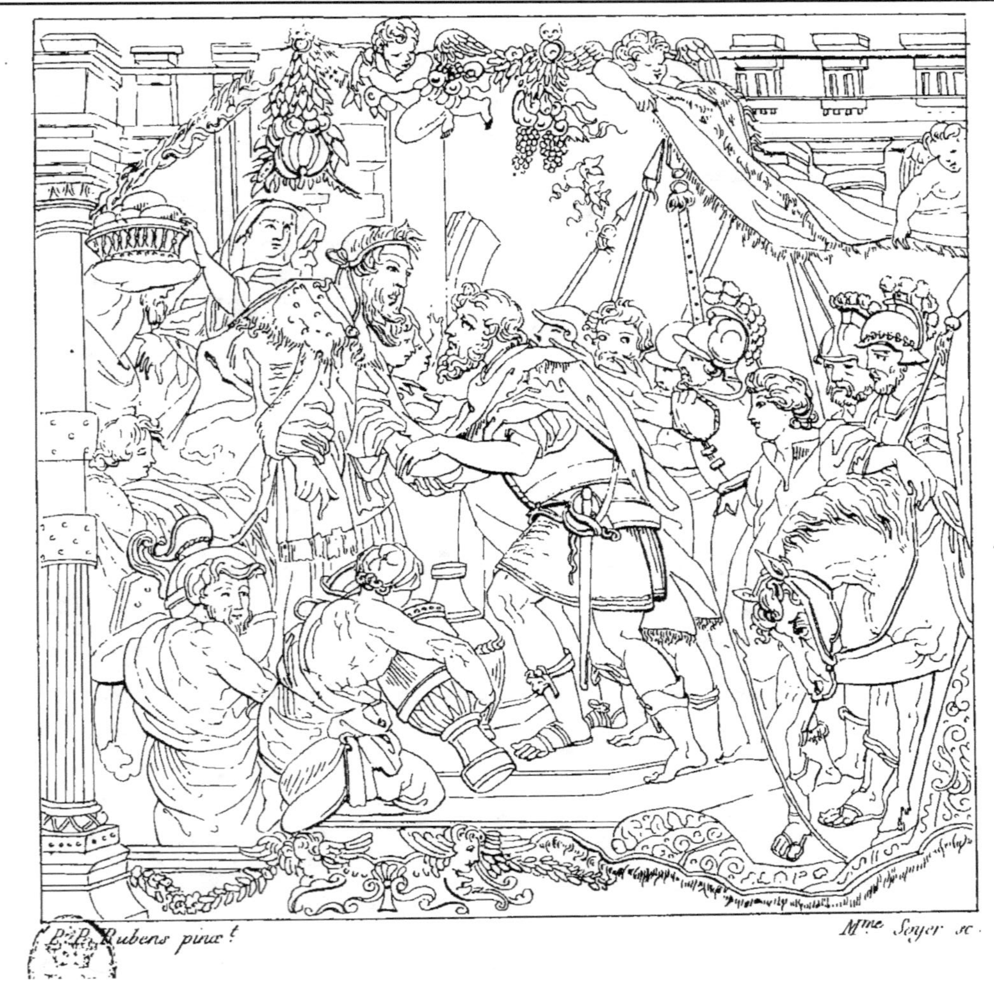

P.P. Rubens pinx.t
M.me Seyer sc.

1577~~~~~~~~~~~~~~~~~~~~~~~~~~~~~~~~~~~~~~~1640.

MELCHISEDECH OFFRE A ABRAHAM DU PAIN ET DU VIN.

Tableau de la Collection du Comte de Burch, à Londres,
peint sur toile.

Environ 11 pieds de large, sur 9 de haut.

L'histoire juive raconte que, du temps d'Abraham, quatre rois s'étant unis ensemble, et ayant ravagé tout le pays d'auprès de Sodôme, le roi de Sodôme et ceux des quatre villes voisines se réunirent pour leur résister, mais qu'ayant aussi été vaincus, ils prirent la fuite et leur abandonnèrent Sodôme et Gomorrhe.

Tandis que les vainqueurs s'en retournoient avec un riche butin et quantité de captifs, parmi lesquels on comptoit Loth, neveu d'Abraham, un homme échappé du combat vint trouver Abraham qui demeuroit dans les plaines de Mambré Amorrheen, et l'instruisit de ce qui venoit d'arriver. Abraham rassemble aussitôt ses serviteurs, choisit parmi eux trois cents dix - huit des plus braves, se met à la poursuite des quatre rois victorieux. Il les surprend pendant la nuit, se jette sur eux, les bat, leur reprend tout ce qu'ils avoient enlevé, et rend ainsi la liberté à Loth, aux femmes et au peuple qu'ils emmenoient captifs. Dès que le roi de Sodôme eut appris la nouvelle de cette action glorieuse, il vint au - devant d'Abraham, pour lui témoigner sa joie; alors parut le grand-prêtre Melchisedech, roi de Salem, qui offrit à Abraham du pain et du vin, lui donna sa bénédiction et rendit grâces à Dieu.

Le moment choisi par Rubens est celui où le grand-prêtre Melchisedech, ayant béni du pain et du vin, le présente à Abraham. Contre toute vraisemblance, le grand-prêtre est en manteau d'hermine, Abraham a le costume d'un guerrier du dix-septième siècle, et ses serviteurs portent des casques demi grecs, demi romains; enfin tout, jusqu'aux vases précieux qui contiennent l'offrande, transporte le spectateur dans d'autres temps que celui dont Rubens a voulu nous retracer un des événemens mémorables. Cette faute est d'autant plus grave dans ce tableau, où une noble simplicité étoit de rigueur, qu'elle détruit l'illusion, et empêche même de saisir aisément le sujet représenté. Mais ces erreurs, quelque graves qu'elles soient, sont bien rachetées par la richesse, le mouvement et le pittoresque de la composition. Il est impossible de pousser plus loin le prestige du pinceau, de rendre avec plus de vérité les étoffes et les accessoires; enfin, de produire en même temps un effet général plus brillant et plus harmonieux. C'est dans ces grandes machines que le talent de Rubens brille dans tout son éclat. C'est là, et non dans ses compositions de peu de figures, qu'il faut le juger. Quelle fougue ! quelle impétuosité de génie et d'exécution !

Rubens a peint deux fois ce sujet avec des différences considérables. Celui-ci a été gravé par *Isaac Neefs*, l'autre par *Hans ou Jean Withdouecks*, en 1638.

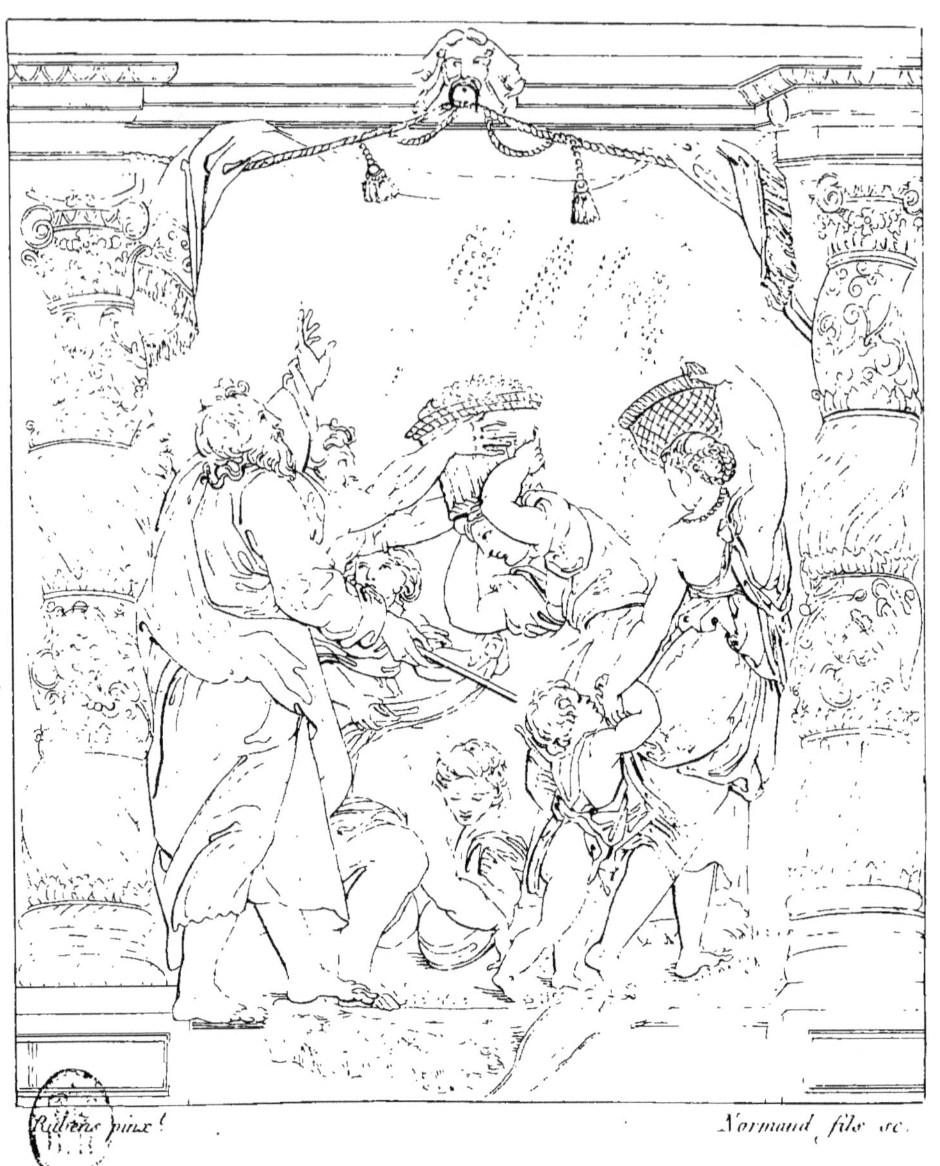

La Manne.

1577~~~~~~~~~~~~~~~~~~~~~~~~~~~~~~~~~~~~1640.

LA MANNE.

*Tableau de la Collection du comte de Burch, à Londres,
peint sur toile.*

Environ 8 pieds de large, sur 9 de haut.

Autant le tableau précédent prête à la critique, autant
celui-ci mérite d'éloge; dès le moment que l'on admet,
pour l'artiste, la nécessité de circonscrire sa composition
dans un certain espace, et de donner à ses figures des
grandeurs uniformes.

Il n'est personne qui ne connoisse le sujet de la Manne,
dont les juifs, après avoir quitté l'Egypte, se nourrirent
dans le désert. Le Tintoret éparpilla ce sujet sur une vaste
toile; Poussin en rassembla les incidens principaux dans
une composition qui sera toujours admirée des artistes,
pour l'heureux choix des épisodes et la profondeur des
pensées. Rubens n'a présenté ici en quelque sorte qu'un
extrait de l'événement; mais il y a rassemblé tout ce qui
pouvoit plaire au spectateur sensible, et versé dans la
connoissance des moyens que l'art emploie pour parvenir
à son but.

Nous nous arrêterons peu à la figure de Moïse. Le peintre fut gêné par l'espace, et ce chef d'Israël, vu de profil,
rappelle trop plusieurs figures du même artiste. Mais
tout le reste de la composition est rempli d'intérêt : à
droite, une jeune mère a déjà rempli sa corbeille de la
nourriture bienfaisante, et emmène son enfant qui doit
bientôt la partager. Cette figure vue par derrière, a autant
d'élégance dans son attitude, que l'on en désireroit dans
les formes. Rubens, en la peignant, fut inspiré par le

ressouvenir d'un bas-relief antique, dont il imita l'intention, mais non la pureté du dessin. Il le fut aussi par celui
des figures mâles et fières de Michel-Ange ou de Baccio
Bandinelli, lorsqu'il peignit l'israélite qui ramasse la
Manne à terre. Les autres personnages sont plus spécialement dans sa manière; et la femme qui se penche pour
recevoir sur sa tête une corbeille pleine, joint la grâce à
la vérité. Enfin, Rubens ne s'est pas montré moins grand
coloriste dans ce tableau que dans le précédent et les
deux qui suivent. Ces peintures sont censées être des tapis-
series. C'est ce qu'indiquent positivement les Anges qui
les déroulent et les attachent aux colonnes d'un temple. Il
est probable qu'elles furent destinées dans l'origine à servir de modèles pour être exécutées à l'aiguille.

Le Musée du Louvre possède, depuis peu d'années,
deux tableaux du même maître qui furent peints comme
ceux-ci, et peut-être dans le même temps, pour être exécutés en tapisserie. Ils ont été acquis en Espagne par le
général Sébastiani. L'un représente le prophète Elie qui,
pour se soustraire à la vengeance de Josabel, s'enfuit dans
le désert, où il est secouru par un Ange; l'autre le triomphe de la Religion. Lorsque le Gouvernement françois fit
l'acquisition de ces deux tableaux, il eut aussi le désir d'y
joindre les quatre dont nous donnons la gravure, et qui
étoient alors à Paris. Nous ignorons les motifs qui firent
abandonner ce projet et privèrent ainsi la France de ces
quatre chefs-d'œuvres.

Le tableau de la Manne n'a point encore été gravé.

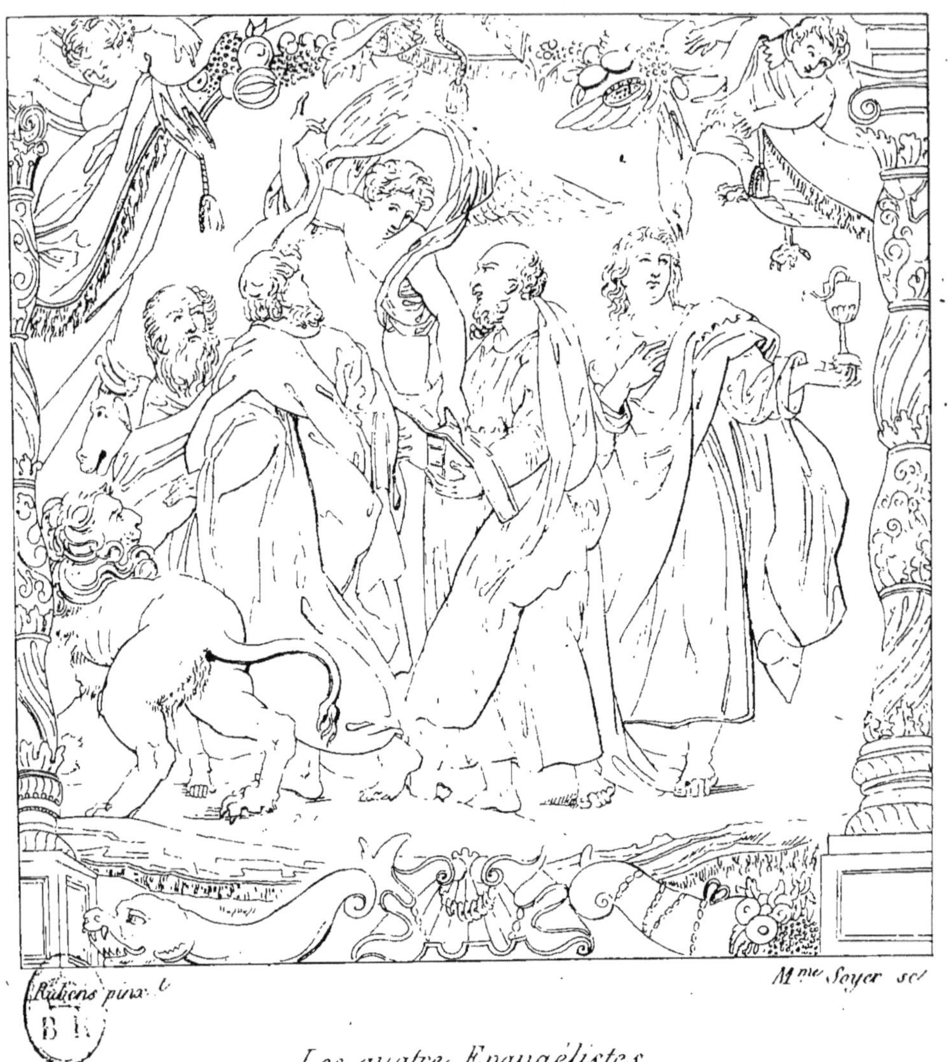

Les quatre Evangélistes.

LES QUATRE ÉVANGÉLISTES.

Tableau de la Collection du comte de Burch , ambassadeur de Danemarck à Londres , peint sur toile.

Environ 9 pieds de haut , sur 10 de large.

Si un grand maître des écoles de Florence ou de Rome avoit eu ce sujet à représenter , il l'auroit sans doute conçu tout autrement que Rubens; certain que là , où aucune action ne peut exister , il faut se borner au beau développement des formes , et à l'étude exacte des parties essentielles. Plusieurs tableaux italiens prouvent que telle fut la méthode constante des artistes , à la plus belle époque de l'art moderne. Le prince de l'école flamande a dédaigné la route tracée par ses prédécesseurs , et a suivi l'impulsion qui le portoit toujours à voir avant tout le mouvement et l'effet pittoresque. Les quatre Evangélistes sont en marche , on ne sait trop pour quel motif; mais enfin le tableau est animé : c'étoit l'essentiel pour Rubens. Les signes caractéristiques de chacun ne sont pas équivoques. Saint Luc est reconnoissable au bœuf dont on aperçoit la tête auprès de lui ; Saint Marc vu de dos est accompagné d'un lion; Saint Mathieu tient un livre ouvert , mais au-dessus de sa tête , un ange , répété plusieurs fois par Rubens , et toujours de formes un peu lourdes , semble lui dicter ce qu'il doit écrire , et lui montre le ciel. Enfin , Saint Jean tient d'une main le calice , et de l'autre presse sa poitrine , pour témoigner sa foi vive et pure. L'aigle qui désigne cet Evangéliste descend vers lui.

Rubens, qui ne fut pas toujours sévère observateur
dès usages consacrés, a conservé à chacun de ses quatre
Evangélistes le symbole que les peintres leur ont le plus
généralement donné. Ces divers signes caractéristiques
ne sont pas tirés de la vision d'Ezéchiel.

Le bœuf a été donné à Saint Luc, parce que cèt
Evangéliste commence sa narration précisément avec la
naissance de Jésus-Christ, qui reçut le jour dans une
étable ; le lion, symbole de Saint Marc, annonce le début
de son évangile : la prédication de Saint Jean dans le
désert. On donne à Saint Mathieu un ange ou un
jeune homme parce qu'il est le seul qui commence
par la génération temporelle du fils de Dieu ; enfin, le
calice que tient Saint Jean, rappelle un miracle opéré en
sa faveur, et que Saint Isidore rapporte ainsi : Saint Jean
après avoir consacré le précieux sang dans une coupe em-
poisonnée à dessein, le but sans en recevoir aucun mal,
ainsi que tous ceux qui, comme lui, avalèrent le poison.
C'est pour désigner ce poison, que l'on fait sortir une cou-
leuvre du calice. Saint Jean est le seul des Evangélistes
représenté sans barbe, parce qu'il fut le plus jeune des
apôtres, et qu'il n'a point été marié.

Sous le rapport du coloris et de l'harmonie générale,
ce tableau n'est pas inférieur aux trois autres que nous
considérons comme exécutés dans le même temps, et avec
la même destination. Mais si les draperies ont ici la même
vérité, elles ne sont pas assez légères, et leur jet est
négligé et dénué d'élégance.

Ce tableau a été très-bien gravé par *Bolswert*, et médiocrement par *G. Hubert*. Il l'a été aussi en petit, avec
quelques changemens par *A. Delvaux*, pour la *vie de
Jésus-Christ* du père Deligny.

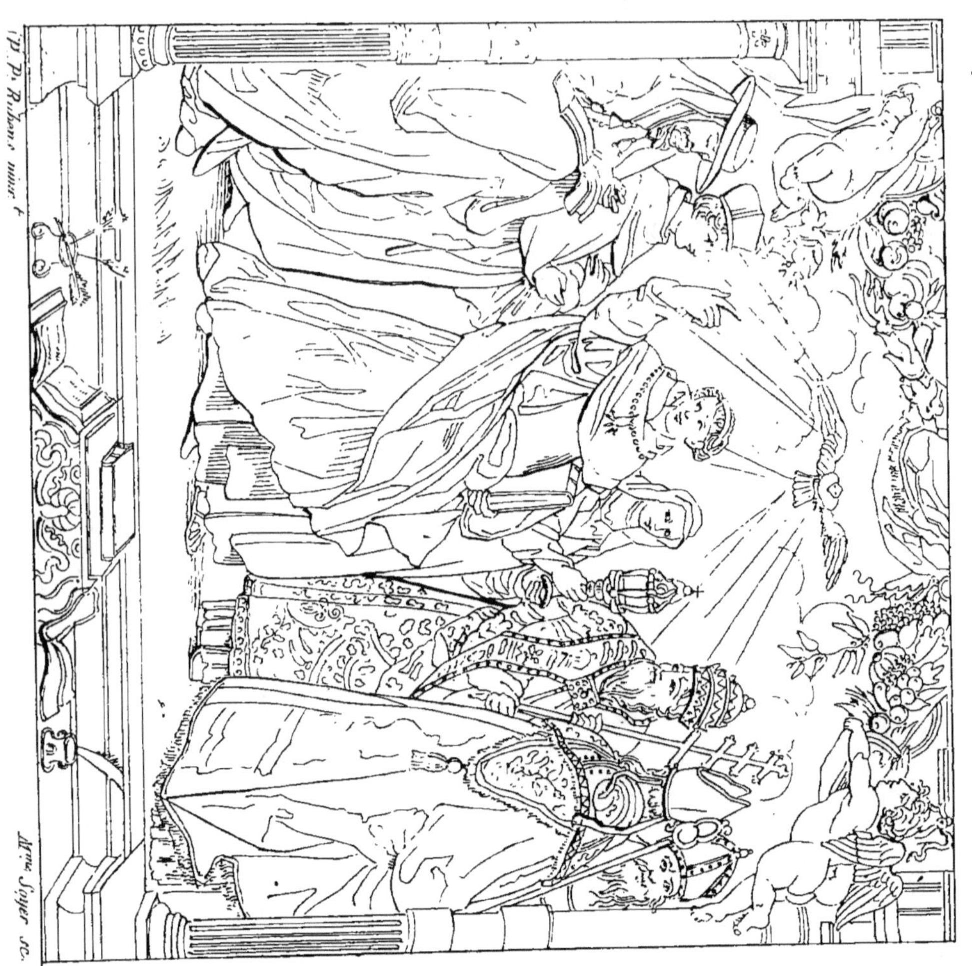
P. P. Rubens pinx.
Mme Soyer sc.

LES PÈRES DE L'ÉGLISE GRECQUE ET DE L'ÉGLISE LATINE.

Tableau de la Collection du comte de Burch, à Londres,
peint sur toile.

Environ 12 pieds de large, sur 10 de haut.

Voici une de ces compositions mystiques, dont on ne pourroit pas dire précisément qu'elles représentent un sujet déterminé, et dont le principal mérite, doit consister dans l'exécution. Il est très-probable que ce tableau fut expressément demandé à Rubens, car, son génie ardent lui auroit sans doute fait choisir quelque trait historique, plus propre à le faire briller dans l'expression des passions; toutefois, ce point convenu, il est juste de remarquer que ce grand artiste a parfaitement observé les convenances. Il ne s'agit ici que d'une réunion de Pères de l'Eglise, discutant paisiblement et avec la conviction d'une foi vive, les plus profonds mystères de la religion. Le calice de crystal que tient Sainte Claire, et au travers duquel brille la sainte hostie, porte même à croire qu'il s'agit spécialement du mystère de la transsubstantiation.

Par les trois Docteurs placés à droite, Rubens a voulu désigner des Pères de l'Eglise Grecque. Nous en jugeons d'après la grande richesse des costumes, ornés d'or et de pierreries. On sait qu'aujourd'hui même encore, le malheur d'être soumis à des conquérans avides, ne peut détourner les chefs de l'Eglise Grecque, d'étaler ce faste oriental. La triple couronne que porte un de ces vieillards, ne détruit point ce sentiment. Les Patriarches Grecs et

Arméniens, toujours empressés de ne céder en rien aux souverains pontifes latins, la portent assez fréquemment dans les grandes fêtes; et la croix a huit branches que tient ce personnage, est évidemment une croix grecque. Quant aux figures placées à gauche, dès la première vue, il est impossible d'y méconnoître un Cardinal, un Docteur et un Religieux de l'Eglise latine.

L'intervention du Saint-Esprit dans ce tableau, est doublement heureuse, et comme très-convenable au sujet, et parce que les rayons lumineux qu'il verse sur les personnages, produisent un très-bel effet pittoresque.

Ce tableau, comme les trois précédens, devoit être exécuté en tapisserie. Rubens a donc pu et même dû y déployer ce faire large, ce coloris brillant qui caractérisent son talent. On pourroit censurer la disposition de ce personnage, qui, vu par le dos, n'est à proprement parler, qu'une espèce de riche mannequin; mais le genre d'apparât excuse ces sortes de licences, que ne comporteroit pas un style plus austère. Au reste, les autres figures et surtout celle qui tient un livre et montre le ciel, sont d'un goût noble, grand, en un mot digne de Rubens.

On peut assurer que Sneyders, élève de Rubens, a exécuté ici, comme il le faisoit presque toujours, les guirlandes de fleurs et de fruits qui enrichissent cette composition. Il étoit très-habile en ce genre, et Rubens dont il existe si peu de tableaux, tout entiers de sa main, ne manquoit pas dans des occasions telle que celle-ci, d'employer le pinceau brillant et spirituel de ce savant coloriste.

Ce tableau a été parfaitement gravé par *Nicolas Lauwers* et *Remoldus Eynhouedts*.

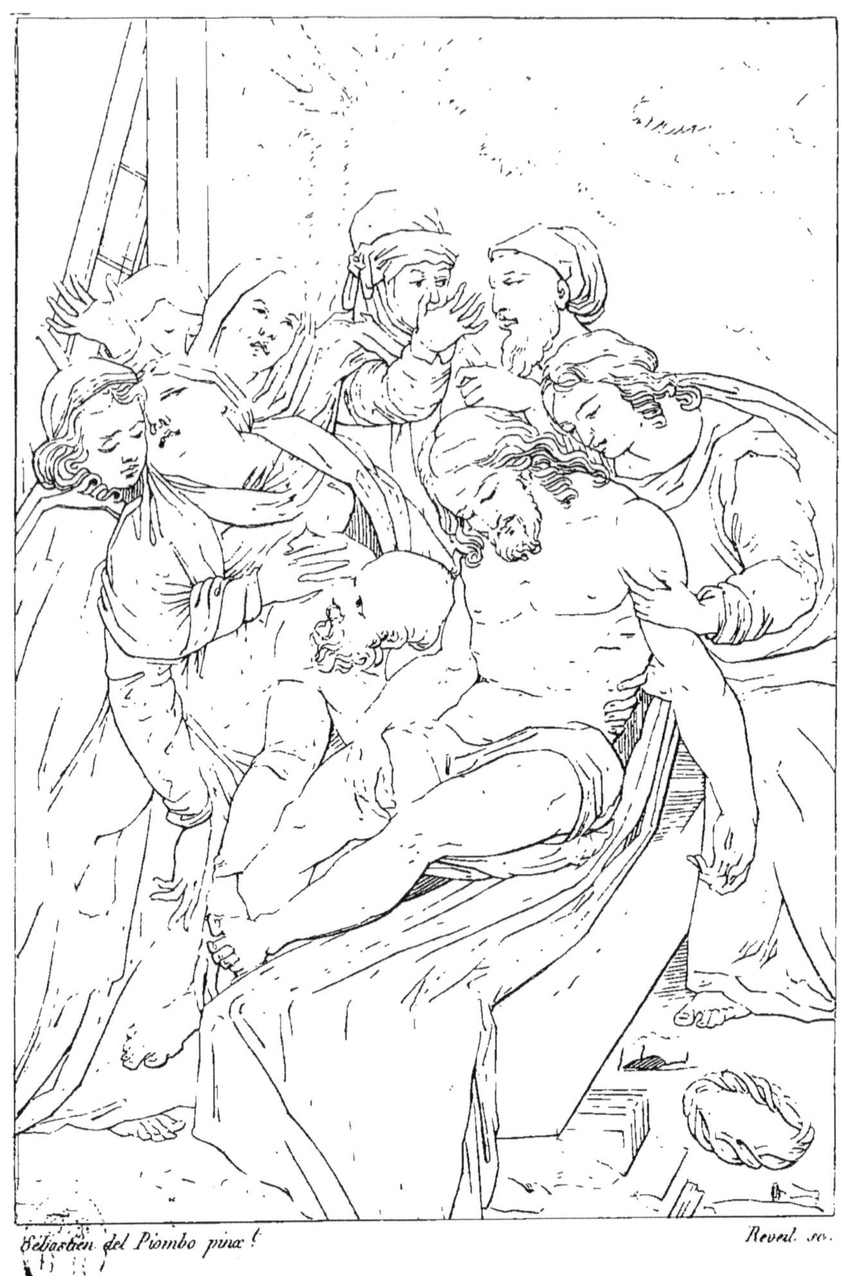

Sébastien del Piombo pinx.ͭ Reveil sc.

Le Christ au tombeau.

Bastiano Luciano, dit Fra del Piombo.
Ecole Vénitienne.

1458 ~~~~~~1547.

DESCENTE DE CROIX.

Tableau de la Galerie de Cleveland-house à Londres, appartenant au marquis de Stafford, peint sur bois.

Hauteur 2 pieds 4 pouces, largeur 1 pied 10 pouces.

Bastiano Luciano, connu en France sous le nom de Sébastien de Venise, parce qu'il est né dans cette ville, fut surnommé Fra del Piombo, de la charge de scelleur dans la Chancellerie que lui donna le Pape Clément VII. La musique fut sa première occupation. Encore jeune et désirant s'adonner à la peinture, il entra dans l'école de Gio Bellini qu'il abandonna bientôt pour suivre les préceptes de Giorgion qui possédoit une manière plus simple et surtout un coloris plus vigoureux et plus séduisant.

Michel-Ange, jaloux de Raphaël et charmé de la beauté du coloris de Sébastien del Piombo, crut voir dans ce jeune artiste un rival digne d'être opposé au prince des peintres. Dès lors, il l'aida de ses conseils, lui donna en petit l'idée de ses tableaux, et souvent même lui dessina en grand ses figures sur la toile. Tel fut le tableau de la Résurrection du Lazare que Sébastien peignit en concurrence de la célèbre Transfiguration, et dont nous ferons connoître le sort, dans notre prochaine livraison.

Les avantages que Sébastien retira de son union avec ce grand peintre ne furent pas aussi importans qu'on

pourroit le croire. On seroit peut-être en droit de lui attribuer cette manière froide, léchée et irrésolue qui, dans
la suite dégoûtèrent Michel-Ange. Car Sébastien devant
s'astreindre à suivre le trait qui lui étoit donné, dut
perdre nécessairement cette liberté de pinceau qui est
indispensable aux Coloristes.

Sébastien naturellement lent, paresseux et irrésolu
abandonna presque entièrement la peinture pour la musique et la poésie, dès qu'il fut en possession de l'office du
sceau, dont les revenus, suffisoient amplement à ses
besoins. Il ne fit plus que des portraits, et réussit dans
ce genre qui n'exige pas d'invention.

La Descente de Croix dont nous donnons ici le trait
n'est pas moins admirable par la force et la beauté du coloris, que par la pureté du dessin et la vérité de l'expression, et tout porte à croire qu'elle est du nombre des
ouvrages que Sébastien exécuta sous la direction de Michel-
Ange. Malgré son mérite, il ne fut porté qu'à 1500 francs
dans l'estimation de la Galerie du Palais-Royal dont il faisoit
partie. Ce qui est d'autant plus singulier que de tout temps
les productions de ce maître ont été extrêmement rares
et que celle-ci est assurément une des plus capitales du
maître. *Delaunay* jeune l'a gravée pour le recueil intitulé
Galerie du Palais-Royal. Ce tableau a appartenu à M. de
Bretonvilliers.

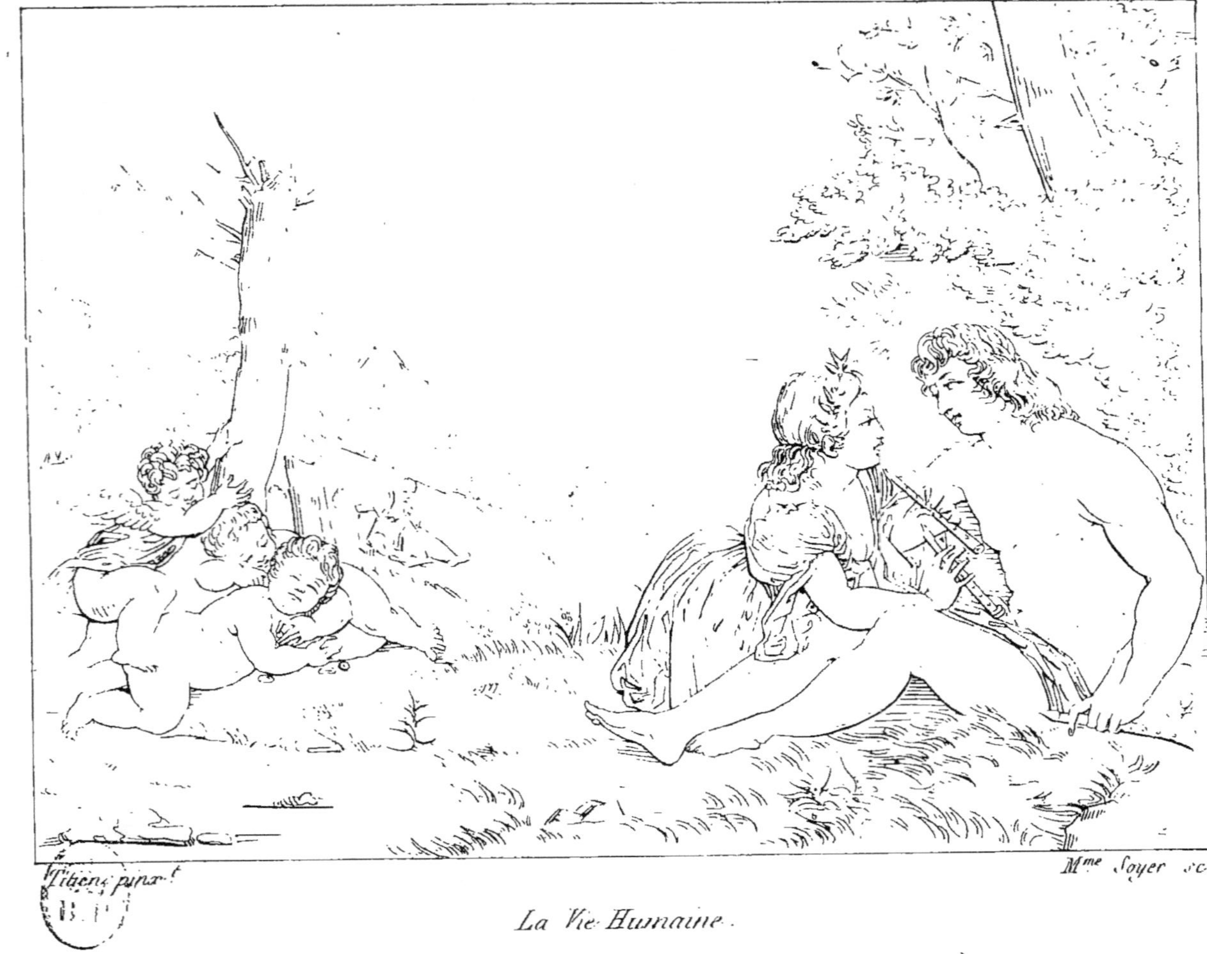

La Vie Humaine.

LA VIE HUMAINE.

*Tableau de la Galerie du Comte de Stafford, à Londres,
peint sur toile.*

Hauteur 2 pieds 9 pouces , largeur 4 pieds 7 pouces.

Dans un paysage délicieux, le Titien a représenté les trois âges de la vie : le premier, par un joli groupe d'enfans endormis ; la jeunesse, par un villageois dans la force de l'âge, à qui une jeune et belle paysanne présente plusieurs flûtes ; et la vieillesse, par un homme décrépit considérant une tête de mort. Le Titien a placé cette dernière figure sur un plan éloigné afin d'appeler toute l'attention du spectateur sur le groupe des deux amans. La jeune femme , dont tous les traits respirent la candeur et l'amour, est appuyée, sur les genoux de son compagnon de voyage, celui-ci lui pose la main sur l'épaule, et la contemple avec le sentiment d'une satisfaction pure.

Ce célèbre tableau, si l'on en croit Sandraert, auroit été peint par le Titien , pour Othon Truchsès, cardinal d'Augsbourg, pendant le voyage qu'il fit à Bologne, pour exécuter le portrait de Charles - Quint, c'est-à-dire vers 1530. Mais, si l'on fait attention à la manière dont il est peint, on pensera que Vasari étoit mieux informé, lorsqu'il dit que « peu après son retour de Ferrare
» à Venise, vers 1516, le Titien fit pour le beau-père
» de *Jean dà Castel Bolognèse* un tableau peint à l'huile
» et sur toile, où l'on voit, au milieu d'un très - beau
» paysage, un berger nu, à qui une paysanne offre quel-
» ques flûtes, et l'invite à en jouer. Ce tableau, conti-

» nue-t-il, est aujourd'hui dans la maison dudit *Jean* (1). »
Du temps de Sandraert ce tableau étoit dans la maison
des Hopffer, qui le vendirent mille ducats d'or à la reine
Christine de Suéde. On sait qu'après la mort de cette
princesse, la plupart des tableaux qui lui appartenoient
devinrent la propriété de D. Livio Odescalchi, neveu
d'Innocent XI. Dans la suite, le Duc d'Orléans régent
fit l'acquisition de cette précieuse collection, composée
alors de 250 tableaux, parmi lesquels on en comptoit
onze du Corrége. Il la paya 90,000 écus romains, environ 472,500 fr. et la fit transporter dans son palais à
Paris. C'est de cette époque que date la formation de la
Galerie du Palais-Royal, qui, dans la suite, rivalisoit
avec la Collection de la Couronne.

Dans l'inventaire estimatif des tableaux de cette Galerie,
qui furent vendus à M. E. Walekiers, celui de la Vie Humaine fut porté à la somme de 6,000 fr. On en trouve la
gravure dans le recueil d'estampes de *Valentin Lefebure*,
publié à Venise en 1680, sous le titre *Opera selectiora*
quœ Titianus Veccellius Cadabriensis et Paulus Calliari
Veronensis invenerunt et pinxerunt.

Il a aussi été gravé par *R. Delaunay* pour le recueil
intitulé *Galerie du Palais-Royal.*

---

(1) **Jean dà Castel Bolognèse** étoit un célèbre graveur en creux.

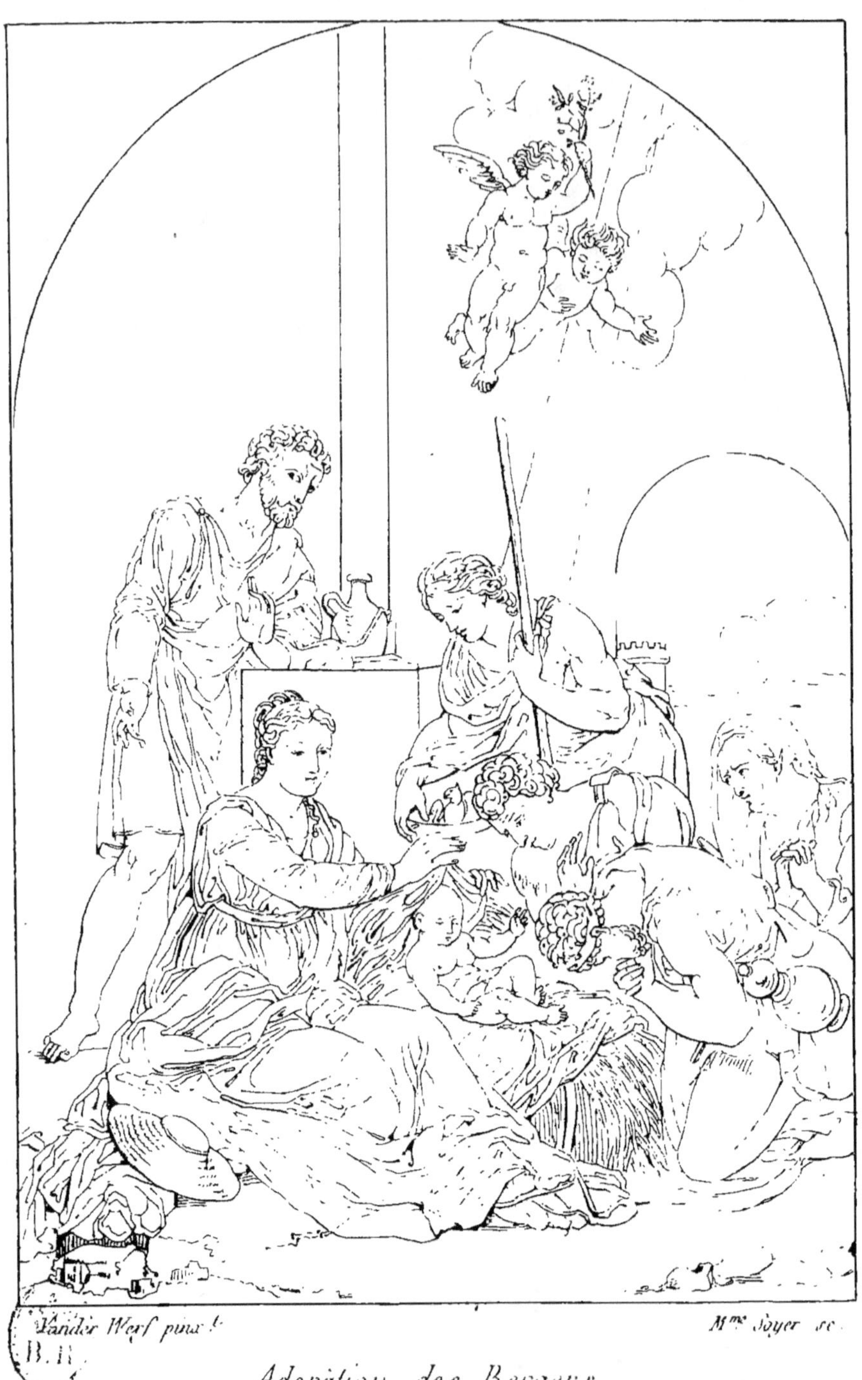

Adoration des Bergers.

A. Vanderwerf, *Ecole Allemande.*

1659 ——————————————————————— 1722.

ADORATION DES BERGERS.

Tableau de la Galerie de Florence.

Hauteur 1 pied 6 pouces, largeur 9 pouces.

Vanderwerf fut du petit nombre des artistes qui, de leur vivant, jouirent d'une réputation proportionnée à leur mérite : on peut même dire que sa renommée surpasse son talent. L'Electeur Palatin l'avoit pris en affection, il le fixa près de lui, le combla d'honneurs et de richesses, le créa chevalier et transmit ce titre à ses descendans. Il lui permit même d'ajouter à son écusson un quartier des armes Electorales et le gratifia de son portrait enrichi de diamans, qu'il accompagna d'un service complet en vaisselle d'argent: Enfin il lui assura une pension de 4000 florins qui fut par suite portée à 6000, et lui commanda quantité de tableaux et de portraits qu'il lui paya toujours magnifiquement. Vanderwerf ayant presque toujours travaillé pour l'Electeur, et les tableaux qu'il fit pour ce prince, ayant passé de la Galerie de Dusseldorf dans celle de Munich, où ils sont aujourd'hui réunis, ses productions ont toujours été très-rares et très-recherchées. Aussi est-il le seul artiste qui ait vu ses tableaux se vendre en public à des prix excessifs. A la vente de Patas, il vit acheter six de ses tableaux 16,000 florins. Un petit tableau, représentant Loth et ses deux filles, fut porté de son vivant à la somme de 4200 florins. Ce tableau fait partie de la précieuse collection de M. Hope à Londres. En 1718, il reçut 5000 florins du duc d'Orléans, pour un jugement de Pâris. Il avoit déjà vendu un autre jugement de Pâris 5500 flor. au comte Czermain de Chudeniez. Aujourd'hui ses tableaux sont encore fort recherchés lorsqu'ils sont d'une belle conservation.

Néanmoins, on se tromperoit étrangement, si l'on jugeoit du mérite des ouvrages de Vanderwerf par le prix que les amateurs y mettent. Son dessin quoique d'assez bon goût, est souvent sans finesse et quelquefois roide, cependant toujours supérieur à celui des autres peintres de son Ecole. Sa couleur est froide et a le poli de l'ivoire dans les carnations. Ses figures nues paroissent d'une substance beaucoup plus dure que la chair, quoique ses contours soient loin d'être tranchans, et qu'on ne puisse pas dire que ses clairs ne s'unissent point aux ombres. Il a excellé dans les draperies et peut-être même trouvera-t-on dans ses tableaux d'aussi parfaits exemples en ce genre, que chez tout autre peintre : mais l'extrême fini de ses ouvrages, qui séduit le vulgaire des amateurs, loin d'être une qualité, est leur plus grand défaut. Il est cause de cette froideur, qu'on leur reproche, et de l'absence de cette facilité qui est une des premières beautés de la peinture.

Son adoration des Bergers, conservée dans la Galerie de Florence, est mise au nombre de ses bonnes productions, l'effet de nuit y est rendu avec beaucoup d'intelligence, mais la couleur locale quoique vraie, est trop égale, et la différence qui devroit exister entre les carnations des divers personnages, vû leur âge et leur sexe, n'est pas suffisamment sentie ; enfin, les draperies, d'ailleurs bien jetées, et d'un bon style, sont d'étoffes trop précieuses pour le genre historique, et offrent un contraste singulier avec l'humble réduit où vient de naître le Sauveur.

Ce tableau a été gravé par *Patas*.

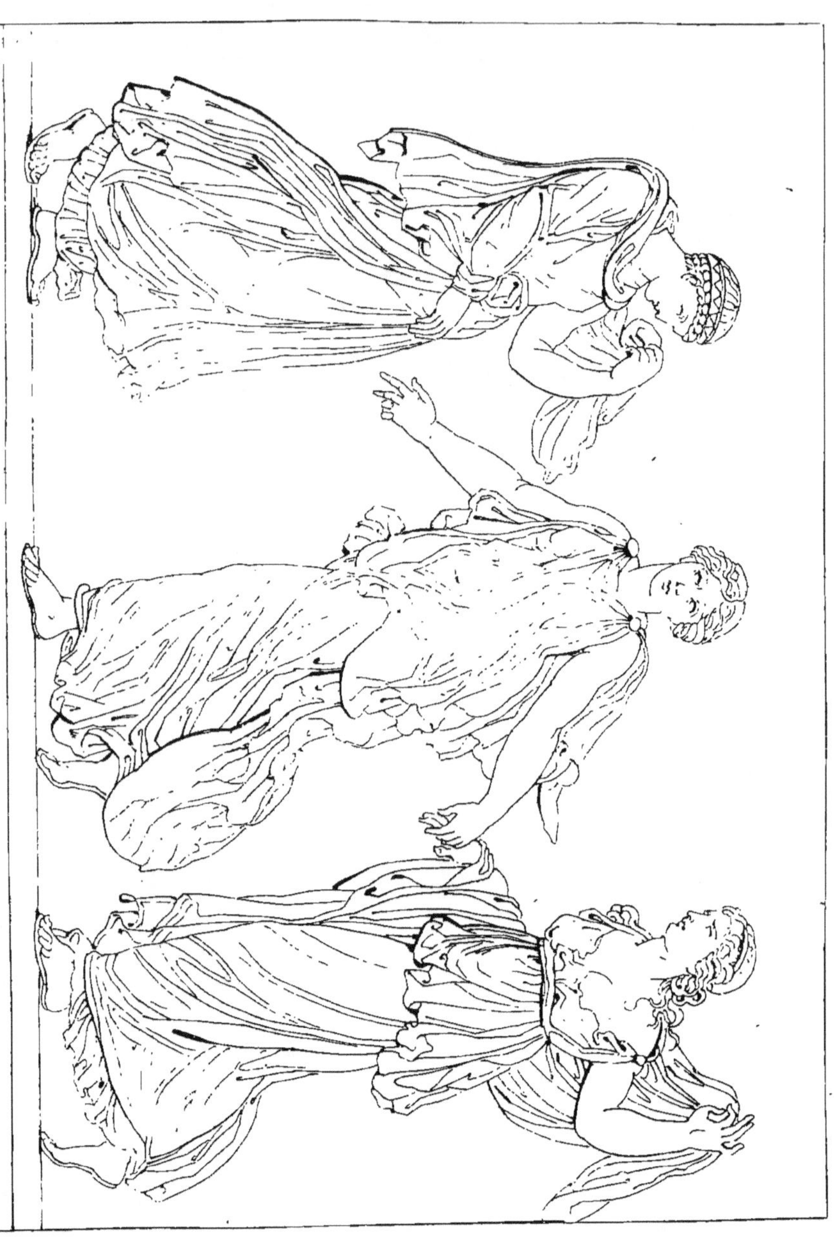

ÉLECTRE, CLYTEMNESTRE ET CHRYSOTEMIS.

Bas-relief en marbre de la Galerie de Florence.

Largeur 4 pieds 3 pouces 2 lignes, hauteur 2 pieds 6 pouces 4 lignes.

« Ce chef-d'œuvre de la sculpture grecque doit tenir
» le premier rang entre tous ceux que l'antiquité nous a
» laissés, à cause de la beauté du travail et du sujet unique
» dont il offre la représentation. » Tel étoit le jugement
que Winckelmann portoit de ce bas-relief avant sa restauration (monum. ined. II. 199.) et lorsqu'on le voyoit
encore à Rome, à la *Villa Medicis*, d'où il a été transporté
à Florence. Nous y voyons, comme ce savant, la criminelle
Clytemnestre, Chrysotemis cette fille chérie qu'Agamemnon
offrit à Achille, pour prix de sa reconciliation, et Electre
autre fille du roi des rois, dont la résistance et les plaintes
ont été chez les Grecs le sujet de trois tragédies célèbres: les
Coephores d'Eschyle, l'*Electre* de Sophocles, et l'*Oreste*
d'Euripide, souvent imitées chez les Latins et les peuples
modernes.

Egysthe et Clytemnestre, devenus époux après avoir
massacré Agamemnon, craignant que leur abominable
forfait ne fût vengé par les enfans de ce malheureux prince,
résolurent de les exterminer aussi. Télédamus et Pelops, les
deux fils qu'il avoit eus de Cassandre, furent immolés avec
leur mère; Oreste, son autre fils, quoique né de Clytemnestre, seroit également tombé sous leurs coups, si sa
sœur Electre n'eût été assez heureuse pour le sauver, en
l'envoyant à leur insu, chez Strophius roi de la Phocide,

à la cour duquel il contracta avec Pylade cette généreuse amitié devenue si célèbre. Quant à Electre et à Chrysotémis, la foiblesse de leur sexe ne paroissant pas redoutable aux adultères, ils se bornèrent à leur interdire l'hymenée. Lorsque le dernier rejeton des rois de Mycène fut parvenu à l'adolescence, il répandit dans la Grèce le bruit de sa mort. Egysthe, Clytemnestre et même Chrysotemis ajoutèrent foi à cette nouvelle, mais quelques années après, Oreste et Pylade se rendirent à la cour d'Egysthe, et le surprirent ainsi que Clytemnestre. Pylade, secondé par Electre, tua Egysthe : Oreste encouragé par les cris de sa sœur, fut le meurtrier de sa mère. Les remords et les regrets d'Oreste après son crime, sont le sujet d'une tragédie d'Eschyle, intitulée, les *Euménides*.

Le bas-relief que nous décrivons, représente Clytemnestre qui, persuadée de la mort de son fils, et ne songeant qu'à distraire ses ennuis par des plaisirs et des fêtes, amène Chrysotemis vers Electre et engage ses deux filles à imiter son exemple. L'affliction d'Electre, qui gémissoit depuis tant d'années sur les malheurs de sa famille, est exprimée dans toute sa personne, avec une rare perfection. Les deux autres figures sont également bien posées ; les plis de leurs longs vêtemens ont de même beaucoup de grâce et de légèreté ; enfin, les têtes antiques d'Electre et de Clytemnestre, sont pleines de noblesse et de dignité. Heureux, si les outrages du temps n'avoient pas nécessité des restaurations majeures à ce précieux monument. La manche longue de la tunique dont le bras gauche d'Electre est recouvert, est entièrement restaurée, ainsi que tout le haut de la figure de Chrysotemis jusqu'aux hanches.

Ce monument a été gravé avec succès, par *L. J. Masquelier.*

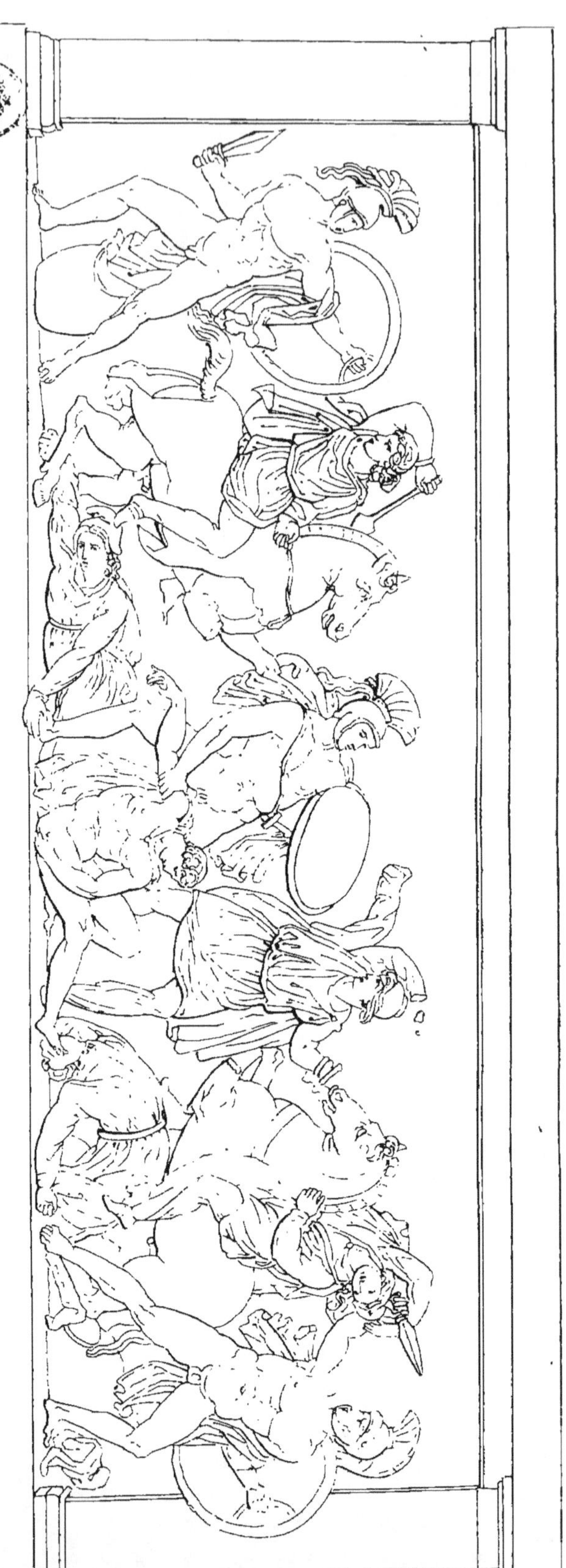

Combat des Amazones.

COMBAT DES AMAZONES.

Bas-relief en marbre grec, dit Cipolla. Musée de Vienne.

Longueur du Sarcophage, 7 pieds 10 pouces, sur 2 pieds 9 pouces de haut.

L'antique existence des Amazones passe, parmi les modernes, pour une des nombreuses fables inventées par les Grecs. Cependant, si l'on accorde quelque foi à ce que dit Hérodote à leur sujet, on sera porté à croire que ces femmes extraordinaires furent réellement un peuple guerrier, nombreux et puissant, et que ce n'est pas sans raison que la fondation d'Ephèse, de Smyrne, de Mycène et de Paphos, leur étoit attribuée. Cet historien avoit observé, dans quelques contrées de la Phrygie, la coutume unique de porter le nom de la mère au lieu de celui du père, et de déterminer la condition libre ou servile des enfans par celle de leur mère. Cette prépondérance des femmes, dans un pays où les Amazones passent pour avoir fondé des villes, nous paroît être une preuve presque irrécusable de leur existence politique. Si l'on s'autorise encore du récit que fait Plutarque, d'après un ancien historien, de la fameuse bataille qu'elles osèrent livrer aux Athéniens, dans l'enceinte même d'Athènes, il ne sera peut-être plus permis de la ré-voquer en doute. Non-seulement Plutarque assure que leur campement dans la ville est prouvé par les noms qu'en retinrent plusieurs de ses parties, et par les tombeaux de celles qui périrent dans le combat, mais il désigne le lieu ou la paix fut jurée, et rappelle un sacrifice qui, de temps immémorial, se faisoit tous les ans en leur

honneur. C'est, dit-on, parmi les ruines de Lacédémone,
que fut trouvé le bas-relief dont nous donnons la gravure.
On assure qu'il fut apporté de Grèce dans les états de la
maison d'Autriche, par Don Juan, fils naturel de Charles-
Quint, après sa victoire navale à Lépanthe. Ce précieux
monument s'est vu pendant quelques années au Musée du
Louvre. Il est retourné à Vienne.

La composition de ce bas-relief est un modèle de
grandeur et de simplicité. On y trouve développé dans tout
son éclat, ce principe heureux qui guidoit les artistes de
l'ancienne école grecque, symétrie dans l'ensemble, et
variété dans les détails. A ce mérite il joint celui de l'exécution. Le style grec s'y montre dans toute sa pureté.
L'accord des naïvetés de la nature, et des formes nobles
n'a jamais été porté plus loin. La pose, l'action des figures,
leur caractère, le jet des draperies, tout est admirable
pour la vérité, la grandeur et l'élégance.

Ce bas-relief est encore précieux par l'indication qu'il
donne du costume des Amazones, différant ici de celui qui
est le plus généralement connu. Ces femmes guerrières sont
vêtues d'une tunique à plis serrés, du bonnet et de l'espèce
de pantalon usité chez les barbares, et d'une sorte de surtout à manches pendantes et doublé de fourrure peu différent de celui que portent nos hussards, et jeté sur les
épaules de ces femmes, à peu près de la même manière.
Un tel vêtement, indique assez que ces guerrières venoient
de ces contrées hyperboréennes, où il est encore en usage
aujourd'hui.

Ce sarcophage a été gravé par M. *Bouillon*, avec cette
pointe savante et originale qui distingue ses productions
dans ce genre de toutes celles des autres maîtres des différentes Ecoles anciennes et modernes.

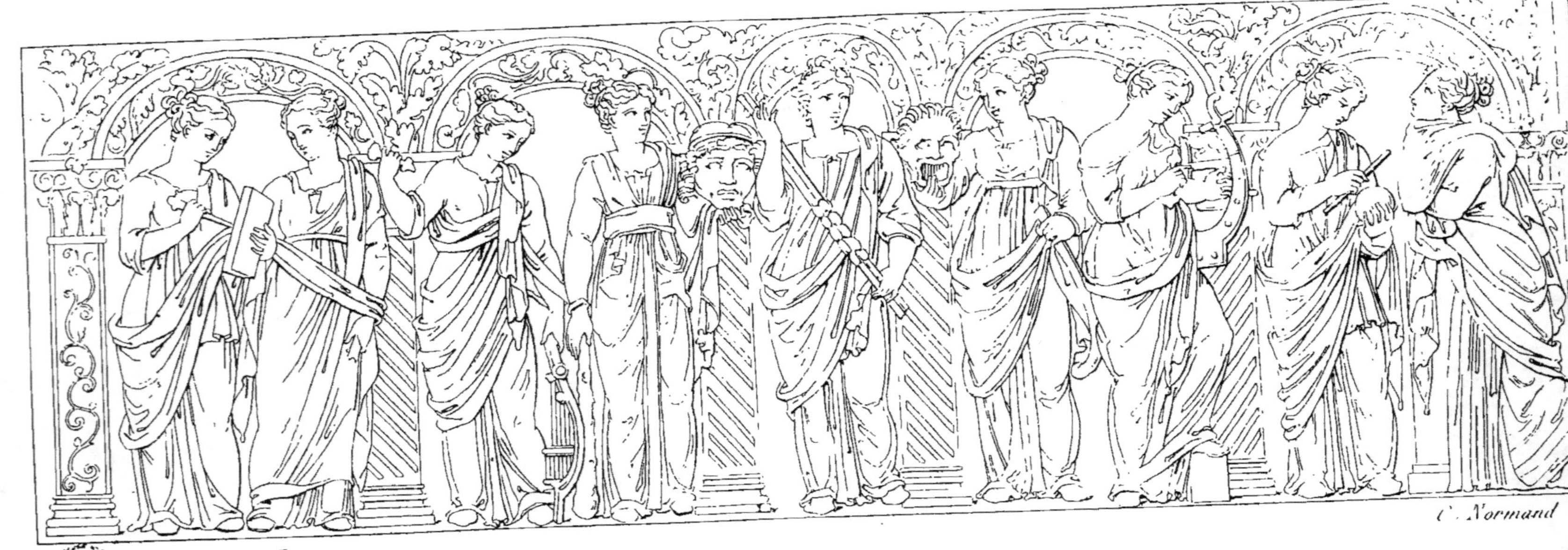

Les Muses.

LES MUSES.

Bas-relief en marbre du Musée Britannique.

Largeur 7 pieds 6 pouces, hauteur 2 pieds 6 pouces.

Le bas-relief que nous décrivons est d'autant plus précieux pour l'art, qu'au mérite de sa composition, de son exécution et de sa belle conservation, il joint celui d'une sévère exactitude dans les attributs donnés à chaque Muse. Il est du nombre des monumens qui ont servi au savant Visconti pour déterminer, d'une manière plus précise qu'on ne l'avoit fait jusqu'alors, les signes caractéristiques des différentes Muses.

La première représente Calliope, dont le nom signifie belle voix; elle préside à l'éloquence, à la rhétorique, et surtout à la poésie héroïque. Elle a pour attributs les tablettes et le *style*. Celle qui suit est Clio, dont le nom grec *Kleos* indique la gloire qui couvre ceux que l'histoire rend immortels. Elle tient un rouleau sur lequel elle consigne les faits historiques. Erato, muse de la poésie érotique qui, comme elle, reçoit son nom d'*Eros*, amour, a la main gauche posée sur la lyre avec laquelle elle accompagne ses chants amoureux. Melpomène, qui préside à la tragédie et aux odes qui sont récitées par les chœurs et dont le nom signifie je chante, est appuyée d'une main sur la massue et tient de l'autre le masque herculéen. Euterpe, dont le nom signifie qui sait plaire, tient la double flûte, comme présidant à la musique; on attribue encore à cette Muse l'invention des calculs mathématiques et des recherches physiques. Thalie, ainsi que son nom l'indique, puisqu'il dérive du mot *Thallein*, fleurir, protége l'agriculture et les études champêtres. Le masque comique et le *pedum,* bâton des satyres ou des bergers sont ses attributs, comme muse de la comédie pastorale. Terpsichore, muse qui aime les chœurs de danse, préside aussi à la poésie lyrique et sacrée. Les noms de *strophe,* tour, *antistrophe,* retour, et *épode,* station, donnés aux différentes parties des odes que les chœurs représentoient sur les théâtres, viennent de ce que ceux qui chantoient ces poésies formoient une espèce de danse autour de l'autel. Cette Muse tient une lyre. Uranie reçoit son nom de la contemplation du ciel, (*Ouranos*), science dont l'astronomie, l'astrologie et les mathématiques font partie. Le globe et le *radius,* baguette avec laquelle les mathématiciens démontroient leurs figures dans les écoles, sont ses seuls attributs. Enfin, Polymnie, qui doit son nom au grand nombre d'hymnes qu'elle compose, pour célébrer les actions des Dieux et des héros, et à la mémoire qui se fortifie par le recueillement, est enveloppée dans un ample manteau et s'appuie sur le fût d'une colonne. Toutes ces Muses sont vêtues de longues tuniques et ont le sein couvert, parce que ces chastes filles furent toujours vierges.

La collection des marbres antiques de M. Townley, dont ce bas-relief fit partie, étoit la plus précieuse qui eut jamais été formée à Londres. Le Musée Britannique s'en est rendu propriétaire après la mort de cet amateur. La gravure de ce magnifique sarcophage forme la vignette de la page 19ᵉ. de l'ouvrage de M. de la Borde, intitulé *Mosaïque d'Italica.* M. Townley l'a aussi fait graver à Londres par *Skelton.*

TABLE PROVISOIRE

DE LA PREMIÈRE LIVRAISON.

PEINTURE.

Albane.

1 LA DANSE DES AMOURS. — *De la galerie de Milan.*

Fra-Bartholommeo.

2 PURIFICATION DE LA VIERGE. — *Du musée de Vienne.*

Paris Bordone.

3 ASSOMPTION DE LA VIERGE. — *De la galerie de Milan.*

Augustin Carrache.

4 NARCISSE. — *De la galerie de Lucien Bonaparte.*

Annibal Carrache.

5 LA SAINTE FAMILLE. — *De la galerie de Florence.*
6 LA SAINTE VIERGE, JÉSUS ET SAINT JEAN.—*Gal. de Flor.*
7 LA SAMARITAINE. — *Galerie de Milan.*
8 LES SAINTES FEMMES AU TOMBEAU DE J.-C. — *Galerie de Lucien Bonaparte.*

Louis Carrache.

9 LA MADELAINE. — *De la galerie de M. Hope.*
10 LA S^TE. FAMILLE.—*De la collec. du comte de Grosvenor.*

Le Corrège.

11 LA VIERGE, JÉSUS ET SAINT JEAN.—*Gal. Luc. Bonaparte.*

Coëlo.

12 SAINT PIERRE D'ALCANTARA, MARCHANT SUR LES EAUX. — *De la galerie d'Eugène Beauharnais.*

Dominiquin.

13 LA MADELAINE.—*De la collec. de M. Hougton Clarke.*

Le Guerchin.

14 ENSEVELISSEMENT DE SAINTE PÉTRONILLE. — *Musée du Capitole.*
15 LA VIERGE ET L'ANGE. — *Galerie de Florence.*
16 LA ROBE DE JOSEPH. — *Collect. du comte de Grosvenor.*
17 LE SOMMEIL D'ENDYMION. UNE SYBILE.—*Gal. de Florence.*
18 APOLLON ÉCORCHE MARSYAS. — *Galerie de Florence.*

19 LES SAINTS PROTECTEURS DE LA VILLE DE BOLOGNE. — *Galerie de Lucien Bonaparte.*

20 ENTREVUE DE ROGER ET DE FLEUR D'ÉPINE PRÈS D'UNE FONTAINE. — *Galerie de Florence.*

Luc Jord. na.

21 ENLÈVEMENT DE DÉJANIRE. *De la galerie de Florence.*

22 TRIOMPHE D'AMPHITRITE. — *De la galerie de Florence.*

Lairesse.

23 UNE NYMPHE FAIT DANSER DES ENFANS. — *Galerie de Louis Bonaparte.*

24 ABRAHAM REÇOIT CHEZ LUI TROIS ANGES. — *Galerie de Lucien Bonaparte.*

Michel-Ange.

25 COPIE DU CARTON DE PISE. — *Cabi. de M. Th. W. Coke.*

Murillo.

26 { LA SAINTE FAMILLE. — *De la collection de M. Hope.*
{ LE DIEU PASTEUR. — *De la collection de M. Clarke.*

27 APPARITION DE LA VIERGE A JEAN, PATRICE DE ROME, ET A SON ÉPOUSE. — *De la collect. du roi d'Espagne.*

Raphaël.

28 LA VIERGE AU CHARDONNERET. — *Galerie de Florence.*

Reynolds.

29 { HERCULE ENFANT, ÉTOUFFANT DES SERPENS. — *De la collection du comte de Fitz-William.*
{ VÉNUS ET L'AMOUR. — *De la collect. du comte d'Upper-Ossory.*

P. P. Rubens.

30 LA MORT D'HYPPOLITE. — *Collection du duc de Bedfort.*

Titien.

31 VÉNUS COUCHÉE. — *De la galerie de Florence.*

32 VÉNUS AU HIBOU. — *De la galerie de Florence.*

Vandick.

33 LA SAINTE GÉNÉALOGIE. — *Galerie royale de Berlin.*

34 DESCENTE DE CROIX. — *De la galerie royale de Berlin.*

SCULPTURE ANTIQUE.

35 LES LUTTEURS, *groupe en marbre.* — *G.. de Florence.*

36 LE TAUREAU FARNÈSE, *groupe en marbre. — De la Collection du roi de Naples.*

TABLE PROVISOIRE

DE LA SECONDE LIVRAISON.

PEINTURE.

17 LA VIERGE EN CONTEMPLATION. — MORT DE CLÉOPATRE.
— *Galerie de Florence.*

Le Sueur.

18 SAINT BRUNO DANS SA CELLULE. — *Galerie de Berlin.*

Parmesan.

19 LA VIERGE ET L'ENFANT JÉSUS. — *Gal. de Florence.*

Pietre de Cortone.

20 LA VIERGE, L'ENFANT JÉSUS, SAINT JEAN BAPTISTE,
SAINT ANDRÉ ET SAINTE HÉLÈNE. — *Gal. de Milan.*

Le Poussin.

21-22 LE BAPTÊME. — *Galerie du comte de Stafford.*
23 ÉDUCATION DE JUPITER. — *Galerie de Berlin.*
24 LA SAINTE FAMILLE. — *Galerie de Lucien.*

Raphaël.

25 MARIAGE DE LA VIERGE. — *Galerie de Milan.*

P. P. Rubens.

26 LES TROIS GRACES. — *Galerie de Florence.*
27 MELCHISEDECH OFFRE A ABRAHAM DU PAIN ET DU VIN.
— *Collection du comte de Burch, à Londres.*
28 LA MANNE. *idem.*
29 LES QUATRE ÉVANGÉLISTES. *idem.*
30 LES DOCTEURS DE L'ÉGLISE GRECQUE ET DE L'ÉGLISE
LATINE. *idem.*

Sébastien del Piombo.

31 DESCENTE DE CROIX. — *Galerie du comte de Stafford*

Titien Vicelli.

32 LA VIE HUMAINE. — *Galerie du comte de Stafford.*

Vanderwerf.

33 ADORATION DES BERGERS. — *Galerie de Florence.*

SCULPTURE ANTIQUE.

34 ÉLECTRE, CLYTEMNESTRE ET CHRYSOTÉMIS, *bas relief.*
— *Galerie de Florence.*
35 COMBAT DES AMAZONES, *bas relief.* — *Mus. de Vienne.*
36 LES MUSES, *bas relief.* — *Musée Britannique.*

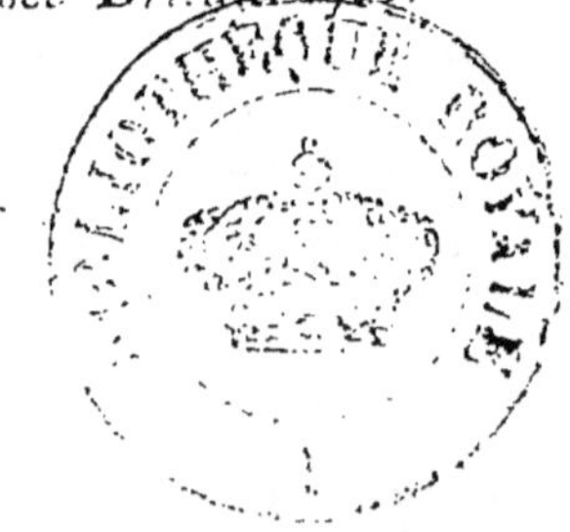

www.ingramcontent.com/pod-product-compliance
Lightning Source LLC
Chambersburg PA
CBHW051300060726
47596CB00001B/192